KB180009

유럽의
판타지
백과사전

유럽의 판타지 백과사전

도현신 지음

생각비행

 판타지 백과사전 시리즈도 이제 4권이 나올 차례가 되었다.《한국의 판타지 백과사전》한 권으로 끝날 구상이 시리즈로 이어지게 된 것은 독자 여러분의 성원과 출판사 관계자분들의 결단 때문이었다. 그 점에서 이 자리를 빌려 감사의 인사를 드린다.

 이 책,《유럽의 판타지 백과사전》은 글자 그대로 유럽 지역의 신화와 전설과 민담 중에서 판타지 창작에 도움이 될 만한 흥미로운 이야기들을 간추려 엮은 것이다. 많은 사람들한테 익숙한 그리스 신화, 북유럽(게르만) 신화, 켈트 신화는 물론 우리한테 다소 생소한 동유럽(슬라브) 신화나 핀란드 신화까지 망라해 유럽 전 지역에 전해지는 판타지 이야기들을 폭넓게 담으려고 노력했다.

 그리스 신화의 경우는 중요한 이야기 몇 가지만 넣었다. 그리스 신화에 관련된 개설서가 시중에 많이 나와 있기에 굳이 내가 여기서 자세히 다룰 필요가 없다고 판단했기 때문이었다. 또한 그리스 신화는 관련 내용이 굉장히 많아서 그것들을 자세히 다루다가는 다른 신화의 이야기를 많이 넣을 수 없기 때문이기도 했다.

 《유럽의 판타지 백과사전》을 구상하던 초기에는 전작인 중국편이나 중동편처럼 100개의 항목으로 맞춰 쓰려고 예정했다. 그러나 유럽 쪽은 관련 자료가 많아 100개로는 부족할 것 같아 항목을 늘리자고 건의했고 출판사 측에서 수락해주었다. 이러한 배려에 다시 감사드린다.

유럽 쪽의 판타지 관련 자료는 그 양이 엄청났다. 중동편을 쓸 때처럼 자료가 부족한 것을 고민할 필요가 없었다. 오히려 자료가 너무 넘쳐나다 보니, 한정된 지면 관계상 어떤 자료를 넣고 빼야 할지를 두고 고민해야 하는 새로운 문제가 생겼다. 유럽 쪽의 신화나 전설은 오래전부터 서구의 학자들이 샅샅이 연구해서 관련 자료를 차곡차곡 쌓아놓았으니 당연한 결과였다. 결국 수집하고 분류한 갖가지 항목 중에서 선별하여 책에 담을 자료의 양을 줄일 수밖에 없었다. 하지만 여기 실린 110가지 이야기만으로도 유럽의 판타지 세계를 충분히 맛보고 자신만의 판타지 창작에 도움을 얻을 수 있으리라고 믿는다.

세계인의 보물이라고 불리는 그리스 신화를 비롯하여 북유럽 신화, 켈트 신화, 동유럽 신화, 핀란드 신화로 대표되는 유럽의 판타지 세계관은 사실 우리 곁에 있어서 이미 친숙해진 상태다. 국내에서 엄청난 흥행을 거둔 할리우드 블록버스터 영화인 〈어벤져스〉 시리즈의 주인공 중 한 명인 토르는 북유럽 신화에 등장하는 천둥의 신이다. 또한 그리스 신화를 주제로 출간된 《만화로 보는 그리스 신화》 시리즈는 국내에서 무려 1000만 권이나 팔리는 베스트셀러가 된 지 오래다. 그 밖에도 한국의 수많은 젊은이들이 밤을 새우며 도전하는 온라인 게임 속에 등장하는 온갖 괴물(메두사, 키메라, 미노타우루스, 뱀파이어, 늑대인간 등)은 그 뿌리가 유럽의 신화와 전설에서 비롯되었다. 그러므로 이 책을 통해 유럽의 판타지 세계관을 더 자세히 이해한다면, 현대 문화의 흐름을 더 폭넓게 이해할 수 있으리라고 믿는다.

서두가 길었다. 이제부터 책장을 넘겨 상상의 나래를 펴고 유럽의 판타지 세계 속으로 마음껏 빠져들기를 바란다.

3. 영웅과 성자, 마법사들

4. 거인들

5. 괴물들

6. 요정과 정령들

7. 유령들

8. 사후 세계와 신비한 장소들

9. 신비한 보물들

10. 세상의 끝

1
세상의 시작

001 그리스 신화의 천지개벽

　기원전 7세기 그리스의 시인 헤시오도스가 쓴 《신통기》는 그리스 신화의 천지개벽 이야기를 매우 생동감 있게 묘사하고 있다. 그 내용은 대략 이렇다.

　태초의 세상은 카오스(Chaos), 즉 혼돈만이 가득했다. 그러나 카오스는 아무것도 없는 공허함은 결코 아니었고, 세상의 모든 물질이 뒤죽박죽으로 섞인 상태였다. 이윽고 땅의 여신 가이아(Gaia)와 사랑의 신 에로스(Eros)가 나타났고, 가이아에게서 가장 깊은 지하 세계의 신 타르타로스(Tartaros)가 태어났다.

　그리고 카오스로부터 밤의 여신 닉스(Nyx)와 어둠의 신 에레보스(Erebus)가 태어났으며, 둘이 결혼하여 하늘의 신 아이테르(Aether)와 낮의 여신 헤메라(Hemera)가 태어났다.

　그 밖에도 닉스는 혼자 힘으로 수많은 아이를 낳았다. 그들은 죽음의 신 타나토스(Thanatos), 죽음의 여신 케레스(Keres), 잠의 신 히프노스(Hypnos), 꿈의 신 오네이로스(Oneirus), 복수의 여신 네메시스(Nemesis), 불화의 여신 에리스(Eris), 파멸의 신 모로스(Moros), 고통의 여신 오이지스(Oizys), 속임수의 여신 아파테(Apate), 애정(우정)의 여신 필로테스(Philotes), 늙음의 신

게라스(Geras), 비난의 신 모모스(Momus), 운명의 여신들인 모이라이(Moirai) 즉 클로토(Clotho)와 라케시스(Lachesis)와 아트로포스(Atropos), 석양의 여신들인 헤스페리데스(Hesperides) 즉 아이글레(Aigle)와 에리테이아(Erytheia)와 헤스페라레투사(Hesperarethousa)였다.

에리스는 어머니 닉스처럼 스스로의 힘으로 고통의 신 포노스(Ponos), 망각의 여신 레테(Lethe), 굶주림의 여신 리모스(Limos), 질병의 신 알게아(Algea), 싸움의 신 히스미나이(Hysminai), 전쟁의 신 마카이(Makhai), 살인의 신 포노이(Phonoi)와 안드로크타시아이(Androktasiai), 말다툼(논쟁)의 신 네이케아(Neikea), 거짓말의 신 프세우도-로고이(Pseudo-Logoi), 갈등의 신 암필로기아이(Amphillogiai), 무질서의 신 디스노미아(Dysnomia), 멸망의 신 아테(Ate), 맹세의 신 호르코스(Horkos)를 낳았다.

가이아는 하늘의 신 우라노스(Uranus)와 산맥의 신 오레(Ore), 그리고 바다의 신 폰토스(Pontus)를 스스로 낳았다. 그리고 가이아는 자신의 아들들인 우라노스와 폰토스를 상대로 몸을 섞어 수많은 자녀 신을 낳았다.

우선 가이아는 우라노스와의 사이에서 12명의 티탄(Titan, 거신巨神)을 낳았다. 그들은 바다의 신 오케아노스(Oceanos), 예언의 신 코이오스(Coeus), 별자리의 신 크레이오스(Kreios), 빛의 신 히페리온(Hyperion), 하늘의 여신 테이아(Theia), 폭력의 신 이아페토스(Iapetos), 땅의 여신 레아(Rhea), 법의 여신 테미스(Themis), 기억의 여신 므네모시네(Mnemosyne), 예언의 여신 포이베(Phoebe), 바다의 여신 테티스(Tethis), 농업의 신 크로노스(Cronos)였다.

12명의 티탄 남매는 서로 결혼하여 자녀 신들을 낳았다. 히페리온과 테이아 사이에서는 태양의 신 헬리오스(Helios)와 달의 여신 셀레네(Selene), 새벽의 여신 에오스(Eos)가 태어났다.

오케아노스는 테티스와의 사이에서 6000위(位)에 달하는 강의 신과 여신 및 정령 들을 낳았는데, 그중 딸 클리메네(Clymene)는 삼촌 이아페토스와 결혼하여 지혜의 신 프로메테우스(Prometheus), 후회의 신 에피메테우스(Epimetheus), 힘의 신 아틀라스(Atlas), 오만함의 신 메노에티오스(Menoetios)를 낳았다.

크로노스는 레아와의 사이에서 세 아들, 즉 하늘의 신 제우스(Zeus), 바다의 신 포세이돈(Poseidon), 지하 세계의 신 하데스(Hades) 및 세 딸, 즉 가정의 여신 헤라(Hera), 농업의 여신 데메테르(Demeter), 화롯불의 여신 헤스티아(Hestia)를 낳았다.

코이오스와 포이베의 사이에서는 두 딸 레토(Leto)와 아스테리아(Asteria)가 태어났다.

크레이오스는 어머니 가이아가 폰토스와의 사이에서 낳은 딸인 에우리비아(Eurybia)와 결혼하였고, 둘 사이에서 점성술의 신 아스트라이오스(Astraeus), 파괴의 신 페르세스(Perses), 큰 덩치를 가진 팔라스(Pallas)가 태어났다. 팔라스는 오케아노스와 테티스의 딸들 중 한 명이자 지하 세계를 흐르는 강의 여신인 스틱스(Styx)와 결혼하여 질투의 신 젤로스(Zelos), 승리의 여신 니케(Nike), 힘의 신 크라토스(Cratos), 폭력의 신 비아(Bia)를 낳았다.

이 밖에도 가이아는 우라노스와의 사이에서 50개의 머리와 100개의 팔을 가진 거인족 삼형제인 헤카톤케이레스(Hecatoncheires), 즉 브리아레오스(Briareus)와 코토스(Cottus)와 기게스(Gyges) 및 외눈박이 거인족 삼형제인 키클롭스(Cyclopes), 즉 브론테스(Brontes)와 스테로페스(Steropes)와 아르게스(Arges)를 낳았다.

이로써 그리스 신화의 천지개벽이 끝났다.

002　그리스 신화의 티타노마키아

　천지개벽은 끝났지만, 그리스 신화의 태초 설화는 계속 이어진다. 그것은 바로 신들끼리의 전쟁인 티타노마키아였다. 이 전쟁의 발단은 우라노스로부터 시작되었다.

　우라노스는 아내이자 어머니인 가이아가 낳은 자신의 아들들인 헤카톤케이레스와 키클롭스들의 강력한 힘과 커다란 덩치를 보고 두려움을 느꼈다. 그래서 그들을 타르타로스, 즉 가장 깊은 지하 세계인 가이아의 자궁 속으로 던져 가두었다. 가이아는 아들들의 몸무게 때문에 괴로워하다가 신비한 금속 아다마스(Adamas)로 낫을 만들고는 자신이 우라노스와의 사이에서 낳은 12명의 자녀인 티탄을 불러서 말했다.

　"우라노스가 나한테 저지른 잘못 때문에 내가 괴로워하고 있으니, 너희중에서 누가 이 낫으로 그를 벌하겠느냐?"

　여기서 그리스 신화의 전승들이 다소 엇갈린다. 기원전 7세기에 만들어진 서사시 《오디세이아》는 티탄 중에서 오직 크로노스만 가이아의 뜻대로 우라노스를 공격했다고 묘사한다. 반면 기원전 2세기에 만들어진 문헌인 《신들에 대하여》는 오케아노스를 제외한 모든 티탄이 가이아의 뜻에 응답하여 우라노스를 공격했다고 서술한다.

여하튼 두 문헌 모두 공통적으로 크로노스가 아다마스의 낫으로 아버지 우라노스의 성기를 잘라내었다고 기록하고 있다. 이 사건으로 우라노스는 땅과 영원히 떨어졌고, 우라노스의 잘린 성기에서 흐른 피가 가이아의 몸에 닿자, 복수의 여신들인 알렉토(Alecto), 티시포네(Tisiphone), 메가이라(Megaira), 그리고 거인족인 기간테스(Gigantes)가 태어났다. 아울러 우라노스의 잘린 성기가 바다에 떨어지자, 하얀 거품이 번지고 그 안에서 사랑의 여신 아프로디테(Aphrodite)가 태어났다.

그렇게 하여 모든 신을 지배하는 왕위는 우라노스에게서 크로노스한테로 넘어갔다. 하지만 크로노스는 "아버지를 몰아내면, 형제들인 헤카톤케이레스와 키클롭스를 풀어주겠다"라고 가이아와 한 약속을 어겼다.

화가 난 가이아는 크로노스한테 "너도 네 아버지처럼 네가 낳은 아이한테 권력을 빼앗기고 쫓겨날 것이다!"라는 저주를 내렸다. 그러자 크로노스는 불안한 마음이 들어서 아내 레아가 헤스티아, 데메테르, 헤라, 하데스, 포세이돈을 낳자마자 모조리 산 채로 집어삼켜 버렸다.

레아는 남편이 자신의 아이들을 집어삼키는 것이 무척이나 싫었고, 그래서 막내아들 제우스를 멀리 크레타섬의 아이가이온(Aigaion)산, 혹은 딕테(Dikte)산으로 가서 몰래 낳았다. 그런 후에 레아는 자신의 시종들인 쿠레테스에게 창으로 방패를 때리도록 하여 아기 제우스의 울음소리를 크로노스가 듣지 못하도록 했다. 그뿐만 아니라 포대기로 싼 돌멩이를 제우스라고 속여 크로노스로 하여금 삼키도록 하였다.

제우스가 어른이 되자 오케아노스의 딸 메티스는 아버지와 함께 제우스를 도와 크로노스를 몰아내기로 마음먹었다. 그래서 크로노스한테 토하는 약을 먹여 그가 삼킨 아이들을 모두 토해내도록 만들었다. 크로노스의 뱃속에서 탈출한 헤스티아, 데메테르, 헤라, 하데스, 포세이돈은 제우스를 찾아갔고, 제우스는 형제들과 함께 올림포스산에 진을 치고 크로노스에 맞서 반란을 일으키겠다고 선언했다. 그러자 크로노스에게 불만을 품은 가이아와 레아를 비롯하여 오케아노스와 프로메테우스 및 스틱스와 그녀의 네 자녀도 제우스 진영에 합류했다.

이에 크로노스를 따르는 신들은 오트리스산에 진을 치고 제우스를 따르는 신들과 전쟁을 벌였다. 이것이 바로 티타노마키아였다. 티타노마키아는 10년이 넘도록 승부가 나지 않았다. 제우스 일파와 크로노스 일파의 힘이 서로 비슷했기 때문이다.

고민이 깊어진 제우스한테 가이아가 결정적인 예언을 했다. 헤카톤케이레스와 키클롭스를 풀어주어 그들의 도움을 받아야만 이길 수 있다는 것이었다. 제우스는 그 예언을 따랐다. 키클롭스는 감사의 뜻으로 강력한 무기인 번개와 삼지창과 투명 투구를 만들어 제우스와 포세이돈과 하데스에게 선물했다. 헤카톤케이레스가 300개의 바위를 크로노스와 그를 따르는 신들한테 던질 때, 제우스와 포세이돈과 하데스도 키클롭스가 만들어준 무기들로 크로노스 무리를 함께 공격하였다.

그리하여 결국 티타노마키아는 제우스의 승리로 끝났다. 패배한 크로노스는 다른 티탄과 함께 어두운 지하 세계인 타르타로스에 갇혔고, 헤카톤케이레스의 감시를 받았다. 다만, 티탄 중에서 가장 힘이 강하고 오랫동안 저항한 아틀라스는 두 어깨로 하늘을 떠받치는 벌을 받았다.

그러고 나서 제우스는 두 형제 포세이돈과 하데스를 상대로 제비뽑기를 벌여서 각각 하늘과 바다와 지하 세계를 다스리기로 합의하였다. 이리하여 태초의 세상은 제우스의 지배하에 완벽한 질서를 얻었다.

003 북유럽 신화의 천지창조

　북유럽, 그러니까 게르만계 민족들이 믿었던 신화의 천지창조 이야기는 서기 13세기 아이슬란드의 시인 스노리가 편찬한 문헌인 《고 에다》와 《신 에다》에 그 흔적이 남아 있다.

　아득히 먼 옛날, 세상에는 긴눙가가프(Ginnungagap)라는 이름을 가진 거대한 혼돈의 심연만이 존재했다. 긴눙가가프의 북쪽에는 언제나 얼어붙는 추위로 가득 찬 공간인 니플헤임(Niflheim)이 있었고, 긴눙가가프의 남쪽에는 언제나 타오르는 불길로 가득 찬 공간인 무스펠헤임(Muspelheim)이 있었다. 긴눙가가프의 중앙은 따뜻했는데, 니플헤임의 얼음이 무스펠헤임에서 날아온 열기에 녹아내리면서 생긴 물방울이 그곳으로 흘러들었다. 그 물방울에서 하나의 생명체가 태어났으니 바로 모든 거인의 시조 이미르(Ymir)였다.

　이미르는 끝없는 잠을 잤는데, 그러면서 왼쪽 겨드랑이와 한쪽 다리에서 땀을 흘렸고, 거기서 각각 한 쌍의 거인 남녀가 태어났다. 이 남녀는 훗날 신들과 대적하는 종족인 서리 거인들의 조상이 되었다.

　그리고 이미르처럼 무스펠헤임에서 날아온 열기가 니플헤임의 얼음을 녹이면서 태어난 또 다른 생명체가 있었으니, 아우둠라(Audumla)라고 불리는 커다란 암소였다. 이미르는 이 암소의 젖을 빨면서 살아갔고, 아우둠라는 소금기가 있는 니플헤임의 얼음을 핥았다. 아우둠라의 혀가 사흘 동안 얼음을 핥자 그 안에서 사람의 모습을 한 최초의 신이 태어났다. 그 이름은 부리(Buri)였다.

부리는 아내 없이 스스로의 힘으로 아들 보르(Bor)를 낳았다. 보르는 이미르의 자손이자 서리 거인 볼토르(boltor)의 딸인 베스틀라(Bestla)와 사랑을 나누었고, 그 결과 둘 사이에 오딘(Odin)과 빌리(Vili)와 베(Ve)라는 삼형제가 태어났다. 삼형제는 할아버지 부리와 아버지 보르를 대신하여 훗날 모든 신의 시조가 되었다. 특히 삼형제의 맏이 오딘은 최고의 신이 되었다.

그런데 오딘은 자신의 외가 쪽 조상이기도 한 이미르와 어머니의 일가붙이인 서리 거인들을 무척이나 싫어했다. 아무래도 오딘은 자신들보다 더 힘이 강한 서리 거인들에게서 위협을 느낀 듯하다.

결국 오딘은 끔찍한 만행을 저질렀다. 잠자고 있던 이미르를 두 동생과 함께 습격하여 죽여버린 것이다. 그렇게 오딘 삼형제의 손에 죽은 이미르의 몸에서 피가 끝없이 터져 나와 온 세상을 홍수로 가득 채웠고, 베르겔미르(Bergelmir)와 그의 아내를 제외한 모든 서리 거인이 이미르의 피에 빠져 죽어버렸다. 아마 부리와 보르도 그때 죽은 것으로 여겨진다.

이 대홍수에서 오딘 삼형제는 기적적으로 살아남았다. 그리고 이들은 이미르의 시체를 가지고 새로운 세상을 만들기로 결심했다. 오딘 삼형제는 이미르의 시체를 긴눙가가프의 중앙으로 옮겼고, 거기서 이미르의 살로는 땅을, 이미르의 뼈와 이빨로는 돌들을, 이미르의 피로는 바다를, 이미르의 두개골로는 하늘을, 이미르의 머리카락으로는 나무를, 이미르의 뇌수로는 구름을 만들었다.

이미르의 살 속에서는 구더기들이 생겨나 꿈틀거렸는데, 삼형제는 그 구더기들한테 자신들의 모습과 지혜를 주어서 생명체로 만들었다. 그들이 바로 북유럽 신화에 등장하는 손재주 많은 난쟁이 종족 드워프(Dwarf)이다. 삼형제는 드워프들 중에서 네 명을 골라 각각 아우스트리, 베스트리, 수드리, 노르드리라고 불렀는데, 동쪽과 서쪽, 남쪽과 북쪽이라는 뜻이었다. 삼형제는 네 명의 드워프를 땅의 네 모서리마다 서 있게 한 다음, 그들을 방향으로 삼았다.

그리고 삼형제는 무스펠헤임에서 날아온 불꽃들을 하늘에 걸어서 해와 달과 별들로 삼아 세상을 빛나게 하였으며, 살아남은 거인족인 베르겔미르 부부와 그들에게서 태어난 거인들한테 요툰헤임(Jotunheim)이라고 불리는 영토를 나눠주어 그 안에서 살게 하였다. 요툰(Jotunn)은 북유럽 신화에서 모든 거인을 부르는 이름이다.

그런 후, 오딘은 해변에 떠밀려온 2개의 나무를 가지고 드워프들보다 더 아름답고 지혜로우면서 신들을 섬길 생명체인 인간들을 만들었다. 이 작업에는 오딘과 다른 신들인 회니르(Hoenir)와 로두르(Lodurr)가 참가했다. 그렇게 해서 태어난 최초의 인간 남자는 아스크(Ask)였고, 인간 여자는 엠블라(Embla)였다. 삼형제는 이 인간 부부한테 그들의 후손과 함께 살라고 미드가르드(Midgard)라는 공간을 마련해주었는데, 그곳이 바로 지금의 인간 세상이다.

마지막으로 삼형제는 자신들이 살아갈 공간도 만들었으니, 그것이 바로 미드가르드의 위에 있는 하늘 세상인 아스가르드(Asgard)였다. 오딘은 땅에서 태어난 여신 외르드와 결혼하여 수많은 아이를 낳았고, 그들과 함께 아스가르드에서 살아갔다. 아스(As)는 북유럽 신화에서 신들을 모두 합해서 부르는 이름이다.

이렇게 해서 북유럽 신화의 천지창조가 끝났다.

004 동유럽 신화의 천지창조

　그리스 신화나 북유럽 신화에 비해 아니, 하다못해 켈트족 신화에 비해서도 동유럽의 신화는 매우 부실하다. 원래 슬라브족을 포함한 동유럽의 주민들은 기독교 선교사들이 전해준 키릴 문자를 알기 전까지는 기록할 수단이 없었다. 신화와 전설은 모두 말로만 전해졌는데, 기독교 선교사들에게서 비로소 문자를 배우게 되자 그들이 알고 있던 본래의 신화와 기독교의 교리가 마구 뒤섞였다. 그 바람에 동유럽 신화의 원형은 매우 혼란스러워졌다.

　그래서 동유럽 신화는 그들의 이웃인 동로마인들이 남긴 몇 개의 문헌 기록이나 기독교로 개종했지만 옛날 신앙에 관심이 있었던 수도사들이 남긴 부실한 기록을 모을 수밖에 없다.

　슬라브족을 비롯하여 동유럽 각지에 남아 있던 창조 신화 이야기는 다음과 같은 틀 안에서 진행된다. 태초의 우주에는 하늘과 바다 및 바닷속에서 잠을 자고 있던 창조신만 존재했다. 그러다가 창조신이 눈을 뜨고, 자신만 홀로 있는 것을 쓸쓸하게 여겨 세상을 창조하기로 마음먹었다. 창조신은 먼저 자신을 도울 보조 신을 만들었다. 보조 신은 창조신이 만든 만큼, 그보다 힘과 지혜에서 뒤떨어졌다.

창조신은 보조 신과 함께 바닷속을 헤엄치다가 아주 깊은 곳에서 작은 모래 알갱이를 발견했다. 그리고 그것들을 손톱 밑에 넣어두고 다시 오랫동안 헤엄을 친 끝에 수면 밖으로 고개를 내밀었다. 창조신은 자신의 손톱 밑에 넣은 모래 알갱이를 수면 위에 올려놓았고, 그러자 그 모래들이 땅으로 변했다.

땅을 만들어낸 창조신은 그 위로 올라가 피곤에 지친 몸을 달래고자 잠을 잤다. 보조 신은 자신보다 뛰어난 창조신을 질투하여 그를 바다에 빠뜨려 죽이려고 했으나, 그럴수록 땅은 더욱 넓어져 도저히 바다에 빠뜨릴 수 없었다. 그렇게 땅은 오늘날 모든 인간과 동물과 식물이 사는 대지가 되었다.

대지를 만든 창조신은 땅에 살면서 지혜를 갖추어 신을 섬길 줄 아는 생명체인 인간을 만들었다. 그것을 본 보조 신이 자신도 창조신처럼 지혜가 있는 생명체를 만들려 했으나, 그가 만든 것은 늑대와 뱀과 해충(벼룩과 모기) 등의 사납고 어리석은 생물들뿐이었다.

창조신은 하늘로 올라가서, 태양과 달과 별 그리고 숲과 강물과 그 밖의 모든 선한 것을 만들었다. 보조 신도 창조신을 흉내 내어 창조에 몰두했지만, 어둠으로 가득 찬 지하 세계와 악령 같은 음울한 것들밖에 이루어내지 못했다. 이리하여 천지창조가 모두 끝났다.

이런 신화에서 등장하는 창조신의 이름은 지역마다 다르다. 리투아니아인들은 디에바스(Dievas), 러시아인들은 로드(Rod), 폴란드인들은 스와로그(Swarog), 루마니아인들은 둠네제울(Dumnezeul)이라고 불렀다. 그러나 이름만 다를 뿐, 창세신화의 내용은 대부분 비슷하다.

동유럽 신화의 천지창조 이야기에서 선량한 창조신과 사악한 보조 신이 각자의 성품대로 선한 것들과 악한 것들을 만들었다는 이원론적 관념은 다분히 페르시아의 종교인 조로아스터교나 마니교의 영향을 받았다고 추측된다.

조로아스터교는 선량한 빛의 신 아후라 마즈다와 악한 어둠의 신 앙그라 마이뉴가 대립하여 각각 세상의 선한 피조물과 악한 피조물 들을 창조했다고 가르친다.

또한 조로아스터교에서 영향을 받은 마니교는 빛과 어둠, 선과 악, 정신과 물질이라는 이원론적 대립을 교리로 삼고 있다. 마니교에 의하면 영혼의 사후세계는 선한 신이 만들었고, 현실의 물질세계는 악한 신(혹은 악마)이 만들었다.

마니교는 한때 서유럽에서 큰 인기를 끌었으나, 서유럽을 지배하던 로마 제국이 기독교를 국교로 삼으면서 마니교를 강력하게 탄압하는 바람에, 마니교의 추종자들이 로마의 지배가 제대로 미치지 못하는 동유럽으로 달아났을 것으로 여겨진다. 한 예로 불가리아에서 나타난 기독교 이단 종파인 보고밀파도 마니교의 영향을 받아 만들어진 교단이었다.

그런 의미에서 동유럽 신화의 천지창조 이야기에 등장하는 창조주는 원래 선한 신이었고, 악마는 그 창조주에 맞서거나 혹은 종속된 악한 신이었다고 여겨진다.

실제로 러시아 서북부 오네가 지방에 전해지는 창조 설화도 그러한 틀을 갖고 있다. 태초의 세상은 온통 바다밖에 없었고, 그 바다 위를 하얀색과 검은색의 두 마리 멧새가 헤엄치고 있었다. 하얀 멧새 위에는 신이 탔고 검은 멧새 위에는 악마가 탔는데, 악마는 신의 명령을 받아서 바다 밑으로 들어가 한 줌의 흙을 가져왔고, 이 흙을 이용하여 신은 땅의 평지를 만들었으나 악마는 계곡과 바위와 산을 만들었다. 평지는 사람들이 살기에 좋지만 계곡과 바위와 산은 살기에 불편하니, 악마가 만들었을 것이라는 관념이 적용된 이야기다.

005 핀란드 신화의 천지창조

북유럽 나라인 핀란드는 인도-유럽어족 계통이 아닌 핀우그리아어(우랄알타이) 계통의 언어를 쓴다. 따라서 핀란드의 신화도 인도-유럽어족 계통의 게르만(북유럽)이나 슬라브(동유럽) 신화와는 달리 독특한 내용으로 진행된다.

핀란드의 신화는 오랫동안 주민들 사이에서 입으로 전해지다가, 19세기에 이르러 핀란드의 시인 엘리아스 뢴로트가 시골 마을들을 돌아다니면서 노인들에게 신화들을 듣고 《칼레발라(Kalevala)》라고 이름 붙인 한 권의 책으로 일목요연하게 정리하여 세상에 알려졌다.

《칼레발라》에서 말하는 세상의 창조는 이러하다. 태초의 세상에는 끝이 보이지 않는 커다란 물(바다)과 하늘만이 존재했다. 하늘에는 일마타르(Ilmatar)라고 불리는 공기의 여신이 살고 있었다. 어느 날 일마타르는 쉴 곳을 찾아 하늘에서 물 위로 내려갔다. 그녀는 700년 동안 물 위를 떠다니면서 잠에 빠져 있다가, 어디에선가 아름다운 새 한 마리가 날아와서 자신의 무릎에 앉자 그제야 잠에서 깨어났다.

아름다운 새는 황금으로 된 알 6개와 쇠로 된 알 6개를 낳았다. 새는 자신이 낳은 12개의 알을 몸으로 덮어 따뜻하게 감쌌다. 그러자 일마타르의 무릎은 점점 따뜻해졌고 급기야 불꽃이 일어나기 시작했다. 이에 일마타르는 열기를 피하려고 무릎을 이리저리 움직였는데, 무릎 위에 놓인 알들이 물 위로 떨어지면서 깨졌다.

깨어진 알껍데기의 아랫부분은 점차 늘어나더니 땅이 되었고, 윗부분은 하늘로 올라가 구름이 되었다. 또한 깨어진 알들에서 나온 흰자들은 하늘로 올라가서 달과 별들로 변했으며, 알들에서 나온 노른자들은 하늘로 올라가서 태양으로 변했다.

땅이 완성되자, 일마타르는 갑자기 자궁에서 아이 하나를 낳았다. 그가 바로 《칼레발라》의 주인공이자 음유시인인 베이네뫼이넨(Vainamoinen)이다. 그는 어머니 일마타르의 자궁 속에서 700년 동안이나 머물러 있었기 때문에, 하얗게 샌 긴 머리카락과 수염을 지닌 노인의 모습으로 태어났다.

그렇다면 일마타르한테 베이네뫼이넨을 임신시켜 낳게 한 아버지는 누구일까? 일반적으로 오래된 하늘의 신이자 달의 신인 케이브(Kave)라고 알려져 있다. 그러나 소수지만 다른 전승에 의하면 베이네뫼이넨의 진짜 아버지는 일마타르가 700년 동안이나 잠을 자면서 떠다녔던 바다 그 자체이다.

어머니한테서 태어난 베이네뫼이넨은 두 발을 딛고 살 땅을 찾을 때까지 계속 원시의 바다 위를 수영했고, 마침내 땅에 도착하는 데 성공했다. 하지만 베이네뫼이넨이 뭍에 올라왔을 때, 그곳은 아무런 생명도 존재하지 않는 황량한 공간이었다.

이에 베이네뫼이넨은 하늘에 사는 정령 '위대한 곰'에게 "부디 땅 위에서 살아갈 온갖 생명이 태어날 수 있도록 도와주십시오"라고 부탁했다. 그러자 위대한 곰은 식물들의 씨앗을 든 소년을 베이네뫼이넨에게 보내주었고, 소년은 땅 위에 수많은 식물이 자라날 수 있도록 씨앗을 뿌렸다. 그리하여 땅에는 비로소 풀과 나무와 곡식이 솟아나서 다양한 생명체들을 먹여

살릴 수 있게 되었다.

《칼레발라》에는 사람이 어떻게 탄생했는지 혹은 어느 신이 사람을 만들었는지 하는 내용은 언급되지 않는다. 사람은 땅에서 자연스럽게 태어났거나 하늘의 소년이 가져온 씨앗에 섞여 있었다거나 하는 내용이 원래 핀란드 신화에 들어 있었을 법한데, 전승과 편집 과정에서 빠졌을 것으로 추측된다.

천지창조 설화에서 새가 중요한 역할로 등장한다는 점에서 《칼레발라》의 창조 설화는 시베리아 원주민들의 설화들과 그 구조가 매우 비슷하다. 한 예로 《칼레발라》 전승의 주인공인 핀란드의 핀족과 같은 우랄 알타이어 계통의 시베리아 원주민 부랴트족의 창조 설화도 천지창조는 창조신 에헤 보르한이 만든 야생 오리가 커다란 물속으로 들어가서 입술에 진흙을 묻혀서 돌아오는 것에서 시작된다. 야생 오리가 가져온 진흙으로 에헤 보르한은 땅과 식물과 동물 및 인간을 만들어 천지창조를 끝냈다.

006 켈트 신화의
태초 설화

　고대 유럽 민족 중 하나인 켈트족의 신화는 그들이 가장 오랫동안 정착
했던 아일랜드에 가장 잘 보존되었다. 아일랜드의 기독교 수도사들은 자신
들이 아는 켈트족의 신화를 《에린 침략의 책(Lebor Gabala Erenn)》이라는 문
헌으로 편찬했다. 다만 이 책을 비롯하여 켈트족의 신화를 기록한 현존하
는 문헌들에는 천지창조나 인간의 탄생 설화가 보이지 않는다.

　《에린 침략의 책》에 의하면 성경 속 노아의 아들 야벳(Japheth)은 모든 인
류의 조상이고, 야벳의 아들 마곡(Magog)은 게일인(Gaels, 스코틀랜드인)과 스
키타이인의 조상이며, 스키타이의 왕자 페니우스 파시어(Fenius Farsaid)는
게일인의 조상이다.

　페니우스의 아들 넬(Nel)은 이집트의 공주 스코타(Scota)와 결혼하여 고
이델 글라스(Goídel Glas)라는 아들을 두었다. 고이델의 자손들은 모세와 함
께 이집트를 떠나서 스키타이로 갔다가 곧바로 떠나 440년 동안 세상을 헤
맸다. 그러고서 현재의 러시아 크림반도 남쪽 아조프해 연안에 정착한 다
음, 배를 타고 바다로 나가 크레타섬과 시칠리아섬을 거쳐 스페인에 이르
렀고 그곳을 정복했다. 스페인에서 고이델의 자손 브레오간(Breogan)은 브
리간티아(Brigantia)라는 도시를 만들었으며, 그의 아들 이스(Ith)는 탑을 만

들고 위로 올라가 아일랜드를 발견했다.

노아의 아들인 비스(Bith)의 딸 세사르(Cessair)는 다가오는 홍수를 피하기 위해 세상의 서쪽 가장자리로 가라는 예언을 듣고는, 세 척의 배에 사람들을 태우고 아일랜드로 떠났으나 두 척의 배가 침몰했다. 세사르가 이끈 배에 탄 39명의 여자와 3명의 남자만이 살아남았다. 하지만 아일랜드에 도착하고 나서도 홍수가 섬을 덮쳐 핀탄(Fintan)을 제외한 모두가 죽었다. 핀탄은 혼자서 살아남아 5500년 동안 연어와 독수리와 매로 변하였다가 다시 사람이 되어 훗날 아일랜드로 오는 사람들한테 섬의 역사를 자세히 알려주었다.

첫 번째 이주민인 세사르 일파가 전멸한 후, 두 번째 이주민인 파르톨론(Partholon)이 올 때까지 아일랜드는 300년 동안 무인도였다. 지도자인 파르톨론은 마곡의 후손인데, 그의 아내 델그나트(Delgnat) 그리고 24명의 남자와 24명의 여자를 배에 태우고 항해한 끝에 5월 1일 아일랜드에 도착했다. 그 무렵, 아일랜드에는 1개의 들판과 3개의 호수와 9개의 강이 있었는데 파르톨론 집단은 아일랜드를 개간하여 3개의 들판과 7개의 호수를 늘렸다.

파르톨론 집단은 거인족 포모르(Fomor)를 이끄는 키콜(Cichol)과 싸워 이겼고 300년 동안 평화롭게 살았는데, 그들이 섬에 도착했던 날인 5월 1일에 갑자기 전염병이 번져서 일주일 만에 5000명의 남자와 4000명의 여자가 모두 죽고, 투안 맥 카이릴(Tuan mac Cairill)만이 살아남았다. 핀탄처럼 투안도 수세기 동안 여러 형태의 생명체로 살면서 아일랜드의 역사를 기억하고 알려주었다.

세 번째로 이주한 네메드(Nemed) 집단도 마곡의 후손이다. 네메드 집단은 44척의 배를 타고 카스피해에서 출발했지만, 1년 반 동안의 항해 끝에 오직 네메드가 이끄는 배만이 살아남아 아일랜드에 상륙했다. 그들은 12개의 평원과 4개의 호수를 늘렸으며, 포모르족과 4번 싸워 이겼지만 전염병으로 2000명이 죽었다. 네메드 집단은 또 다시 포모르족과 전쟁을 한 끝에 1만 6000명이 죽고 30명만 살아남아 세상의 북쪽 끝, 브리튼, 그리스 등으로 도망쳤다.

네 번째로 이주한 피르 볼그(Fir Bolg) 집단은 그리스로 도망친 네메드의 후손으로 그리스로 달아난 지 230년 후에 아일랜드로 돌아왔다. 그들은 5명의 족장이 이끌었고 아일랜드를 북 먼스터, 남 먼스터, 코나트, 얼스터, 렌스터 등 5개 지역으로 나누었다. 피르 볼그 집단은 37년 동안 9명의 상왕이 집권하며 아일랜드를 다스렸다.

다섯 번째 이주 집단인 투아하 데 다난(Tuatha De Danann)은 북쪽 끝으로 달아난 네메드의 후손으로 피르 볼그족과 싸워 이겨 아일랜드를 정복했다. 그들은 거인족 포모르족과 두 차례에 걸쳐 전쟁을 벌여 승리하고 150년 동안 아일랜드를 지배했다.

여섯 번째로 이주한 집단은 밀레시안(Milesians)인데, 이들은 스페인에서 아일랜드를 염탐한 이스가 이끌었다. 하지만 이스는 아일랜드에 상륙했다가 투아하 데 다난족한테 죽임을 당했다. 이스의 시체는 그의 부하들이 스페인으로 가져갔고, 이스의 조카 밀레(Mile)는 복수를 다짐하며 36척의 배와 수많은 부하를 이끌고 아일랜드를 침략한다. 밀레는 투아하 데 다난족, 포모르족과 싸워 이겼으며, 아일랜드 여왕 에리우(Eriu)가 자신들을 환영해준 답례로 그녀의 이름을 따서 섬(아일랜드)의 이름을 에린(Erin)이라고 지었다. 아울러 밀레시안은 지상을 다스리고, 투아하 데 다난족은 지하 세계로 물러나 그곳에서 살기로 서로 합의하였다. 그래서 아일랜드의 요정들인 시(Si)는 투아하 데 다난의 후예다.

007 그 밖의 천지창조 설화

　이번 항목에서는 유럽의 전통 신화들이나 기독교의 경전인 성경의 창조 설화 중 어느 쪽에도 속하지 않는 독특한 천지창조 설화를 소개하고자 한다.

　중세 유럽은 기독교가 국교나 다름없었고, 기독교의 가르침에 반대되는 교리를 공개적으로 주장하면 이단자로 몰려 처벌을 받던 시기였다. 하지만 모든 유럽인이 기독교 교리에 순응했던 것만은 아니다. 용감하거나 괴짜인 사람들은 노골적으로 기독교의 가르침에 반박하는 주장을 하기도 했는데, 그중 하나가 성경의 창조 설화를 부정하는 내용이었다.

　1584년 이탈리아 북부의 도메니코 스칸델라(1532~1599, 흔히 메노키오라고 불린다)는 이단으로 몰려 종교재판에 넘겨졌고 심문을 받았다. 그는 밀가루를 가공하는 일로 먹고살아가는 방앗간 주인이었는데, 다음과 같이 성경의 가르침을 완전히 부정하는 말을 공개적으로 떠들고 다닌 것이 문제가 되었다.

　"성직자들이 말하는 것처럼 성경에서 신이 혼자서 세계를 창조했다는 말은 다 거짓이다. 그럼 지금 우리가 살고 있는 세상은 어떻게 해서 탄생했느냐고? 그 비밀은 내가 알고 있다. 잘 들으라.

　원래 태초의 세상에는 아무것도 없었다. 그러니까 모든 것이 뒤죽박죽이 되어 엉켜 있는 커다란 카오스, 즉 혼돈이 세상의 시초였다.

그 혼돈은 바닷물의 거품에 부딪쳐 치즈처럼 굳어서 커다란 덩어리로 변했고, 치즈에 구더기가 생기는 것처럼, 덩어리의 안쪽에는 수많은 벌레가 생겨났다. 그 벌레들은 시간이 지나면서 지능을 갖추고 점차 다른 모습으로 변해갔는데, 그중에서 가장 지혜로운 존재가 신이었고 그다음은 천사였으며 마지막 부류가 사람이었다."

자연적으로 발생한 벌레들이 세월의 흐름에 따라 지능을 갖추고 신이나 사람이 되었다는 도메니코의 주장은 창조론이 아닌, 진화론에 가까웠다. 다만 유럽에서 진화론 자체를 처음 주장한 사람이 도메니코는 아니었다. 이미 고대 그리스의 철학자 아낙시만드로스는 사람이 물고기에서 진화했다고 주장했다.

그러나 절대 유일신이 세상을 창조했다는 창조설이 만고불변의 진리로 받아들여지던 중세 유럽에서 도메니코의 주장은 도저히 받아들일 수 없는 이단이었다. 그런 이유로 도메니코는 종교재판에 넘겨져서 징역 2년형을 받았다.

하지만 도메니코는 징역을 다 살고 감옥에서 나온 이후에도 자신의 주장을 고집하였다. 그리하여 결국 1599년, 화형을 당해 목숨을 잃고 말았다.

여기서 몇 가지 의문이 떠오른다. 태초의 세계가 우유와 같았다는 도메니코의 주장은 고대 인도의 경전인 베다에서 말한 인도 신화의 창세 설화와 비슷하다. 인도 신화에서도 태초의 세계는 커다란 우유의 바다였는데, 신들인 데바족과 악마들인 아수라족이 서로 힘을 합해 우유의 바다를 휘저은 끝에 거기서 세상의 온갖 요소가 탄생했다고 전해진다.

그런데 베다가 만들어진 시기는 도메니코가 활동한 시기보다 거의 2000년은 앞서 있고, 인도와 이탈리아는 거리가 먼데 어떻게 이렇게 서로 비슷한 구조를 띤 설화가 나올 수 있었던 것일까?

또한 그리스나 북유럽, 핀란드와 슬라브의 신화와는 달리 켈트 신화에는 창조 설화가 보이지 않는다. 원래부터 켈트 신화에 창조 설화가 없었는지, 아니면 있었는데 문자로 기록되는 과정에서 빠져버린 것인지는 알 수 없으나 좌우지간 현재 문자로 남아 있는 켈트 신화에는 창조 설화가 없다.

그런데 앞서 우유로부터 세계가 창조되었다는 주장을 한 메노키오가 살았던 이탈리아 북부 지역은 원래 로마인 같은 라틴족이 아니라, 켈트족이 살았던 곳이다. 한 예로 이탈리아 북부의 대도시 밀라노도 본래는 켈트족이 세운 도시인데 기원전 3세기 무렵 로마 군대에 의해 점령당하면서 현재의 이탈리아로 편입된 곳이다. 하지만 로마의 영토가 된 이후에도 밀라노 같은 이탈리아 북부 지역에는 켈트족의 후손들이 살았다.

그렇다면 메노키오가 주장한 우유의 창조 이야기는 혹시 원래 켈트족이 믿었던 세계의 창조 설화가 아니었을까? 그러고 보면 켈트족도 인도-유럽 어족의 일파이니, 그들이 아득히 먼 옛날 동유럽과 중앙아시아의 대평원에서 유목 생활을 하고 살았을 때 믿은 우유의 창조 설화가 은밀한 구전을 통해 유럽과 인도에 이르는 광활한 지역에서 공통적으로 나타나는 것은 아닐지.

008 그리스 신화의 인류 탄생과 대홍수

기원전 2세기에 만들어진 그리스 신화 문헌 《신들에 대하여》에 의하면 지혜의 신 프로메테우스(Prometheus)는 물과 흙으로 인간들을 빚어서 만들었다. 다만 이때 프로메테우스가 만든 인간들은 오직 남자뿐이었다.

그리스 신화에서 태초의 인간들은 결코 행복하지 못했다. 제우스는 인간들한테 불을 전해주거나 불을 피우는 방법을 알려주는 것을 금지했기 때문에, 인간들은 추위에 떨고 짐승들의 습격을 두려워하면서 동굴 속에 모여 비참하게 목숨만 이어갈 뿐이었다.

이런 인간들의 삶을 불쌍하게 여긴 프로메테우스는 하늘에서 불을 훔쳐다가 인간들에게 전해주기로 마음먹었다. 그리고 대장장이의 신 헤파이스토스의 대장간에 들어가 불씨를 몰래 옮겨오는 데 성공했다(다른 전승에 의하면 헤라의 부엌에서 불씨를 옮겨왔거나 제우스의 벼락에서 불씨를 받아왔다).

프로메테우스는 이렇게 옮겨온 불씨를 인간들한테 보여주고는 불씨를 피우고 보존하는 방법을 가르쳐주었다. 그러자 인간들은 불을 피워서 추위를 이겨내고 위험한 짐승들을 몰아냈으며, 요리를 하고 옷을 만들고 집을 짓는 등 점차 문명 생활로 나아가기 시작했다.

하지만 제우스는 프로메테우스가 인간들에게 불을 전해준 일을 무척이나 괘씸하게 여겼다. 인간들이 불을 이용해서 문명을 발전시키면 시킬수록 자신에 대한 숭배를 게을리하고 오만하게 굴 것이 확실했기 때문이다. 그래서 제우스는 프로메테우스한테 불씨를 훔친 죄를 물어 그를 캅카스산맥의 벼랑에 쇠사슬로 묶은 다음 독수리를 보내 매일 간이 뜯어먹히는 벌을 내렸다.

그런 다음 제우스는 인간들을 괴롭히기 위해 다른 신들에게 명령하여 새로운 인간을 만들어 지상에 내보내기로 결정했다. 우선 헤파이스토스는 진흙으로 인간 모양의 생명체를 반죽해서 만들었고, 그것에 지혜의 여신 아테나는 실 짜는 기술을 가르쳤으며, 사랑의 여신 아프로디테는 아름다움과 미소와 욕정과 매력을 주었다. 또한 도둑의 신 헤르메스는 교활함과 거짓말을 가르쳐주었고, 매력의 여신 카리테스들은 황금으로 짠 옷을 입혀주었다. 그렇게 해서 만들어진 생명체이자 새로운 인간이 바로 인류 최초의 여자인 판도라(Pandora)였다.

헤르메스는 판도라를 프로메테우스의 동생 에피메테우스한테로 안내했다. 에피메테우스는 판도라의 아름다움에 반해서 결혼하였다. 둘 사이에서 태어난 여자 후손들은 인간 남자들과 결혼하여 인간들의 수를 늘려갔다.

판도라는 하늘에서 내려올 때, 신들이 준 상자를 선물로 가져왔다. 신들은 이 상자를 결코 열지 말라고 당부했으나, 판도라는 무엇이 들었는지 궁금하여 끝내 열고 말았다. 그러자 상자 안에 있던, 인간들을 괴롭히는 질병과 늙음과 죽음과 갈등과 고민 같은 온갖 해로운 악이 순식간에 세상 각지로 퍼져나갔다. 놀란 판도라가 서둘러 상자를 닫자, 그 안에는 오직 희망만이 남았다. 그런 이유로 인간들은 어려운 상황 속에서도 희망만을 품게 된 것이다.

하지만 인간들을 괴롭히려는 제우스는 판도라를 보낸 것으로 만족하지 않았다. 그는 인간들이 사악해져서 세상을 죄악으로 가득 채운다는 이유를 들어서 대홍수를 일으켜 아예 인간들을 멸망시키려 하였다. 그러나 이를 미리 알고 있었던 프로메테우스는 아들 데우칼리온(Deucalion)한테 커다란 나무로 배를 한 척 만들어서 오랫동안 식량을 저장하라고 알려주었다.

마침내 제우스는 하늘에서 비를 퍼붓고, 포세이돈을 시켜 바닷물로 땅을 휩쓸고 강과 호수의 신들로 하여금 물을 뿜어 땅을 덮으라고 명령했다. 그렇게 9일 동안 하늘과 바다와 땅속에서 물이 쏟아져 땅을 뒤덮었다. 결국 미리 식량을 챙겨 배에 탄 데우칼리온과 그의 아내 피라(Pyrrha)를 제외한 모든 인간이 물에 빠져 죽었다.

데우칼리온과 피라가 탄 배는 9일 동안 물 위에서 이리저리 떠돌다가, 그리스 보이오티아의 파르나소스산에서 멈추었다. 물이 점차 빠지자 육지가 드러났다. 데우칼리온과 피라는 배에서 내려 땅을 밟은 후 제우스한테 제물을 바치면서 인간들의 죄악을 용서하고 다시 인간들을 번성시켜달라고 빌었다. 제우스는 그들의 기도를 받아들여 얼굴을 가리고 돌을 등 뒤로 던지라고 지시했다. 두 부부가 그렇게 하자 데우칼리온이 던진 돌들은 남자가 되었고 피라가 던진 돌들은 여자가 되었다.

한편 데우칼리온과 피라는 돌들을 던지는 것 이외에도 자신들끼리 몸을 섞어 아들 헬렌(Hellen)과 딸 프로토게네이아(Protogeneia)를 낳았는데, 이들은 그리스인들의 조상이 되었다.

2

신들

009 그리스 신화의 최고신, 제우스

그리스 신화에서 모든 신의 지배자인 제우스는 올림포스산 위의 하늘에 살면서 번개와 비를 다룬다. 그의 이름은 인도-유럽어족들이 공통적으로 섬기던 가장 높은 신 디아우스 피타, 즉 '하늘의 아버지'에서 유래한 것이다. 그래서 인도 신화와 북유럽 신화, 로마 신화에서 각각 하늘의 신인 디아우스와 티바츠(티르)와 유피테르는 모두 제우스와 같은 어원을 가진 하나의 신이다.

하지만 그리스 신화의 원전인 《신통기》나 《신들에 대하여》에 의하면 제우스가 원래부터 최고신은 아니었다. 제우스는 자신의 이전에 세계를 지배했던 신이자 아버지인 크로노스와 싸워서 이긴 후에 최고신이 되었다.

이러한 그리스 신화의 묘사에 대해 신화학자들은 다양한 해석을 내놓고 있다. 그중 가장 유력한 것은 이렇다. 제우스는 그리스를 침략한 인도-유럽어족들의 신인 데 반해, 크로노스로 대표되는 티탄 신들은 인도-유럽어족들이 침입하기 이전에 그리스에서 살던 원주민들이 믿은 신이었다. 따라서 그리스 신화에서 제우스가 크로노스를 몰아냈다는 것으로 두 민족의 충돌을 은유적으로 묘사했다는 견해다.

실제로 유럽 각지에는 인도-유럽어족 계통의 언어를 사용하지 않는 다른 계통의 민족들도 있다. 대표적인 예로 스페인 북부의 바스크족이나 헝가리의 마자르족, 핀란드의 핀족 등이다. 그리고 영국과 아일랜드에 최초로 정착한 민족은 지중해 인종이라 불리는 이베리아인들이었는데, 이들은 작은 키에 긴 목, 그리고 갈색 피부에 검은색 눈동자와 머리카락을 가진 사람들로, 그들보다 나중에 이주해온 큰 키에 짧은 목, 하얀 피부와 파란색 눈동자, 노란 머리카락을 가진 켈트족과 앵글로색슨족 같은 인도-유럽어족 계통의 민족들과 달랐다.

여하튼 그렇게 해서 제우스는 그리스 신화의 최고신이 되었다. 제우스의 힘에 대해 그리스 신화의 원전 중 하나인 《일리아드》에서는 올림포스의 다른 모든 신의 힘을 합쳐도 제우스를 이길 수 없다고 묘사하고 있다. 이 책을 보면 제우스가 다른 신들을 모아놓고 트로이전쟁에 개입하지 말라고 명령하자 모두 두려워하여 명령에 따랐다. 그런데 제우스의 아내 헤라 여신과 딸 아테나 여신이 전차를 몰고 트로이전쟁에 개입하려고 하자, 제우스는 자신의 부하 이리스 여신을 보내서 "만약 내 명령을 어긴다면, 벼락을 내리쳐 10년 동안 그 상처가 낫지 않아 계속 고통을 받게 하겠다"라고 경고했다. 이에 두려움을 느낀 헤라와 아테나는 전쟁에 끼어들지 않았다.

그렇다고 제우스가 결코 전지전능한 신은 아니었다. 순전히 힘으로만 따지면 제우스의 형제이자 바다의 신인 포세이돈도 제우스에 견줄 만하다. 한편 제우스는 거인족 기간테스들과의 싸움에서 혼자만의 힘으로 이길 수가 없자 아들이자 인간의 영웅인 헤라클레스한테 도움을 요청하기도 했으며, 땅의 여신 가이아와 지하 세계의 신 타르타로스의 사이에서 태어난 괴물 티폰과의 싸움에서 유일하게 패배한 적도 있다.

그래도 제우스가 그리스 신화에서 최고의 신인 것에는 변함이 없다. 왜냐하면 제우스는 힘만이 아니라, 뛰어난 지혜도 가졌기 때문이다. 힘이 약한 어린아이였던 시절, 제우스는 동굴 속에 숨어서 조용히 기회를 엿보다가 어른이 되어 힘이 생기자 그제야 비로소 크로노스한테 반기를 들었다. 기간테스를 이기려면 인간의 도움이 필요하다는 예언에 따라 헤라클레스를 끌어들였다. 티폰과의 싸움에서도 부하들인 운명의 여신들을 시켜 티폰의 힘을 약하게 하는 과일을 먹인 다음, 반격에 나서 티폰을 물리쳤다. 이런 제우스의 신중함과 교활함은 다른 신들한테서는 찾아볼 수 없다.

그리스 신화의 수많은 영웅이나 도시국가들은 제각기 자신들의 선조가 제우스라고 주장했다. 그런 이유로 제우스는 수많은 아내와 자녀들을 거느리게 되었는데, 그렇게 태어난 제우스의 자녀가 하도 많아서 아예 하나의 단락을 별도로 써야 할 정도다.

하지만 최고의 신 제우스도 운명을 거스를 수는 없었다. 그리스 신화의 영향력이 약해지고 새로운 종교인 기독교가 공인된 서기 4세기 이후, 기독교 성직자들은 제우스의 난잡한 성관계가 부도덕하다고 비난했다.

대략 서기 6세기 이후에는, 제우스를 포함한 그리스 신화의 신들이 기독교에 밀려 더 이상 숭배를 받지 못한다. 그러나 예술 작품 속에서 그리스 신화의 영향력은 계속 남았다. 16세기 이탈리아의 화가들은 기독교의 하느님을 하얀 머리카락과 수염을 가진 노인으로 묘사했는데, 이는 바로 제우스의 모습이다.

010 바다를 다스리는 포세이돈

   그리스 신화에서 바다를 다스리는 신 포세이돈(Poseidon)은 그리스 신화를 잘 모르는 사람이라도 한 번쯤 그 이름을 들어보았을 정도로 유명하다. 그리스를 정복한 로마인들은 자신들이 숭배하는 강과 바다의 신 넵투누스(Neptunus)을 포세이돈과 같은 신이라고 여겼다. 그래서 후세의 서양 문화에서 넵투누스 혹은 넵튠은 곧 포세이돈의 다른 이름이 되었다.

   하지만 그리스 신화에서 포세이돈이 맡은 역할은 단순히 바다의 신으로 한정되지 않는다. 고대 그리스의 서사시 《일리아드》와 《오디세이아》에서 포세이돈은 "땅을 뒤흔드는 신"이라고 불리는데, 이는 포세이돈이 고대 그리스인들에게 지진의 신으로 여겨졌음을 뜻한다. 실제로 고대 그리스에서 포세이돈을 가장 열렬히 숭배한 크레타섬은 지진이 잦은 지역이었다.

   아울러 포세이돈은 소를 다스리는 신으로도 인식되었다. 크레타섬의 위대한 왕 미노스는 형제들과 왕위를 다투다가 포세이돈한테 자신을 도와달라고 기도하였고, 이에 포세이돈은 바다를 가르며 아름다운 소 한 마리를 제물로 보내주어 미노스가 왕이 되도록 하였다. 그런 이유로 크레타섬에 세워진 크노소스 궁전에는 온통 소의 두 뿔이 상징으로 그려졌다.

   또한 그리스 신화에서 포세이돈은 가장 먼저 말을 창조한 신으로 불렸다. 그가 미녀 메두사와 몸을 섞고 난 후, 메두사는 날개가 달린 말 페가수스를 낳았다. 아울러 농경의 여신 데메테르는 포세이돈과의 사이에서 사람의 말을 하는 말 아리온을 낳았다.

이 밖에도 포세이돈은 육지를 흐르는 강과 냇물과 호수도 지배하는 신이었다. 그래서 그리스 신화에서 어느 지역에 큰 가뭄이 들어 물이 부족해지면, 그 지역을 다스리는 왕이나 영웅들은 포세이돈한테 "제발 우리 고장에 물이 솟아나게 해주십시오"라고 비는 일이 다반사였다.

이토록 포세이돈이 맡은 분야가 다양한 데는 여러 가지 해석이 분분하다. 그중 하나는 "원래 포세이돈은 바다가 아니라 땅과 그 위에 사는 소와 말 같은 동물들을 다스리는 신이었다. 그런데 그리스인들이 바다로 진출하면서 해상무역이나 해전 같은 일들이 중요해지자, 포세이돈의 영역이 육지가 아닌 바다를 담당하는 것으로 바뀌었다"라는 견해가 있다.

실제로 고대 그리스어로 포세이돈의 이름을 해석해보면, '땅(Da)의 남편(Posis)'이라는 뜻이 된다. 이는 원래 포세이돈이 땅의 신, 혹은 땅의 여신과 결혼한 남편이었다는 의미로 해석할 수 있다.

포세이돈은 어른이 되어, 바다의 여신 암피트리테와 결혼한다. 이를 달리 해석하면 암피트리테와 결혼하기 전 포세이돈은 바다의 신이 아니었으며, 그녀와 결혼하면서 비로소 바다의 신이 되었다고 볼 수 있다.

그리스 신화에서 포세이돈은 바다 밑의 황금 궁전에서 아내 암피트리테, 그리고 그녀와의 사이에서 낳은 아들들인 트리톤(Triton), 프로테우스(Proteus)와 함께 산다. 트리톤은 상반신이 사람의 몸이고 하반신은 물고기 꼬리가 달린 인어의 모습을 하고 있는데, 소라고둥으로 만든 나팔을 가지고 있다가 포세이돈이 바다 위로 모습을 드러내면 힘차게 불어 그의 행차를 알린다. 프로테우스는 미래를 볼 수 있는 예지 능력을 지니고 있어서 그리스의 영웅들은 그에게 미래를 말해달라고 조르는데, 그런 일을 귀찮아하여 물개의 모습으로 둔갑하여 숨어서 지낸다.

이들 외에도 포세이돈은 암피트리테와의 사이에서 딸 벤테시키메를 낳았는데, 그녀는 에티오피아의 왕과 결혼하였다.

하지만 포세이돈은 다른 여자들한테서도 많은 자녀를 낳았다. 몇몇만 들자면, 아테네에 민주주의를 도입한 영웅 테세우스(Theseus)는 포세이돈이 트로이젠의 공주 아이트라에게서 얻은 아들이다. 엘리스의 쌍둥이 왕자 에우리토스(Eurytus)와 크테아토스(Cteatus)는 포세이돈과 엘리스의 왕 악토르의 아내 몰리오네 사이에서 태어났다. 이들은 은으로 된 알에서 태어났으며, 몸이 서로 붙어 있어서 헤라클레스도 쫓아 보낼 정도로 강력했지만, 코린토스로 가는 길목에서 헤라클레스의 습격을 받고 죽었다. 또한 트로이를 함락한 영웅 오디세우스의 일행을 잡아먹은 키클롭스(외눈박이 거인)인 폴리페모스(Polyphemos)는 포세이돈과 요정 토오사 사이에서 태어났다.

이렇게 그리스 신화에서 포세이돈의 아들이 많은 이유는 그가 위대하고 강력한 신으로 숭배를 받은 만큼 그의 후손임을 자처하는 이가 많았기 때문이다. 다만 포세이돈의 아들들은 대부분 사납고 난폭하여 두려움의 대상이 되었는데, 이는 그들의 아버지인 포세이돈이 거칠고 파괴적인 성격을 지녔기 때문이다.

011 제우스를 구해준 브리아레오스

그리스 신화에서 가장 강력한 신은 태초에 벌어진 신들의 전쟁인 티타노마키아를 끝내고, 제우스를 위기에서 구해준 브리아레오스(Briareos)다.

브리아레오스는 가장 오래된 하늘의 신 우라노스와 땅의 여신 가이아 사이에서 태어난 헤카톤케이레스(Hecatoncheires) 삼형제 중 한 명이다. 헤카톤케이레스는 고대 그리스어로 '100개의 손'이라는 뜻인데, 그처럼 헤카톤케이레스 삼형제는 모두 100개의 손과 50개의 머리를 가졌다. 나머지 헤카톤케이레스 2명은 코토스(Cottos)와 기게스(Gyges)인데, 브리아레오스부터 삼형제의 이름을 각각 해석하면 '강력함', '때리다', '자르다'라는 뜻을 담고 있다.

기원전 7세기 그리스의 시인 헤시오도스가 쓴 《신통기》에 의하면, 헤카톤케이레스가 가이아의 몸에서 태어나자 우라노스는 세 아들의 거대한 덩치와 무서운 모습, 그리고 그들의 몸에 깃든 끝없이 강력한 힘을 싫어하여 이들을 쇠사슬로 묶어서 가이아의 몸속에 도로 집어넣었다.

세 아들이 자신의 몸속으로 들어가자, 몸이 무거워져서 고통스러워하던 가이아는 자신이 우라노스와의 사이에서 낳은 아들인 크로노스(농사의 신)한테, 우라노스를 벌하고 헤카톤케이레스 삼형제를 풀어달라고 말했다. 가이아의 말대로 크로노스는 낫을 들어 아버지 우라노스의 성기를 자르고, 그를 멀리 쫓아내었다.

하지만 크로노스는 어머니의 요청을 어기고 헤카톤케이레스 삼형제를 계속 가이아의 몸속에 있도록 내버려두었다. 크로노스의 배신에 화가 난 가이아는 "너도 네 아버지처럼 네 아이한테 패배하고 권력을 빼앗기리라!" 하고 저주를 내렸다. 훗날 크로노스가 레아와의 사이에서 낳은 제우스가 가이아의 저주대로 크로노스한테 맞서 반란을 일으키자, 가이아는 제우스 한테 이렇게 알려주었다.

"내 몸속 깊은 곳에는 내 아들들인 헤카톤케이레스 삼형제가 쇠사슬에 묶여 햇빛을 보지 못한 채로 오랫동안 어둠 속에 갇혀 괴로워하며 비참하 게 살고 있다. 너는 그들을 풀어주고 그들을 네 편에 서서 싸우게 해야 한 다. 그래야만 크로노스와 싸워 이길 수 있다. 헤카톤케이레스 삼형제는 그 누구보다 강력한 무적의 힘을 갖고 있단다."

가이아의 조언을 듣고 제우스는 헤카톤케이레스 삼형제를 어두운 지하 에서 끌어올려 밝은 햇빛을 보게 해준 다음, 그들한테 올림포스산의 신들 이 먹는 음식과 술인 암브로시아와 넥타르를 먹였다. 이는 제우스가 헤카 톤케이레스 삼형제를 자신이 이끄는 올림포스 신들의 일원으로 인정해준 다는 우호적인 표시였다.

제우스의 환대에 감격한 브리아레오스는 두 형제와 함께, 제우스의 편에 서서 크로노스와 그를 따르는 신들인 티탄족에게 맞서 싸우겠다고 말했다. 올림포스 신들과 티탄족이 벌인 전쟁 티타노마키아가 10년이나 계속되던 중에, 헤카톤케이레스 삼형제는 자신들이 가진 100개의 손으로 커다란 바 위를 집어서 티탄족을 향해 던졌다. 삼형제가 던져대는 300개의 바위가 티 탄족에게 큰 피해를 입혔고, 이 맹렬한 공격을 이기지 못한 티탄족이 항복 하여 결국 올림포스 신들이 승리했다. 이는 헤카톤케이레스 삼형제의 참전

덕분이었다.

티타노마키아에서 이기고 나서 헤카톤케이레스 삼형제는 자신들이 당했던 것처럼 티탄족을 쇠사슬로 묶어서 가장 깊고 어두운 땅속인 타르타로스에 가뒀고, 그들이 밖으로 나오지 못하게 감시하는 일을 맡았다. 다만 삼형제 중 브리아레오스는 포세이돈의 딸 키모폴레이아(Kymopoleia)와 결혼하여 티탄족을 감시하는 일에서 면제되었다. 둘 사이에서는 오이올리케(Oiolyke)라는 딸이 태어났는데, 그녀의 허리띠는 훗날 그리스 최대의 영웅 헤라클레스가 가져와야 하는 보물이 된다.

티타노마키아 이후에도 브리아레오스의 활약은 이어졌다. 기원전 7세기 그리스의 시인 호메로스가 남긴 서사시 《일리아드》에 의하면, 제우스의 아내 헤라가 제우스의 동생이자 바다의 신인 포세이돈, 그리고 제우스의 딸(헤라에게는 의붓딸)이자 전쟁과 지혜의 여신인 아테나와 함께 제우스를 사슬로 묶어버리는 일이 있었다. 왜 그랬는지 이유는 알 수 없으나, 이는 최고신에 대한 반란이었다. 이때 제우스의 의붓딸이자 바다의 여신인 테티스는 서둘러 바다 밑에서 키모폴레이아와 함께 살고 있던 브리아레오스를 찾아가서 자초지종을 설명하며, 그를 올림포스로 보내 제우스를 구출하게 하였다. 바다에서 올라와 올림포스로 날아간 브리아레오스는 제우스를 묶은 사슬을 풀어서 그를 해방시키고, 제우스의 옆에 버티고 앉았다. 브리아레오스를 보자 헤라와 포세이돈과 아테나는 모두 겁을 먹고 더 이상 제우스한테 맞설 엄두를 내지 못했다. 이렇게 해서 제우스는 절체절명의 위기에서 벗어났다.

그리스 신화에서 헤라와 아테나는 모든 여신 중에서 가장 강하고, 포세이돈은 제우스 다음가는 올림포스의 이인자인데, 그들이 브리아레오스를 보자 반란을 포기했다는 점에서 브리아레오스가 얼마나 강력한 신인지 알 수 있다.

012 그 밖의
그리스 신들

하데스(Hades)는 저승과 지하 세계의 신이다. 그는 신들의 전쟁인 티타노마키아에서 승리한 후 형제인 제우스, 포세이돈과 함께 세계를 셋으로 나누는 제비뽑기에서 지하 세계를 골랐다. 하데스는 머리에 쓰면 몸을 투명하게 만드는 투구를 갖고 있으며, 데메테르의 딸이자 자신의 아내가 될 여신 페르세포네(Persephone)를 납치하기 위해 지상에 나선 때 말고는 언제나 지하 세계에서 지낸다.

헤라(Hera)는 제우스의 누이이자 정실부인이다. 그리스 신화에서 그녀는 황소같이 큰 눈에 금발머리와 하얀 피부를 가진 아름다운 모습으로 묘사되며, 가정과 결혼을 지키는 여신이다. 헤라는 제우스와의 사이에서 아레스와 헤파이스토스를 낳았지만, 두 아들은 아버지로부터 별다른 사랑을 받지 못했다. 제우스가 헤라를 내버려두고 다른 여신이나 여자들과 어울려 의붓자식들을 낳았기 때문에, 헤라는 제우스의 외도로 태어난 자식들한테 매우 무서운 저주를 내렸다.

데메테르(Demeter)는 곡물과 농사의 여신이다. 그녀는 제우스와의 사이에서 딸 페르세포네를 낳았다. 하지만 페르세포네를 하데스가 납치해가자 그녀는 슬픔에 빠져 곡물을 돌보지 않았고, 지상에는 흉년과 기근이 들어 사람들이 제우스한테 제물을 바칠 식량도 없어졌다. 난감해하던 제우스는 데메테르한테 자초지종을 설명하고, 페르세포네가 1년 중 절반은 지하에서 하데스와 함께 지내고 남은 절반은 지상으로 올라 어머니 데메테르와 함께 지내도록 중재했다. 그제야 데메테르가 납득하여 곡물을 돌보면서 지상에 흉년과 기근이 사라지게 된다.

아테나(Athena)는 지혜와 전쟁의 여신이자, 도시국가 아테네의 수호신이다. 그녀는 원래 헤라 이전에 제우스의 정실부인이었던 지혜의 여신 메티스(Metis)가 제우스와의 사이에서 잉태한 딸이다. 메티스의 아이가 자신보다 위대해진다는 예언을 두려워한 제우스는 메티스를 삼켜버렸다. 10개월 후에 제우스는 머리가 아파왔고 이에 헤파이스토스를 불러 도끼로 자신의 머리를 쪼개도록 하자, 그 속에서 완전무장을 한 아테나가 뛰쳐나왔다.

제우스의 자녀 중에서 아테나는 아폴론과 더불어 가장 뛰어난 신이었다. 아테나는 자신처럼 전쟁의 신이기도 한 아레스를 거뜬히 물리쳤으며, 그리스 신화의 수많은 영웅이 제우스의 대리자이기도 한 그녀의 도움을 받아 모험에 나섰다.

아폴론(Apollon)은 제우스와 티탄족 여신 레토(Leto) 사이에서 태어난 아들로 예언과 궁술, 전염병과 의학의 신이다. 그는 그리스 전체의 성지인 델포이(Delphoi) 신전에서 숭배를 받았으며, 그의 예언을 듣고자 그리스 각지에서 매년 사람들이 몰려들었다. 그는 아버지 제우스처럼 여러 여인들 사이에서 많은 아이를 낳았는데, 그중 한 명이 의료의 신 아스클레피오스(Asclepius)이며, 그의 자손이 현대 의사들의 시조인 히포크라테스(Hippocrates)다.

아르테미스(Artemis)는 사냥과 숲의 여신이다. 그녀는 배다른 자매인 아테나처럼 영원히 처녀로 살아갈 것을 맹세한 처녀 신이기도 했다. 그런 이유로 그녀를 따르는 시녀들도 모두 처녀로 이루어져 있으며, 만약 순결을 잃으면 아르테미스의 노여움을 사서 당장 쫓겨났다.

아레스(Ares)는 전쟁의 신이다. 그러나 그리스인들은 아레스를 그리 좋아하지 않았고, 따라서 그는 《일리아드》나 《오디세이아》 같은 그리스 신화의 문헌에서 매우 나쁜 대우를 받았다. 다만 로마 시대에 들어서 아레스는 제우스(유피테르) 다음가는 위대한 신(마르스)으로 숭배를 받았는데, 이는 로마인들이 전쟁을 대단히 중요하게 여겼기 때문이다.

아프로디테(Aphrodite)는 제우스의 할아버지 우라노스의 잘린 성기가 바다에 떨어져서 태어난 사랑(성행위)의 여신이다. 그래서 그리스와 로마 시대에 아프로디테(비너스)는 매춘부들의 수호신이었다. 그리스 신화에서 아프로디테는 헤파이스토스와 결혼하지만, 자유분방한 성생활을 즐겼다. 다만 어찌된 일인지 바람둥이인 제우스가 그녀와는 단 한 번도 스캔들을 일으키지 않았다.

헤르메스(Hermes)는 제우스와 티탄족 여신 마이아(Maia) 사이에서 태어난 아들로 도둑과 장사꾼, 그리고 바람의 신이다. 날개가 달린 신발을 신고 있어서 매우 빨리 하늘을 날 수 있었던 그는 제우스의 전령으로 활동한다.

헤파이스토스(Hephaistos)는 대장장이의 신으로 그리스 신화의 영웅들이 사용하는 여러 무기와 갑옷을 만들었다.

헤스티아(Hestia)는 화로의 여신으로 포세이돈과 아폴론의 청혼을 거절하고 평생 처녀로 살았다.

디오니소스(Dionysos)는 포도주와 풍요의 신으로 제우스와 인간 여자인 세멜레(Semele) 사이에서 태어났다. 그는 마이나데스(Maenades)라 불리는 광신도 여자들을 데리고 다니는데, 그녀들은 무척이나 사나워서 맨손으로 짐승을 찢어 죽이고 그 피와 살을 먹었다.

013 고대 동유럽의
신들

지금의 동유럽에 속하는 불가리아는 고대 그리스인들로부터 트라키아(Thracia)라고 불렸다. 트라키아 지역은 그리스보다 날씨가 춥고 원시적인 부족들이 사는 곳이어서 그리스인들은 이들을 야만족이라고 업신여겼다.

현재 이름이 알려진 트라키아의 신은 4위(位)인데, 첫 번째는 사바지오스(Sabazios)다. 사바지오스는 인도-유럽어족의 하늘 신 디에우스(Dyeus)에 해당된다. 그는 각종 금속 세공에서 말을 탄 트라키아인 기수로 묘사되었으며, 트라키아에 기독교가 전해진 이후에는 말을 타고서 용을 죽이는 기독교 성인 성 조지(Saint George)와 동일시되었다.

지벨티우르도스(Zibelthiurdos)는 트라키아에서 번개와 천둥을 다스린 신으로, 그 역할이 고대 그리스의 제우스와 비슷하다.

코티스(Kotys)는 많은 트라키아 부족이 술의 신을 기리는 축제를 할 때 숭배한 여신이다. 그녀의 이름은 전쟁과 학살을 뜻한다.

벤디스(Bendis)는 트라키아에서 달과 사냥의 여신으로, 그리스인들은 그녀가 어둠과 지하 세계의 여신인 헤카테나 페르세포네와 비슷하다고 여겼다.

다음은 현재 동유럽의 루마니아인 다키아(Dacia 혹은 게타이Getae) 지역에서 숭배한 신들이다. 다키아인들은 잘목시스(Zalmoxis)라는 신을 가장 열렬히 섬겼는데, 이 신은 천둥과 번개를 다스렸다.

고대 그리스의 작가 헤로도토스는 그의 책 《역사》에서 잘목시스에 관한 흥미로운 이야기를 전하고 있다. 원래 잘목시스는 신이 아니라 다키아인이었는데, 사모스섬에서 몇 년 동안 노예 생활을 하면서 유명한 그리스의 철학자 피타고라스에게 봉사했다. 피타고라스와 함께 지내고 교류하면서 잘목시스는 세련된 철학과 지식을 알게 되었다.

피타고라스는 잘목시스를 불쌍하게 여겨서 그를 노예 신분에서 풀어주었고, 자유를 얻은 잘목시스는 그 후 그리스 각지에서 일하며 많은 재산을 벌어들인 다음, 고향인 다키아로 돌아갔다. 그러고서 잘목시스는 그리스에서 보았던 것처럼 크고 화려한 정원을 짓고 그곳에 이웃 사람들을 불러들여 성대한 잔치를 열어주면서, 자신이 피타고라스한테서 듣고 배웠던 철학을 이렇게 가르쳤다.

"사람은 그 몸이 죽어도 영혼은 죽지 않고 영원히 살아 있다. 그리고 죽은 사람의 영혼은 모든 행복을 경험할 수 있는 사후세계로 떠난다. 다만 살아생전에 나쁜 일을 저질렀던 사람들의 영혼은 죽으면 동물로 태어나서 온갖 고통을 받게 된다."

그런 뒤 잘목시스는 정원의 지하에 방을 만들고, 그곳에 들어가서 3년 동안 밖으로 나오지 않았다. 잘목시스를 볼 수 없게 된 다키아인들은 그가 죽은 줄로 알고 슬퍼했는데, 4년 후에 잘목시스가 방에서 나와 사람들 앞에 모습을 보이자, 다키아인들은 그의 가르침을 사실로 믿었다.

그 밖의 다키아 신들로는 건강과 영혼의 생명력을 다스리는 데르젤라스(Derzelas)와 성스러운 산의 신 코가이오논(Kogaionon)이 있다.

현재 동유럽인 알바니아와 보스니아-헤르체고비나는 고대 그리스와 로마인들한테 일리리아(Illyria)라고 불렸다. 일리리아 지역은 통일된 왕국이 들어서지 못하고 여러 부족으로 나뉘어 있다가 기원전 1세기 로마에게 정복당했다. 현재까지 그 이름이 알려진 일리리아의 신은 모두 11위이다.

　메다우루스(Medaurus)는 말을 타고 긴 창을 든 기수의 모습으로 묘사되며, 아르마투스(Armatus)는 전쟁의 신이다. 안조티카(Anzotica)는 사랑의 여신이며, 빈두스(Bindus)는 바다의 신이다. 나머지 신들인 라트라(Latra), 센토나(Sentona), 이카(Ica), 에이아(Eia), 말레소수스(Malesocus), 보리아(Boria), 이리아(Iria)는 그 이름만 알려져 있으며, 어떤 역할을 맡았는지는 알 수 없다.

　마지막으로 소개할 스키타이는 지금의 우크라이나와 러시아, 그리고 카자흐스탄에 걸쳐 살았던 유목 민족이다. 스키타이인들은 7위의 신을 섬겼는데, 최고의 신은 전쟁의 신 아긴(Agin)이었다. 헤로도토스의 《역사》에 의하면, 스키타이인들은 수레 150대에 실을 만큼의 장작을 세 방향으로 쌓고 그 위에 낡은 쇠 단검을 아긴의 형상이라고 하여 꽂아두고는, 전쟁 포로 100명당 1명을 골라 목을 자르고 그 피를 제물로 바쳤다.

　나머지 스키타이의 신들은 가정과 화로의 여신 타비티(Tabiti), 하늘의 신 파파이오스(Papaios), 땅의 여신 아피(Api), 예언과 치유 및 태양의 신 오이토시로스(Oitosyros), 사랑의 여신 아르김파사(Argimpasa), 바다의 신 타김마시다스(Thagimasidas)다. 그중에서 현재 크림반도 인근의 아조프해에 살았던 왕족들은 다른 스키타이인들과는 달리 타김마시다스에게도 희생 제물을 바쳤다고 한다.

014 전쟁과 지혜의 신, 오딘

북유럽 신화에서 가장 높은 신은 오딘(Odin)이다. 순수하게 힘으로만 따지면 토르가 오딘보다 더 강력하지만, 오딘은 토르보다 훨씬 뛰어난 지혜를 갖고 있기 때문에 모든 신을 다스릴 수 있다.

원래 북유럽의 신들 중에서 가장 높은 신은 하늘과 전쟁의 신 티르(Tyr)였다. 그러나 세월이 흐르면서 북유럽의 최고신은 티르에서 토르를 거쳐 오딘으로 바뀌었다. 이는 오딘을 섬기는 신앙이 가장 강력했기 때문이다. 왜냐하면 오딘은 전쟁과 지혜의 신인데, 하루도 전쟁이 끊이지 않았던 북유럽 사회에서 전쟁에서 승리할 수 있는 지혜만큼 간절했던 미덕이 없었고, 자연히 그런 분야를 다스리는 오딘이 열렬히 숭배를 받게 되었던 것이다.

오딘은 북유럽 전역에서 이름만 약간 바뀐 채로 널리 믿어졌다. 스칸디나비아반도에서는 오딘이라 불렸고, 독일에서는 보탄(Wotan), 서기 5세기 독일에서 영국으로 이주한 앵글로색슨족은 워든(Woden)이라고 불렸다.

로마인들은 오딘을 올림포스 12신 중 하나인 머큐리(헤르메스)와 동일시했는데, 이는 오딘의 신격이 바람과 속임수, 도둑질의 신 헤르메스와 통했기 때문이다. 실제로 북유럽 신화에서 오딘은 거인들이 갖고 있는 보물들을 탐내어 이들한테서 속임수를 써서 훔쳐낸 다음, 독수리로 둔갑하여 바람을 타고 재빨리 도망쳐오는 일을 자주 했다.

보통 오딘은 한쪽 눈이 없는 애꾸눈으로 그려진다. 이는 오딘이 지혜를 얻기 위해서 거인 미미르(Mimir)가 지키고 있는 지혜의 샘물을 마시는 대가로 자신의 한쪽 눈을 뽑아주었기 때문이다.

또한 오딘은 두 어깨에 두 마리 까마귀 후긴(Huggin)과 무닌(Muninn)을 올려놓고, 발 아래에 게리(Geri)와 프레키(Freki)라는 두 마리 늑대를 거느린 모습으로도 그려진다. 후긴과 무닌은 각각 '생각'과 '기억'이라는 뜻인데, 두 까마귀는 아침에 일어나 온 세상을 돌아다니며 보고 들은 일을 저녁에 돌아와서 오딘에게 보고하는 첩자 역할을 맡았다. 게리와 프레키는 각각 '욕망'과 '배고픔'이라는 뜻인데, 두 마리 늑대는 평소에는 오딘의 발 아래에 엎드려 있다가 그가 던져주는 고기를 먹었다.

까마귀와 늑대는 모두 황야를 떠돌며 시체를 먹어치우는 동물이다. 이런 동물을 거느리고 있는 오딘의 모습은 세상의 모든 지식과 전쟁의 승리를 독차지하려는 탐욕스러운 욕망을 상징한다.

오딘을 섬기는 사람들 중에는 전쟁터에 나가는 전사들이 많았다. 특히 전쟁터에서 포악하게 날뛰며 닥치는 대로 살육을 일삼는 오딘의 신봉자들은 베르세르크(berserk, 버서커)라고 불렸다. 베르세르크들은 곰이나 늑대 가죽만을 걸친 채, 아무런 갑옷이나 방패도 없이 싸웠다. 오딘의 가호를 받아 어떠한 무기에도 죽거나 다치지 않는다고 믿었기 때문이다.

오딘은 항상 가면을 쓰고 다녀 속마음을 알 수가 없었고, 속임수와 계략에 능했으며, 자신을 섬기는 자를 언젠가 죽게 하기 때문에 공포의 대상이기도 했다. 북유럽 신화의 문헌인 《에다》에 의하면 오딘의 눈길은 너무나 두려워서 그가 한번 노려보기만 해도 신과 인간 들은 모두 두려움에 떨며, 승승장구하던 군대도 겁에 질려 달아났다.

특히 오딘을 믿는 신앙에서는 사람을 신에게 제물로 바치는 인신공양 의식을 요구했다. 그래서 기원전 105년 10월 6일, 갈리아 남부 아라우시오에서 8만 명의 로마군을 격파한 게르만 계통의 킴브리족과 테우토네스(튜튼)족은 로마군 포로들을 죽인 후, 그 시체를 나무에 매달아 오딘에게 제물로 바쳤다.

《에다》를 보면 오딘도 우주의 모든 지혜를 얻기 위해 미미르의 샘물을 마시는 것으로 만족하지 못하고 스스로 나무에 매달려 죽은 후, 9일 만에 부활했다고 한다. 이는 신이 스스로를 희생 제물로 바치는 의식을 나타낸 것이다.

그러나 북유럽에 기독교가 전파된 이후, 오딘은 거의 악마나 다름없을 만큼 그 위치가 매우 낮아졌다. 한 예로 노르웨이 국왕으로 백성들한테 전통 신앙 대신 기독교를 받아들이라고 강요한 올라프 1세에 관련된 사가(무용담)에는 이런 내용도 있다. 어느 날 큰 모자를 써서 얼굴을 가린 노인이 올라프 1세를 찾아와서 "모든 적과 싸워 이기고, 시를 노래처럼 부를 수 있는 왕이 되고 싶지 않소?" 하고 제안하자, 올라프 1세는 그가 인간으로 변신한 오딘임을 깨닫고 화를 내며 기도서를 내던졌고, 그러자 노인은 순식간에 사라져버렸다. 이 설화에서 오딘은 마치 악마처럼 사람을 유혹하다가 기도서를 보고 도망치는 모습으로 그려진다.

오늘날 오딘의 흔적은 영어 단어의 수요일에 남아 있다. 수요일을 뜻하는 영어 단어 웬즈데이(Wednesday)에서 웬즈(Wedne)는 오딘의 앵글로색슨식 발음인 위든(Woden)에서 유래했다.

015 모든 신의 여왕, 프리그

　프리그(Frigg) 혹은 프리가(Frigga)는 북유럽 신화에서 최고신 오딘의 아내이자 모든 신의 여왕이다. 그녀의 출생에 대해서는 북유럽 신화의 원전인 《에다》에 다소 모순된 전승으로 남아 있다.

　일단 그녀의 어머니가 땅의 여신 요르드(Jord) 혹은 표르긴(Fjorgyn)이라고 하는 부분은 확실하다. 요르드가 프리그와 토르를 낳았다고 《에다》에 기록되었는데, 문제는 같은 문헌에 프리그가 오딘의 딸이라는 전승도 있다는 것이다.

　그렇다면 오딘은 자신의 딸과 결혼했다는 이야기인데, 만약 그게 사실이라면 《에다》에서 오딘이 속한 에시르 신들이 다른 신 종족인 바니르에 속한 뇨르드가 근친상간으로 프레이와 프레이야를 낳았다고 비난하는 장면을 설명할 수 없다. 그러므로 이는 아마 《에다》에서 오딘을 모든 신의 아버지라고 억지로 추켜세우다가, 프리그를 졸지에 오딘의 딸로 둔갑시켜버렸다고 봐야 할 것이다.

　《에다》는 기본적으로 오딘이나 토르 같은 남자 신들의 무용담을 적은 내용이라서 프리그 같은 여신들에 관한 내용은 그리 많지 않다. 다만 프리그는 신들의 여왕이다 보니, 결코 무시할 수 없는 위상을 갖고 있다. 그녀는 남편 오딘의 왕좌인 흘리드스캴프에 앉아서 세상을 내려다볼 권한을 지녔으며, 미래에 벌어질 모든 일을 알고 있으나 결코 입 밖으로 꺼내어 말하지 않았다. 프리그는 하얀 옷을 입고 황금 허리띠를 둘렀으며, 물레를 돌려 실을 짰는데 그것이 바로 구름이 된다고 여겨졌다.

또한 프리그는 아이를 낳고 고통스러워하는 여인을 도와주며, 땅의 여신 게피온과 지혜의 여신 폴라, 사랑의 여신들인 로픈과 뵤픈, 그리고 진실의 여신인 신 등을 하녀로 거느렸다.

프리그는 오딘과의 사이에서 두 아들 발데르와 헤르모드를 낳았는데, 이들 중 발데르는 '하얀 빛의 신'으로 불렸으며 로키의 속임수로 죽임을 당했으나, 훗날 신들이 멸망하는 라그나뢰크 이후 저승에서 돌아와 새로운 세상을 다스린다고 믿어졌다.

중세 유럽 초기에 이탈리아 북부로 침입했던 게르만 계통의 부족인 롬바르드족은 프리그를 각별히 숭배했다. 롬바르드족의 전설에 따르면 그들은 원래 윈니리족이라고 불렸다. 윈니리족이 게르만 계통의 다른 부족인 반달족과 한참 전투를 벌였는데, 반달족은 오딘을 숭배했지만 윈니리족은 프리그를 숭배했다. 두 부족이 여러 번 전투를 벌여도 승부가 나지 않았다.

그러자 프리그는 자신을 숭배하는 윈니리족을 불쌍히 여겨 그들한테 "새벽에 너희 부족의 여자들한테 사슬 갑옷을 입히고 기다란 머리카락을 턱 아래로 내려서 수염처럼 보이게 하라"라고 알려주었다. 그러고 나서 프리그는 오딘이 잠든 사이에 누운 침대의 방향을 바꿔서 윈니리족을 보게 하였다.

다음 날 아침, 잠에서 깨어난 오딘은 기다란 머리카락을 가진 윈니리족 여자들을 보고 "이 긴 수염을 가진 사람들은 누구인가?" 하고 놀라서 외쳤고, 여기서 긴 수염이란 뜻의 롱비어드(Longbeard)가 롬바르드(Lombard)라는 이름의 유래가 되었다. 프리그는 오딘한테 "당신이 저들한테 새로운 이름을 지어주었으니, 축복도 함께 내려주십시오"라고 부탁했다. 이에 오딘은 롬바르드족이 따뜻하고 비옥한 이탈리아 북부에 정착하도록 허락했다. 반면 오딘의 축복을 받지 못한 반달족은 롬바르드족한테 밀려나, 머나먼 북아프리카의 황량한 사막으로 달아나서 고생스럽게 살다가 동로마한테 멸망당하는 비참한 운명을 맞았다.

서기 9세기부터 독일인들은 전통 신앙을 버리고 기독교로 개종했지만, 그런 후에도 프리그는 독일 민간전승에서 그 흔적이 깊이 남아 있었다. 독일 각지에서는 프리그를 홀레(Holle), 홀다(Holda), 베르크타(Berchta), 프렌(Freen), 프리엔(Frien), 프리크(Frick), 고데(Frau Gode), 하르케(Frau Harke) 등으로 불렀다.

독일의 각 지역의 전승에서 여러 이름으로 나타난 프리그는 사람들한테 축복을 베풀고 아이들을 보살피는 자상한 어머니의 모습이지만, 때로 사람들을 해치는 사악한 마녀로 나타나기도 한다. 독일 북부의 하르츠와 오버작센 지역에서 프리그는 프리크나 프렌으로 불리는데, 실 짜는 일을 하는 여자가 제대로 일을 하지 않고 게으름을 부리면 벌을 내린다. 또한 우커마르크 지역에서 믿는 요괴 프리크 할멈은 밤마다 큰 개를 데리고 거리를 돌아다니면서 입과 코에서 불을 토해내는 무서운 마귀이기도 하다.

016 천둥과 번개를 다스리는 토르

북유럽 신화에서 천둥과 번개를 다스리는 신 토르(Thor)는 북유럽 각지의 게르만족들로부터 열렬한 숭배를 받았다. 스칸디나비아에서는 토르라 불렸고, 독일에서는 도나르(Donar)라고 불렸으며, 서기 5세기 독일에서 영국으로 이주한 앵글로색슨족은 투노르(Thunor)라고 불렀다. 한편 게르만족의 이웃인 로마인들은 토르가 그들의 최고신 유피테르(제우스)와 같은 신이라고 여겼다. 이는 원래 게르만족들이 오딘이 아니라 토르를 최고신으로 숭배했음을 보여주는 증거다.

북유럽 신화를 기록한 문헌인 《에다》에 의하면, 토르는 신들의 세계인 아스가르드에서 트루드헤임(Thrudheim)이라는 영토를 가졌으며, 그곳에 빌스키르니르(Bilskírnir)라는 궁전을 짓고 살았다. 빌스키르니르에는 540개의 방이 있었으며, 신들의 궁전 중에서 가장 넓었다. 토르를 믿었던 농부들은 죽으면 빌스키르니르로 가서 사는데, 독일 헤센(Hessen) 지역의 전설에 의하면 죽어서 빌스키르니르로 간 농부들은 하늘에서 천둥을 울리는 일을 맡았다.

토르는 붉은색의 머리카락과 턱수염 및 눈동자를 가졌으며, 모든 신 중에서 가장 덩치가 크고 힘이 강했다. 다만 그는 하늘과 땅을 잇는 무지개다리인 비프로스트를 건너지 못했는데, 그의 다리에서 나오는 열기에 비프로스트가 불에 타버릴 위험이 있었기 때문이다. 그래서 토르는 땅에서 하늘의 아스가르드로 올라가기 위해 오름트강과 코름트강을 건너 멀리 돌아가야 했다.

토르에게는 세 가지 보물이 있었다. 쇠망치 묠니르(Mjolnir)와 쇠장갑 야른그레이페르(Iarngreipr), 허리띠 메긴교르드(Megingjord)였다. 묠니르는 내리치거나 던지면 모든 것을 부숴버리는 무적의 무기였고, 야른그레이페르는 천둥의 뜨거운 열기를 뿜어내는 묠니르를 잡기 위한 장갑이었으며, 메긴교르드는 허리에 두르기만 하면 힘이 두 배나 더 강해지는 마법의 도구였다.

북유럽 신화에서 토르는 탕그리스니르(Tanngrisnir)와 탕그뇨스트(Tanngnjostr)라는 두 마리 염소가 끄는 전차를 몰고 하늘을 날아다녔으며, 묠니르를 던져서 신들과 인간들을 위협하는 거인들을 물리치는 구세주 역할을 맡았다. 북유럽 신화에서는 거인들이 신들보다 훨씬 수도 많고 힘도 강했기 때문에, 토르가 없었다면 신들은 진즉에 거인들의 공격을 받아 멸망당했을 것이다. 그래서 토르는 사실상 북유럽 신화에서 가장 중요한 신이었다.

토르 신앙은 북유럽에 기독교가 전파된 이후에도 한동안 이어졌다. 10세기 무렵, 헬기(Helgi)라는 아이슬란드인은 "땅에서는 예수를 믿지만, 바다로 나가면 토르를 믿는다"라고 말했다. 또한 839년 아일랜드에 침입한 노르웨이의 바이킹 토르길스(Thorgils)는 아일랜드의 기독교 신자들에게 예수를 버리고 토르를 숭배하라고 강요했다. 그래서 많은 아일랜드인이 토르길스의 요구에 따라 토르 신앙을 받아들였다.

11세기 초, 아이슬란드와 그린란드의 바이킹들은 지금의 캐나다 뉴펀들랜드섬으로 추정되는 빈란드로 탐험을 떠났다가 식량이 바닥나서 고생을 했다. 그러자 토르발드 에릭손(Thorvaldr Eiriksson)은 하늘을 보면서 토르를 찬양하는 시를 계속 중얼거렸다. 얼마 후 해안가에 고래 한 마리가 죽은 채로 떠밀려왔고 곧 이어 물고기들이 몰려와 사람들은 실컷 배를 채웠다. 그 일을 보면서 토르발드는 "내 시를 듣고 토르가 기뻐하여 식량을 보내주었다"라고 자랑스럽게 말했다.

기독교도였던 노르웨이 국왕 올라프 1세(재위 995~1000)가 아이슬란드로 보낸 선교사 탕브란드는 기독교를 전파하려다가 주민들의 반발에 부닥쳐 배를 타고 노르웨이로 돌아가던 중, 거센 바람이 불어 배가 바다에 가라앉았으나 간신히 목숨을 건졌다. 아이슬란드의 시인 스타인보르는 "토르가 바람을 일으켜 그 배를 침몰시켰다"라고 말했다.

올라프 1세의 사가(무용담)에서도 토르는 그 모습을 드러냈다. 어느 날 올라프 1세가 배를 타고 해안을 항해하다가, 절벽 위에서 만난 큰 키에 붉은 수염을 가진 젊고 건장한 남자를 태워준 일이 있었다. 붉은 수염의 남자는 올라프 1세와 선원들한테 이런 말을 했다.

"지금 당신들이 배를 타고 지나가는 곳은 두 여자 거인이 살고 있었소. 이곳에 정착한 사람들은 두 여자 거인을 두려워하여 나한테 도와달라고 부탁했고, 나는 쇠망치로 그 거인들을 모두 때려죽였소. 나는 이렇듯 사람들을 지켜주었지만, 올라프 왕은 지금 내 친구들을 모두 망하게 하고 있소."

그러더니 그 남자는 바닷속으로 뛰어들어 사라졌다. 그는 인간의 모습을 하고 나타난 토르였다. 이 전설은 노르웨이에 기독교가 전파된 이후에 만들어진 것인데, 새로운 신앙에 불만을 가진 토르 숭배자들이 지어낸 것으로 보인다.

오늘날 토르의 이름은 영어의 목요일에 남아 있다. 목요일을 뜻하는 영어 단어 서스데이(Thursday)에서 서스(Thurs)는 토르의 앵글로색슨식 발음인 투노르(Thunor)에서 유래한 것이다.

017 토르의 가족들

북유럽 신화의 다른 신들처럼 토르한테도 딸린 가족들이 있다. 그들의 이름과 활동은 대략 이렇다.

먼저 토르의 어머니는 표르긴(Fjorgyn)이라는 땅의 여신(혹은 여자 거인)이다. 표르긴이 어떻게 탄생했는지, 그 부모가 누구인지는 알려져 있지 않다. 아마 표르긴은 그리스 신화의 땅의 여신 가이아처럼 부모가 없는 원초적 존재로 북유럽 신화에서 설정되었던 듯하다.

토르의 아버지는 일반적으로 최고신인 오딘이라고 알려져 있다. 다만 《에다》의 이런 주장에 반박 의견들도 있다. 원래 토르는 오딘과 다른 신인데, 오딘을 모든 신의 아버지로 포장하기 위해서 토르를 오딘의 아들로 조작했다는 것이다. 그렇다면 토르는 아버지 없이, 표르긴이 혼자 힘으로 낳은 아들이라고 볼 수 있다.

북유럽 신화의 원전인 《고 에다》에 의하면, 토르한테는 메일리(Meili)라는 형제가 있었다. 다만 메일리는 그 이름만 전해질 뿐, 그 역할과 활동에 대해서는 전혀 알려져 있지 않다.

토르의 아내로는 여자 거인 야른삭사(Jarnsaxa)와 여신 시프(Sif)가 있다. 야른삭사는 '쇠(야른-아이언)로 만들어진 칼(삭사)'이라는 뜻인데, 여기서 삭

사는 게르만 계통의 색슨족이 사용했던 짧은 단검 새악스(seax)를 가리킨다. 시프는 금발 머리카락을 가진 아름다운 여신인데, 신화학자들은 그녀가 노랗게 익은 곡식을 상징하는 여신이었다고 추정한다.

토르는 야른삭사와의 사이에서 두 아들 마그니(Magni)와 모디(Modi)를 낳았다. 마그니와 모디는 각각 '힘'과 '분노'라는 뜻이다. 마그니는 아버지 토르가 거인 흐룽그니르의 다리에 깔려 빠져나오지 못하고 있을 때, 다른 신들도 들어 올리지 못한 흐룽그니르의 다리를 혼자서 가뿐히 들어 올리는 강력한 힘을 발휘하여 모두를 놀라게 했다. 모디에 관련해서는 별다른 활동 내역이 전해지지 않는다.

《에다》에 의하면 마그니와 모디 형제는 라그나뢰크에서 신들이 대부분 죽은 후에도 살아남아서 아버지의 보물인 묠니르를 함께 물려받았으며, 새로운 세상을 다스리는 신이 된다.

토르는 시프와의 사이에서 아들 로리디(Lorridi)와 딸 트루드(Thrud)를 얻었다. 그런데 로리디는 《신 에다》의 프롤로그에만 등장하고, 더구나 그의 후손이 오딘이라고 나오기 때문에 정통 북유럽 신화와 모순되어 믿기 어렵다. 트루드는 어머니처럼 무척 아름다웠는데, 그녀의 미모에 반한 드워프(난쟁이) 알비스(Alviss)가 그녀를 아내로 삼겠다며 청혼을 해왔다.

하지만 토르는 비천한 족속인 드워프한테 딸을 주고 싶지 않았다. 그렇다고 하찮은 드워프를 상대로 힘을 써서 억지로 쫓아내는 것도 신으로서 체면이 깎이는 일이라서 내키지가 않았다. 고심 끝에 토르는 알비스한테 "이제부터 내가 묻는 질문에 자네가 막힘없이 대답을 하면, 자네가 원하는 대로 트루드와의 결혼을 허락하겠네"라고 제안했다.

그러고서 토르는 알비스에게 "땅, 하늘, 달, 해, 구름, 바람, 고요함, 바다, 불, 나무, 밤, 보리, 술을 인간과 신들과 거인들과 드워프들이 각각 뭐라고 부르는가?" 하고 물어보았다. 지식이 풍부했던 알비스는 토르의 질문에 막힘없이 답변하면서 자신의 박식함을 자랑했다. 그러는 와중에 밤이 지나고 아침이 되어 태양이 떠올랐는데, 그 햇빛을 보자 알비스는 그만 돌이 되어 굳어버리고 말았다. 원래 북유럽 신화에서 드워프들은 햇빛이 들지 않는 어두운 땅속에서만 살기 때문에, 햇빛을 보면 돌이 되어버린다. 토르는 드워프들의 그런 특성을 노리고 일부러 계속 질문을 던져서 알비스가 햇빛을 받아 돌이 되기를 기다린 것이다.

한편 시프한테는 울르(Ullr)라는 아들이 있었다. 그런데 《에다》를 포함한 북유럽 신화의 원전들에서는 울의 아버지가 누구인지에 대한 기록이 전혀 없다. 다만 울이 겨울의 신이었던 점을 본다면, 혹시 서리 거인이 아니었나 하는 추측도 가능하다. 여하튼 시프가 토르와 결혼했기 때문에, 울르는 토르의 의붓아들로 대접받는다.

북유럽 신화에서 울르는 스키나 스케이트를 신은 채로 눈이 뒤덮인 산과 들판을 빠르게 누비면서 손에 활과 화살을 들고 사냥을 하는 모습으로 묘사된다. 또한 울르는 사람들이 결투를 할 때 맹세를 하는 신이기도 했다.

일설에 의하면 오딘이 10년 동안 왕좌를 버리고 아스가르드에서 사라졌을 때, 울르가 오딘의 왕좌에 올라 신들을 다스렸다. 이때 오딘의 아내 프리그도 울르와 결혼한 것으로 알려져 있다.

하지만 울르는 겨울과 추위의 신이어서 너무나 인색했기에, 신들과 사람들은 울르에게 싫증을 냈다. 그러다가 오딘이 다시 돌아오자 신들은 오딘을 환영하여 그를 다시 왕으로 추대했고, 울르는 물러나서 오딘에게 왕좌와 프리그를 돌려주었다.

018 가장 오래된 게르만의 신, 티르

《에다》에는 바이킹들이 믿었던 신들에 관해 기록되어 있는데, 전쟁의 신 티르(Tyr)는 그다지 비중이 없다. 티르가 등장하는 것은 다음과 같은 내용이 전부다. 악한 신 로키의 아들인 늑대 펜리르의 입속에 오른손을 넣었다가 손을 통째로 물어뜯겼다는 것, 토르와 함께 아버지인 서리 거인 히미르의 집으로 떠난다는 것, 그리고 최후의 전쟁인 라그나뢰크 때 저승의 개 가룸과 싸우다 함께 죽는다는 것.

하지만 원래 바이킹들의 먼 선조인 게르만족이 믿었던 신들 중에서 티르는 가장 오래되고 또 가장 위대한 신이었다. 고대 게르만족은 그를 티바츠(Tiwaz)라고 불렀고, 5세기에 영국으로 침투한 앵글로색슨족은 티우(Tiw)라고 불렀다. 티바츠와 티우의 어원은 인도-유럽어족이 처음부터 숭배한 하늘의 아버지 신 디아우스 피타에서 비롯되었다. 다시 말해서 게르만족의 티르는 디아우스, 그리스의 제우스, 로마의 유피테르와 함께 하늘의 아버지라 불렸던 신이다.

티르는 칼을 무기로 사용했고, 그래서 그의 상징도 칼이었다. 지금의 독일 남부 슈바벤 지역에서는 사람들이 티르를 숭배하는 의식으로 칼을 들고 나와서 칼춤을 추었으며, 두 줄로 늘어서서 칼을 높이 들면 용감한 젊은이들이 그 칼을 뛰어넘었다.

《에다》를 보아도 티르는 모든 신 가운데 가장 용감하며, 전쟁터에 나가는 전사들은 티르한테 승리를 기원하는 뜻으로 칼의 손잡이에 승리를 뜻하는 룬 문자를 새기거나 티르의 이름을 두 번씩 소리쳐서 불렀다. 바이킹들은 용감한 사람을 '티르처럼 용감한'이라는 뜻에서 티라우스트(Tyhraustr)라고 불렀고, 지혜로운 사람은 '티르처럼 지혜로운'이라는 뜻에서 티스파크(Tyspakr)라고 불렀다.

지금의 독일 서북부 작센 지역은 작센족, 즉 영국으로 이주한 게르만계 부족인 색슨족의 고향이었다. 작센족은 서기 8세기까지 기독교에 맞서 자신들의 전통 신앙을 고집스럽게 지켰다. 그런 이유로 프랑크 왕국의 군주인 샤를마뉴는 대규모 군대를 동원하여 작센족을 굴복시키고 그들한테 강제로 기독교를 전파했다. 이른바 작센 전쟁이다. 프랑크 왕국에 맞서 작센족은 비두킨트라는 뛰어난 지도자를 내세워 결사적으로 저항했으나, 끝내 굴복하여 전통 신앙을 버리고 기독교를 받아들여야 했다.

작센족은 기독교 세례를 받으면서, 투나에르와 보단과 새악스내아트(Seaxneat)라는 세 명의 신을 끊어버리고 앞으로 오직 예수만 믿겠다고 맹세했다. 여기서 투나에르와 보단이란 토르와 오딘이며, 새악스내아트는 티르의 다른 이름이다. 새악스내아트는 짧은 양날 칼인 삭스(Sachs)를 가졌다는 뜻인데, 여기서 작센 즉 색슨족의 이름이 유래했다.

그보다 앞선 서기 5세기에 영국으로 이주한 색슨족도 새악스내아트와 같은 신인 색스노트(Saxnot)라 불리는 신을 숭배했다. 색슨족에 대한 기록을 보면 색스노트는 모든 색슨족의 수호신이자 색슨족 왕가의 조상신이며, 앵글로색슨 7왕국 중에서 에식스 왕조는 자신들이 새악스내아트의 후손이라고 주장했다. 에식스 왕조는 오파(Offa)왕의 6대 조상이 새악스내아트이며, 그 위의 7대 조상은 워든(오딘)이라는 기록을 남겼다.

일설에 의하면 새악스내아트는 원래 색슨족의 최고신이었다가, 훗날 워든의 아들로 그 지위가 낮아졌다. 색슨족의 이웃사촌인 앵글족도 새악스내아트를 믿었는지는 알 수 없으나, 두 부족은 거의 같은 문화와 언어를 지녔으니 충분히 받아들였을 것이다.

북유럽 신화의 원전인 《에다》에서도 티르는 오딘(워든)의 아들이라고 나오니, 색슨족이 숭배한 색스노트는 바로 티르였다고 볼 수 있다.

한편 독일 본토의 작센족은 이르민(Irmin)이라 불리는 전쟁의 신을 숭배했다. 이르민은 색슨족이 사용한 고대 영어에서 '강력함', '완벽함'이란 뜻이었다. 브리튼으로 이주한 색슨족은 색스노트를 수호신으로 숭배한 반면, 독일 본토에 남아 있던 작센족은 이르민을 최고신으로 섬겼다. 일설에 의하면 이르민 역시 티르(티우)와 같은 신이다.

그런가 하면 고대 게르만계 부족인 케루스키족은 티르를 케루(Cheru)라고 불렀다. 그리고 그가 가진 칼이 하얗게 빛나는 현상을 태양으로 보고 그를 태양의 신으로 여기기도 했다. 케루스키족의 전승에 의하면, 케루의 칼은 신들에게 무기를 만들어준 난쟁이 종족 드워프들이 만들었는데, 이 칼을 갖고 있는 사람은 세계를 정복하지만 동시에 그 칼에 목숨을 잃는다고 하였다.

케루의 칼에 얽힌 전승은 훗날 게르만족의 후손인 독일인들이 기독교로 개종한 이후인 16세기에 신성로마제국의 장군 알바 공작이 가졌다는 칼로도 이어졌다. 단지 그때는 기독교 전통이 워낙 깊게 뿌리를 내린 탓에 알바 공작의 칼은 옛 이교도 신 케루의 칼이 아니라 대천사 미카엘의 칼이라고 믿어졌다.

019 장난과 재앙의 트릭스터, 로키

북유럽 신화에서 가장 독특한 위치를 차지하고 있는 신은 로키(Loki)다. 로키는 신들을 도와주는 조력자 역할을 하다가 시간이 흐르면서 신들을 배신하고 멸망시키려는 악역으로 변하는 등, 그 성격이 매우 변화무쌍하다.

북유럽 신화의 원전인 《에다》에서는 로키가 신들의 적이자 원초적으로 다른 신들인 요툰, 즉 거인이라고 말한다. 보다 자세히 소개하면 로키의 아버지는 거인 파르바우티(Farbauti)고, 로키의 어머니는 라우페이(Laufey)이며, 로키의 형제는 빌레이스트(Byleistr)와 헬블린디(Helblindi)다.

그런데 로키 가족들의 이름을 해석하면, 한 가지 공통점을 발견할 수 있다. 바로 뜨거운 열기와 관련이 있다는 사실이다. 파르바우티는 '위험한 몽둥이'라는 뜻인데, 독일의 신화학자 엘라르트 후고 마이어의 주장에 의하면 이는 번개의 다른 이름이다. 또한 라우페이는 '마른 잎' 혹은 '마른 솔잎'이라는 뜻인데, 마른 솔잎은 불을 지피는 데 매우 뛰어난 소재다. 그리고 빌레이스트는 번개를 의미하는 단어 레이스트(Leistr)의 변형이다.

번개와 소나무가 만나면 불이 일어난다. 그리고 로키라는 단어도 불을 뜻하는 단어 로기(Logi)와 그 구조나 뜻이 거의 같다. 또한 로키는 로프트(Loptr)라는 별명으로 불리기도 하는데, 로프트는 '불타오르다'라는 뜻의 로

프테른(Loftern)에서 유래한 말이다.

이러한 단서들로 볼 때, 로키는 본래 불의 신이라고 해석할 수 있다. 실제로 북유럽 국가인 노르웨이와 덴마크에서는 집 안의 아궁이에 지핀 불이 소리를 내며 타오르면, "로키가 자기 아이한테 화가 나서 때리고 있다"라고 생각했다. 또한 고대 독일에서는 아궁이에 타오르는 불이 요란한 소리를 내면, 로키가 화가 나서 집안이나 마을에 싸움을 불러일으킬 징조라고 여겼다. 그래서 북유럽 주민들은 로키의 화를 달래기 위해서 우유를 끓여 나온 얇은 하얀 막을 아궁이의 불 속에 던져서 로키한테 제물로 바치는 풍습을 지녔다.

북유럽 신화에서 로키는 난쟁이 종족 드워프들이 일하는 대장간에 가서 망치 몰니르와 창 궁니르, 그리고 황금 멧돼지 같은 보물들을 가져와 신들에게 전달하는 역할도 한다. 이 역시 로키가 불의 신이기 때문에, 불의 힘이 필요한 대장간에서 자연히 중요하게 여겨진다는 사실을 암시한다.

아울러 로키는 토르와 자주 함께 다니는데, 토르가 천둥과 번개의 신이라는 점을 감안한다면 불을 상징하는 로키가 토르와 함께 다니는 모습은 곧 번개가 내리쳐 불이 일어나는 장면을 의인화한 것이 아닐까?

물론 로키한테는 불을 다스리는 것 이외에 다른 신격도 있다. 그것은 장난과 재앙을 일으키는 트릭스터로서의 모습이다. 로키는 토르의 아내인 시프 여신의 황금빛 머리카락을 몽땅 잘라 대머리로 만들었고, 신들에게 영원한 젊음을 주는 황금 사과를 가진 여신 이둔을 거인 티아치가 납치하도록 도와서 신들이 늙어가는 고통을 당하도록 했으며, 토르더러 무기를 지니지 않은 상태에서 거인 게이로드를 찾아가라고 권유하여 그를 궁지에 몰아넣기도 했다. 이러한 일들은 로키가 신들한테 일부러 해를 끼치고자 하는 원한을 품어서가 아니라, 그저 재미 삼아 저지른 장난이었다.

심지어 로키는 본래 남성이지만 여자로 변신하여 아이를 낳을 수 있는 능력까지 지녔다. 그래서 로키는 거인 스미드르가 데리고 온 말 스바딜파리와의 사이에서 8개의 다리를 가진 말 슬레이프니르를 낳기도 했다.

그러나 시간이 흐를수록 로키의 장난은 폭력성이 심해져서 급기야 오딘의 큰아들이자 세상 만물의 사랑을 받던 빛의 신 발데르를 죽이는 지경에까지 이르렀다. 결국 신들은 로키의 장난을 더는 참지 못하고 그를 단단히 묶어 동굴 속에 가둬버렸다. 하지만 그 와중에도 로키는 자신의 몸을 뒤흔들어 땅에 큰 피해를 주는 재앙을 저질렀는데, 그것이 바로 지진이었다.

이러한 로키의 특성을 현대적으로 해석한 대중예술 작품이 있으니, 1994년과 2008년에 개봉한 영화 〈마스크〉와 〈다크 나이트〉다.

〈마스크〉에서 중요한 소재로 나오는 마스크, 즉 가면은 로키가 봉인된 보물이다. 그래서 그 가면을 쓴 사람은 로키가 했던 것처럼, 자신의 마음속에 숨겨진 욕망에 따른 장난과 재앙을 저지르며 쾌락을 느낀다.

또한 〈다크 나이트〉에서 악역이자 주연인 조커는 흔한 범죄자들과는 달리, 돈을 위해서가 아니라 자신의 쾌락을 위해서 범죄를 저지른다. 이 역시 자신의 쾌락을 위해서 신들을 상대로 온갖 재앙을 저질렀던 로키가 세련된 모습으로 포장되어 다시 태어난 흔적이라고 볼 수 있다.

그런 면에서 로키는 현대인의 모습과 가장 닮은 신인 셈이다.

020 그 밖의 북유럽 신들

뇨르드(Njordr)는 바나헤임(Vanaheim)이라는 세계에 사는 바니르(Vanir) 신족의 신이다. 태초에 오딘을 지도자로 하는 에시르 신족과 뇨르드가 속한 바니르 신족이 서로 전쟁을 벌였으나 승부가 나지 않자, 두 종족은 화해를 하고 그 증거로 뇨르드와 그의 자녀들이 에시르 신족의 고향인 아스가르드로 가서 인질이 되기로 했다. 뇨르드는 바다를 다스리는 뱃사람들의 수호신이다. 그는 이름이 알려지지 않은 자신의 누이와의 사이에서 아들 프레이와 딸 프레이야를 얻었다. 뇨르드는 산악 거인인 스카디와 결혼했으나, 사는 곳이 달라서 곧 이혼했다.

프레이(Freyr)는 프레이르라고도 불리며, 비와 햇빛과 풍요의 신이다. 그는 빛의 요정 엘프들이 사는 세상인 알프헤임(Alfheim)을 다스린다. 프레이는 어느 날 오딘의 옥좌인 흘리드스캴프(Hlidskjalf)에 올라가 세상을 보다가 아름다운 여자 거인 게르드(Gerdr)를 보고 사랑에 빠져, 하인 스키르니르(Skirnir)한테 그녀와의 중매를 맡긴다. 스키르니르는 그 임무를 잘 수행하여 게르드에게서 프레이의 아내가 되겠다는 동의를 얻어냈다. 그래서 프레이는 그 대가로 저절로 날아다니면서 적을 죽이는 마법의 칼을 스키르니르한테 쥐버렸다.

프레이야(Freyja)는 사랑의 여신으로 남편 오드(Odr)와의 사이에서 흐노스(Hnoss)와 게르세미(Gersemi)라는 두 딸을 낳았다. 오드가 자신의 곁을 떠나서 세상을 여행하자, 프레이야는 남편을 그리워하며 눈물을 흘렸는데 그것이 황금이 되었다. 프레이야는 폴크방(Folkvangr)이라는 벌판의 세스룸니르(Sessrumnir) 궁전에 살며, 두 마리 고양이가 끄는 전차를 탄다.

헤임달(Heimdallr)은 아스가르드의 문 앞에 서서 거인들이 쳐들어오는 것을 감시하는 신이다. 그는 새보다 적게 잠을 자고, 낮에는 160킬로미터 떨어진 곳을 볼 수 있으며, 풀과 양털이 자라는 소리까지 들을 수 있다. 헤임달은 하늘과 땅을 잇는 무지개다리인 비프로스트(Bifrost)의 옆에 있는 성, 히민뵤르그(Himinbjorg)에 산다. 헤임달의 아버지는 오딘이며, 어머니는 바다의 거인 에기르의 아홉 딸이다. 헤임달은 에시르 신들 중에서 가장 하얗게 빛나는 신이며, '황금 갈기'라는 뜻의 이름을 지닌 말 굴토프(Gulltoppr)와 동물의 뿔로 만든 나팔 걀라호른(Gjallarhorn)을 갖고 있다. 라그나뢰크가 오면 헤임달은 걀라호른을 불어 그 소리가 세상에 울려 퍼지게 한다.

발데르(Balder)는 오딘과 프리그의 큰아들이며, 환하게 빛나면서 자비롭고 지혜로운, 뛰어난 말솜씨의 신이다. 그는 브레이다블리크(Breidablik)라는 궁전에 사는데, 그곳에는 어떠한 더러운 것도 들어올 수가 없다.

포르세티(Forseti)는 발데르와 식물의 여신 난나(Nanna)의 아들이다. 그는 재판의 신인데, 글리트니르(Glitnir)라는 황금 기둥과 은 지붕으로 만들어진 법정을 가졌으며, 이곳에서 포르세티가 내린 판결은 모든 신과 인간들이 존중한다.

호두르(Hodur)와 헤르모드(Hermodr)는 발데르처럼 오딘과 프리그 부부의 아들들이다. 호두르는 힘이 셌으나 태어났을 때부터 두 눈이 먼 장님이었다. 그는 로키의 꾐에 넘어가 실수로 발데르를 죽이고 만다. 헤르모드는 죽은 발데르를 다시 데려오려고 오딘의 말 슬레이프니르를 타고 저승에 내려가 죽음의 나라 여왕 헬과 만나 협상을 했다.

발리(Vali)는 오딘이 여자 거인 린드(Rindr)와의 사이에서 얻은 아들로, 발데르를 죽인 호두르를 죽여 발데르의 복수를 했다.

비다르(Vidar)는 오딘과 여자 거인 그리드와의 사이에서 태어났다. 그는 도무지 말을 하지 않아 '침묵의 신'이라고도 불린다. 하지만 비다르는 토르를 제외하면 아스가르드의 모든 신 중에서 가장 힘이 강하다.

회니르(Hoenir)와 로두르(Lodurr)는 오딘과 함께 인간을 창조한 존재로 《에다》에 짧게 언급된다. 또한 회니르는 에시르 신족과 바니르 신족 간의 전쟁이 끝난 뒤, 바니르 신족들한테 인질로 끌려갔으나 큰 키와 잘생긴 외모에 비해 어리석어서 바니르 신족으로부터 무시를 받았다. 회니르와 로두르가 오딘의 형제인 빌리나 베일 수도 있지만, 일설에 의하면 로두르는 로키의 별명이다.

크바시르(Kvasir)는 지혜의 신이다. 그는 신들이 뱉은 침에서 탄생한 지혜로운 인간 크바시르와 이름이 같지만 다른 존재다. 나중에 로키가 신들을 모욕한 죄에 두려움을 느끼고 도망쳤을 때 그를 쫓은 신들 중에 크바시르가 있었는데, 그는 로키가 만들었다가 불태운 그물로 원래보다 더 좋은 그물을 만들어서 로키가 잡히도록 도왔다.

바다의 거인이자 신인 아에기르(Aegir)는 에기르라고도 하며, 아내인 바다의 여신 란(Ran)과의 사이에서 9명의 딸을 낳았다. 그녀들의 이름은 히밍레바(Himinglaeva), 두파(Dufa), 블로두그하다(Blodghadda), 헤프링(Hefring), 운(Unn), 후론(Huronn), 비르갸(Byrgja), 바라(Bara), 콜가(Kolga)이다. 모두 파도의 다양한 모습을 나타낸다

021   켈트 신화의
신들

아일랜드의 기독교 수도사들이 작성한 문헌인 《에린 침략의 책(Lebor Gabala Erenn)》에는 고대 아일랜드의 켈트족이 숭배한 신들인 투아하 데 다난(Tuatha De Danann)족의 이름과 역할이 언급된다. 그 내용은 이렇다.

다나(Dana)는 투아하 데 다난족의 어머니 여신으로, 투아하 데 다난이라는 말도 '다나의 가족'이라는 뜻이다. 그녀는 다산과 문명의 여신이었고, 저승의 신 빌러(Bile)를 남편으로 삼았다.

다그다(Dagda)는 땅과 풍요의 신이었다. 그는 세상 북쪽 끝에 있는 섬의 4개 도시 중 하나인 무리아스(Murias)에서 가져온 마법의 솥 운드리(Undry)를 가졌다. 이 솥에서는 음식이 끝없이 나왔기 때문에 누구도 굶주리지 않았다. 또한 다그다는 연주하면 사계절이 차례대로 오는 마법의 하프, 그리고 8개의 가시가 달렸고 8명이 끌어야 할 정도로 무거운 곤봉도 가졌다.

다그다와 그의 아내 보안(Boann)과의 사이에서는 브리지드(Brigid), 앙구스(Augus), 미처르(Mider), 오그마(Ogma), 보브(Bodb)가 태어났다. 브리지드는 불과 난로의 여신이었고(훗날 아일랜드의 기독교 성직자들은 그녀를 기독교에 편입시켜 성녀 브리지드로 만들었다.), 앙구스는 황금으로 만들어진 하프를 연주하며 노래를 부르는 사랑의 신이었으며, 미처르는 지하 세계의 신이었고, 오그마는 고대 아일랜드의 오검(Ogam) 문자를 만든 문명의 신이자 '달콤한 입'이라고 불릴 만큼 말을 잘하는 연설의 신이었다. 보브는 다그다 이후로 투아하 데 다난족의 왕위에 올랐다. 그도 형 미처르처럼 지하 세계의 신이었다.

누아다(Nuada)는 하늘과 전쟁의 신이자 투아하 데 다난족의 왕이었다. 그는 세상 북쪽 끝에 있는 섬의 4개 도시 중 하나인 핀디아스(Findias)에서 가져온 칼 프라가라흐(Fragarach)를 무기로 사용했다. 이 칼은 누아다의 적들이 피할 수 없었고 여기에 맞으면 치료도 할 수 없었다. 누아다는 피르볼그(Fir Bolg)족의 전사 스렝(Sreng)이 휘두른 칼에 한쪽 팔이 잘려 은으로 만든 의수를 달았다. 훗날 누아다는 마하와 함께 거인 포모르족의 왕 발로르와 싸우다 죽임을 당했다.

누아다를 따라다니는 전쟁의 여신 5위(位)도 있었다. 그녀들은 모리구(Morrigu), 마하(Macha), 바이브(Badb), 네몬(Nemon), 페아(Fea)였다. 이들은 갑옷을 입고 두 개의 창을 손에 쥐고서 전쟁터를 누비는데, 1만 명의 군사들이 한꺼번에 외치는 것처럼 고함을 질러대면서 적들을 공포에 떨게 했다. 또 그녀들은 모두 갈까마귀로 변신하여 전쟁터를 떠돌았기 때문에 켈트족의 문화가 많이 남은 아일랜드와 스코틀랜드, 웨일스 같은 지역에서는 아직도 갈까마귀가 불길한 새로 여겨진다.

마나난 맥 리르(Manannan mac Lir)는 아버지 리르(Lir)처럼 바다의 신이었고, 동시에 마법과 속임수의 신이었다. 그는 물이 넘쳐흐르는 신발을 신고 다녔으며, 다리가 3개 달려 남들보다 훨씬 빨리 달릴 수 있었다. 그는 현재 영국의 맨(Man)섬을 영토로 삼았는데, 맨섬에 외부인이 들어오는 것을 싫어하여 언제나 짙은 안개로 둘러쌌기에 로마군조차 맨섬을 정복하지 못했다. 아울러 마나난 맥 리르는 땅과 바다를 빠르게 달릴 수 있는 '흐르는 갈기(Flowing Mane)'라는 말과 스스로 항해할 신비한 능력을 가진 마법의 배

'파도의 청소부(Wave Sweeper)', 그리고 머리에 쓰면 자신의 모습을 숨길 수 있는 투구, 안개를 일으키는 망토 등 여러 보물을 가졌다.

대장장이의 신 고브니(Goibniu)는 신들이 필요로 하는 여러 가지 무기를 만들어주었고 맥주도 빚어서 나눠주었다. 고브니가 만든 맥주를 마시면 영원한 젊음과 활력을 얻는다.

루흐타이너(Luchtaine)와 크레드네(Credne)는 목수와 청동 기술의 신으로 이들은 고브니를 도와 포모르족과 싸우는 데 필요한 투구를 만들었다.

디안케트(Diancecht)는 치료와 의학의 신이었다. 그는 누아다가 손이 잘리자, 은으로 의수를 만들어 달아주었다. 그러나 자신의 아들 미아흐(Miach)가 9일 만에 누아다의 손을 다시 원래대로 완전히 고쳐주자, 질투심을 느껴 아들을 칼로 찔러 죽여버렸다. 심지어 미아흐의 무덤에서 365가지 약초가 자라자, 디안케트는 이를 모두 뽑아 흩어버려 인류가 병을 고칠 기회마저 완전히 없애고 말았다.

루(Lugh)는 태양의 신이었다. 그는 오그마의 아들 키안(Cian)과 발로르의 딸 에스니(Ethniu) 사이에서 태어난 혼혈아였다. 루는 만능이라는 뜻의 일다나(Ildanach)라고 불리는데, 이는 그가 대장장이와 의사와 시인이면서 바퀴 만드는 일까지 모두 할 수 있어서 붙여진 별명이다. 루한테는 목욕물을 포도주로 바꾸는 사냥개 파일니스(Failinis)와 타흘름(Tathlum)이라 불리는 공이 있었는데, 루는 이 공을 던져 자신의 외할아버지이자 포모르족의 왕인 발로르를 죽이고 투아하 데 다난족에게 승리를 안겨주었다. 누아다가 죽자 루는 투아하 데 다난족을 다스리는 왕이 되었다.

022 그 밖의 켈트 신들

에포나(Epona)는 갈리아에서 숭배를 받은 말과 풍요의 여신이었다. 갈리아가 로마에 정복당한 이후, 그녀를 섬기는 신앙은 로마인들한테도 전해졌다. 로마의 기마병들은 에포나를 수호신으로 섬겼다. 그래서 에포나는 로마인들이 숭배한 유일한 갈리아 신이 되었다.

타라니스(Taranis)는 갈리아(프랑스)와 브리튼(영국) 및 아일랜드의 켈트족이 믿은 천둥의 신이다. 그의 상징은 6개, 혹은 8개의 바퀴살이 달린 둥그런 수레바퀴다. 또한 그는 에수스(Esus), 테우타테스(Teutates)와 함께 갈리아의 3대 주신 중 한 명이다. 그의 이름 타라니스는 켈트족처럼 인도-유럽어족 계통에 속하는 민족인 히타이트인들이 믿은 천둥의 신 타르훈(Tarhun 또는 테슈브Teshub)과 같은 어원에서 비롯되었다.

테우타테스(Teutates)는 갈리아에서 숭배를 받은 전쟁의 신이다. 그는 사람의 피를 탐내고, 전쟁과 폭력을 즐기는 잔혹한 성품을 지녔다. 갈리아인들은 그를 위해 사람을 통 속에 던져 제물로 바쳤다고 알려졌다.

에수스(Esus)는 갈리아에서 숭배를 받은 식물의 신이다. 일설에 의하면 그는 갈리아의 신들 중에서 가장 높은 지위에 있었다고 한다. 갈리아인들은 그를 위해 사람을 나무에 매달아 갈가리 찢어서 제물로 바쳤다.

수켈루스(Sucellus)도 갈리아에서 숭배를 받았다. 커다란 망치를 가진 농업과 포도주의 신인 그의 이름은 '때리는 자'라는 뜻을 담고 있다. 일설에 의하면 아일랜드 전설에서 신들의 아버지이자 풍요의 신으로 믿는 다그다 (Dagda)와 같은 신이다.

네메토나(Nemetona)는 북동부 갈리아에서 숭배를 받은 숲의 여신이다. 그녀의 이름이 새겨진 성소의 흔적은 독일의 트리어(Trier)나 영국의 배스 (Bath)에서도 발견된다.

아르타이우스(Artaius)는 갈리아에서 숭배를 받은 곰의 신이다. 일설에는 그가 바로 영국 전설의 영웅 아서왕의 원형이 되었다.

아르티오(Artio)는 갈리아와 헬베티아(스위스)에서 숭배를 받던 곰의 여신이다. 스위스의 베른(Bern)에서는 청동으로 만들어진 의자에 앉아서 곰을 바라보는 그녀의 조각상이 발견되었다.

케르눈노스(Cernunnos)는 갈리아 북동부에서 숭배를 받던 다산과 생명, 동물과 부, 그리고 지하 세계의 신이다. 그는 갈리아뿐만 아니라 현재 스페인에서 살았던 켈트족과 이베리아인들한테도 숭배를 받았다. 1891년 덴마크의 군데스트루프에서 발견된 은솥에는 머리에 사슴뿔이 달린 투구를 쓰고서 다리를 꼬고 앉아 있는 케르눈노스의 모습이 새겨졌다.

카물루스(Camulus)는 벨가이(Belgae, 벨기에)족에게서 숭배를 받은 전쟁의 신이다. 그를 섬기는 성소의 흔적은 영국의 글로스터에서도 발견된다. 이는 벨가이족이 영국으로 건너가서 살았기 때문이다.

안드라스타(Andrasta)는 현재 영국 남부 이케니(Icenic) 부족이 숭배한 전쟁의 여신이다. 그녀의 이름은 '파괴될 수 없는' 또는 '정복당할 수 없는'이라는 뜻이다. 안드라스타의 상징 동물은 토끼였다. 이 때문에 지금도 켈트족의 후예인 영국인들과 아일랜드인들은 토끼의 발을 행운을 주는 부적으로 여긴다. 서기 60년에 로마를 상대로 반란을 일으킨 이케니 부족의 여왕

부디카(Boudica)는 하늘을 향해 손을 치켜들며 안드라스타한테 "우리한테 자유와 승리를 주십시오!" 하고 빌었다. 하지만 부디카의 반란은 끝내 로마군에 의해 진압되었고, 그녀는 절망하여 독약을 마시고 자살했다.

베르베이아(Verbeia)는 영국 요크셔의 와프강이 의인화된 강의 여신이다. 그녀는 길고 치렁치렁한 옷을 입으며 두 손으로 두 마리 큰 뱀을 쥐고 있는 모습으로 묘사된다.

코키디우스(Cocidius)는 영국 북부에서 숭배를 받던 전쟁과 사냥, 숲과 들판의 신이다.

노덴스(Nodens)는 영국에서 숭배를 받던 치유와 바다, 사냥과 개의 신이다. 그의 이름은 아일랜드의 하늘과 전쟁의 신 누아다와 연결된다.

코벤티나(Coventina)는 영국 북부에서 숭배를 받던 우물과 샘의 여신이었다. 영국 북부 노섬벌랜드에서는 그녀의 이름이 언급된 여러 개의 비석이 발견되었다.

네할렌니아(Nehalennia)는 네덜란드에서 숭배를 받던 여신인데, 무역과 원예, 번식의 신이었던 것으로 추정된다. 그녀는 어깨와 가슴에 짧은 외투를 걸치고 앉아 있는 젊은 여성으로 묘사되는데, 사과가 가득 든 바구니가 옆에 있고 개 한 마리가 곁에 앉아 있는 조각상이 네덜란드와 독일에서 발견되었다.

023 벨로보그와 체르노보그

　벨로보그(Belobog)는 '하얀 신'이란 뜻이다. 그 이름처럼 슬라브 신화에서 빛과 낮을 다스리는 신이다. 그런 이유로 어둠과 밤을 다스리는 '검은 신' 체르노보그(Czernobog)와 적대 관계에 놓여 있다.

　벨로보그에 관한 최초의 기록은 12세기 독일의 성직자이자 역사학자인 헬몰트(Helmold, 1120~1177)가 쓴 문헌에서 찾아볼 수 있다. 그는 당시까지도 기독교를 거부하고 전통 신앙을 믿고 있던 서부 슬라브족이 벨로보그라는 신을 믿는다고 언급했다. 오늘날 체코 공화국의 벨보지체(Belbozice), 우크라이나의 벨로보즈니차(Belobozhnitsa), 폴란드의 비야로보즈(Byaloboze) 같은 도시들은 모두 벨로보그에서 이름을 따왔다. 이는 서부 슬라브족이 세운 나라들이 벨로보그를 숭배한 흔적을 보여준다.

　또한 슬라브족 나라들인 세르비아와 북마케도니아, 불가리아에서도 '하얀 신'의 존재가 언어에 남아 있는데, 이 역시 벨로보그 신앙의 흔적이라 할 수 있다.

　러시아 서쪽의 슬라브족 국가 벨로루시의 민담에는 벨룬(Belun)이라는 신이 등장한다. 벨룬은 하얀 옷을 입고 하얀 수염을 기른 노인으로, 낮에만 나타나고 밤에는 모습을 드러내지 않는다. 벨룬은 길을 잃어버리고 헤매는 여행자들을 지켜주거나, 밭으로 나가 일하는 농부들을 축복해주는 역할을 맡고 있다. 벨룬은 사실상 벨로보그라고 할 수 있다. 낮의 신 벨로보그처럼 벨룬 역시 낮에만 나타나기 때문이다.

슬라브족 신화를 연구하는 학자들은 벨로보그가 고대 페르시아(이란)의 조로아스터교에 등장하는 최고신 아후라 마즈다에서 유래되었다고 보기도 한다. 실제로 러시아와 페르시아 모두 인도-유럽어족 계통에 속하니, 충분히 설득력이 있는 가설이다.

그런가 하면 슬라브족의 전승에는 벨로보그가 태양의 신이라고 말하는 내용도 있다. 다만 슬라브족 신화에서는 다지보그라는 태양의 신이 별도로 등장한다. 그렇다면 원래 태양의 신이던 벨로보그의 역할이 시간이 흐르면서 다지보그한테 넘어가고, 벨로보그는 낮과 빛을 담당하는 신으로 그 영역이 축소된 것인지도 모른다.

천둥의 신 페룬이나 지하 세계의 신 벨레스에 비하면 벨로보그에 관련된 슬라브족의 전승이나 민담은 매우 적다. 이는 벨로보그가 빛이라는 너무 추상적인 개념을 담당했기 때문에 슬라브족 민중한테 그 존재감이 그리 와닿지 않았거나, 너무나 오래된 신이라 민중 사이에서도 벨로보그에 관련된 기억이 거의 사라졌기 때문인지도 모른다.

벨로보그의 대칭점인 체르노보그도 역사가 헬몰트의 기록에 언급된다. 그는 축제를 벌이는 서부 슬라브족이 원을 그려서 그 안에 술이 든 잔을 던지고, 검은 신의 이름을 외치며 모든 나쁜 것을 저주한다고 묘사했다. 여기서 헬몰트는 검은 신을 제르네보흐(Zherneboh)라고 불렀는데, 이는 체르노보그를 독일어로 읽은 것이다.

체르노보그는 글자 그대로 검은 신이라는 뜻이며, 어둠과 밤을 다스린다. 그리고 헬몰트의 기록을 보면, 슬라브족은 체르노보그의 이름을 나쁜 것들을 저주하는 데 사용했다고 하는데, 이는 체르노보그가 사악한 신으로 여겨졌음을 뜻한다. 그러니까 체르노보그는 사악한 어둠의 신이고, 그와 반대되는 벨로보그는 선한 빛의 신인 셈이다.

한편 슬라브족 신화와 관련된 전승에는 벨로보그가 하늘에 있고, 체르노보그는 땅에 있다는 내용도 있다. 이러한 두 신의 대립은 페룬과 벨레스의 대립 구도와 그대로 맞아떨어진다. 어쩌면 페룬과 벨레스의 원형이 벨로보그와 체르노보그였는데, 시간이 흐르면서 그들의 역할이 후세의 신들인 페룬과 벨레스한테 넘어간 것인지도 모른다.

기독교로 개종한 지 오래인 오늘날 슬라브족 국가들에서도 체르노보그의 이름은 남을 저주하는 데 쓰이곤 한다. 실제로 우크라이나에서는 자기가 미워하는 사람한테 "너는 검은 신한테 죽어라!" 하고 저주하는 표현이 남아 있는데, 이는 헬몰트의 기록에 나온 체르노보그의 이름으로 저주를 빈 풍습의 흔적이라고 할 수 있다.

024 슬라브 신화의 제우스, 페룬

동유럽의 슬라브족 신화에서 페룬(Perun)은 그리스 신화의 제우스처럼 모든 신을 다스리는 최고의 신이자 천둥과 번개를 일으키는 신으로 믿어졌다. 그의 상징물들은 오크 나무와 독수리, 황금 사과(구전球電, 번개가 친 때나 그 직후 나타나는 방전 현상으로 생기는 적황색의 빛 덩어리. 흔히 도깨비불로 알려져 있다)이며 천둥을 일으키는 도끼를 무기로 사용한다. 또한 그가 일으키는 번개는 돌과 돌화살로도 나타나는데, 이는 선사시대의 무기인 돌화살의 모습이 그대로 전해진 것이다.

페룬은 구리 수염을 가진 억세고 거친 남자로 묘사된다. 그는 산양이 이끄는 이륜 전차를 타고 거대한 도끼나 망치를 던진다. 페룬이 던지는 도끼는 사악한 자들을 물리쳐 없애고 나면 반드시 그의 손으로 돌아온다. 이러한 페룬의 모습은 북유럽 신화에서 천둥의 신 토르와 매우 비슷하다.

페룬은 슬라브 신들을 담고 있는 모든 역사적인 기록에서 제일 많이 다루어진다. 6세기에 이미 페룬은 비잔티움 제국의 역사학자 프로코피우스(Procopius)에 의해 남쪽 슬라브족이 믿는 신으로 언급되었다.

그의 저서에 의하면 남쪽 슬라브족은 페룬을 만물을 창조한 유일신이자 번개의 신으로 믿었다. 페룬이라는 단어 자체가 천둥과 번개를 의미한다.

슬라브족은 페룬을 위하여 주로 황소를 희생 제물로 바쳤다. 페룬은 서쪽 슬라브족을 다룬 기록에서는 거의 보이지 않으나, 비록 그들이 다른 신들을 숭배하면서도 페룬을 하늘에 있는 최고신으로서 인정했다고 한다.

서기 980년, 키예프 공국의 블라디미르 대공은 자신의 궁전 앞에 슬라브 신 7위(位)의 동상을 건립했다. 페룬은 이 동상들 사이에서 은으로 된 머리카락과 황금빛 콧수염을 가진 모습으로 묘사되었다.

페룬은 발트해 리투아니아 지역의 신화에서도 이름만 달라진 천둥의 신 페르콘스(Perkons)로 나타난다.

게르만 신화에서처럼 슬라브 신화에서도 신성한 나무는 천국과 지상을 연결하는 역할로 등장한다. 신성한 나무는 주로 오크 나무로 나타나는데, 페룬의 상징이기도 하다. 페룬은 천국과 지상의 통치자인 동시에 두 세계를 하나로 잇는 오크 나무의 주인이었고, 그 나무 위에 앉는 독수리를 사자로 삼아 세계를 관찰했다.

나무뿌리 아래의 깊은 지하는 그의 적인 독사나 용들이 사는 장소였다. 이곳은 페룬이 가진 가축이나 가족들을 훔쳐 그를 도발한 지하와 물의 신 벨레스(Veles)가 사는 곳이기도 했다.

페룬은 하늘에서 번개를 내리쳐 그의 적 벨레스를 쫓아냈고, 벨레스는 자신의 모습을 각종 동물로 바꾸거나, 나무나 집 또는 사람들 뒤에 숨어서 달아났다. 민간 전설에서 번개가 어디서든 치는 것은 바로 벨레스가 숨은 곳마다 분노한 페룬이 공격하기 때문으로 믿어졌다. 결국 페룬은 벨레스를 죽이지 못하고 그를 지하 세계로 쫓아내는 것으로 만족해야 했다.

이처럼 슬라브 신화에서 하늘의 최고신이 폭풍우와 천둥을 부르며 지하 세계의 존재와 싸운다는 이미지는, 슬라브족이 기독교화된 이후에 기독교의 유일신과 악마의 싸움에 그대로 반영되었다.

슬라브 계통 민족인 세르비아의 전통 민요에서는 한 신혼부부의 결혼식에서 벌어진 페룬의 이야기가 전해져 온다.

"그(페룬)는 세 개의 황금 사과를 밖으로 가져가서 가장 높은 하늘에서 던졌네. 세 개의 번개가 하늘에서 내리치자, 신부의 젊은 처남 두 명과 말은 부서져 산산이 타버렸다네. 그들이 죽자 600명의 결혼식 손님들은 달아났고, (페룬이) 그들을 하늘에서 지켜보고 있었다네."

이 노래에서 언급된 황금 사과는 페룬의 상징물이기도 한데, 아마 공중에서 일어나는 전기 현상인 구전(球電)을 신격화한 것이라고 추측된다.

노보고르드에 있는 중세의 공중 취락 시설에서 발견된 페룬의 고대 신전에서는 희생물을 바치는 제단과 그를 상징하는 8개의 동상이 발견되기도 했다.

그러나 988년 블라디미르 대공이 동로마로부터 기독교를 받아들이면서 페룬의 신상을 파괴하고 그의 숭배를 금지시켜버리자, 페룬 신앙은 절멸했다. 이 일을 두고 후세 역사에서는 평가가 엇갈린다. 국교로 삼을 만큼 기독교를 숭상한 제정 러시아의 역사 교과서에서는 폭력과 혼란으로 얼룩진 러시아에 평화와 행복이 찾아왔다고 찬양한 반면, 기독교를 탄압한 소련의 역사 교과서에는 조상들이 믿어왔던 전통 신앙을 강제로 빼앗기는 바람에 수많은 백성이 눈물을 흘리며 슬퍼했다고 부정적으로 보고 있다.

1000년이 지난 지금, 어느 말이 진실인지는 알 수 없다. 다만 러시아가 기독교를 받아들였다고 해서 그들의 이웃인 유럽인들이 러시아를 그리 친근하게 대하지는 않았다. 오랫동안 서유럽인은 러시아인을 가리켜 '세례받은 곰'이라고 부를 만큼 업신여겼기 때문이다.

025 페룬과 티격태격하는 벨레스

벨레스(Veles)는 동유럽 슬라브족의 신화에서 지하 세계와 가축, 마술과 음악, 부와 속임수를 다스리는 신이다. 그는 슬라브족의 중요한 신이던 천둥 신 페룬과 대비되는 위치에 있으며, 둘의 대결은 슬라브 신화의 핵심이기도 하다. 슬라브 신화에서 벨레스의 상징물은 뱀이나 황소, 긴 수염과 양털이다.

러시아의 가장 오래된 역사 기록인 《원초 연대기》는 벨레스를 볼로스(Volos)라고 부르면서, 가축인 황소를 지키고 농민들이 풍작을 기원하며 숭배하는 신이라고 언급했다. 볼로스는 고대 러시아어로 '머리카락'을 뜻하는데, 이는 벨레스가 양털처럼 머리카락을 길게 길렀다는 슬라브 신화의 전승에서 비롯된 것으로 보인다.

서기 980년, 키예프 공국의 블라디미르 대공은 자신의 궁전 앞에 슬라브 신 7위(位)의 동상을 건립했다. 벨레스는 7개 신상에 포함될 만큼, 슬라브족한테 중요한 신으로 여겨졌다. 다만 키예프 공국에서는 페룬도 숭배했는데, 슬라브 신화에서 페룬과 벨레스는 서로 대립하고 있었기에 페룬의 신전은 언덕 꼭대기에, 벨레스의 신전은 언덕 아래에 세워졌다.

슬라브 신화에서 페룬과 벨레스는 서로 미워하여 자주 싸움을 벌인다.

그 이유는 벨레스가 페룬의 아들과 아내, 그리고 페룬이 기르는 소들을 도둑질해가기 때문이다. 그렇게 벨레스는 페룬의 영역에 도전한다. 페룬은 벨레스의 도둑질에 화가 나서 번개를 내리쳐 공격하는데, 그러면 벨레스는 서둘러 도망쳐서 나무나 동물 또는 사람의 모습으로 둔갑하여 숨어버린다. 하지만 아무리 숨어도 페룬의 번개를 피할 수가 없어서 벨레스는 번개에 맞아 죽는다. 슬라브족은 벨레스가 죽으면 하늘에서 비가 떨어져 땅을 적신다고 믿었다.

그러나 벨레스는 시간이 지나면 살아나서 또 다시 페룬의 재산을 훔쳐 달아나고, 그러면 페룬은 화가 나서 또 벨레스를 번개로 내리쳐 죽이는 식으로 둘의 대결 구도는 계속 반복된다. 이러한 벨레스와 페룬의 대결 신화는 건조한 계절이 비가 오는 습한 계절로 바뀌는 절기 변화가 인격화된 것으로 여겨진다.

비록 슬라브 신화에서 벨레스가 도둑질을 일삼고 혼돈을 가져오는 신이었으나, 슬라브족은 그를 사악한 신이나 악마라고 보지 않았다. 오히려 러시아의 민담에서 벨레스는 가난한 농부들을 지켜주고 가축들의 번식을 늘려주는 좋은 신으로 등장한다.

북유럽 신화의 이그드라실처럼, 슬라브족도 지하에 뿌리를 내린 커다란 나무가 하늘에까지 닿아 세계를 떠받치고 있다고 믿었다. 그 나무의 꼭대기에는 독수리의 모습을 한 페룬이 천국과 이승을 지배하고 있으며, 나무의 아랫부분인 뿌리 주위는 독사의 모습을 한 벨레스가 지하 세계와 저승을 다스린다고 여겨졌다. 벨레스는 죽은 사람의 혼령을 자신의 사자로 삼아서 이승에 보내 정황을 알아오게 했는데, 그때는 대략 1년 중 1월에서 2월 말까지로, 슬라브족은 2월 말에 벨레스를 기리는 성대한 축제, 벨자 노흐(Velja noc, '중요한 밤')를 열었다.

벨자 노흐가 열리면, 콜레다리(koledari)라고 불리는 젊은이들이 긴 양털

외투를 입고서 가축의 얼굴을 한 가면을 썼다. 그처럼 콜레다리들은 벨레스가 지하 세계에서 이승으로 보낸 유령 역할을 맡았는데, 그들은 자신들이 젖고 진흙투성이가 되어 먼 길을 여행했다는 내용의 노래를 부르면서 아무 집이나 방문한다. 그러면 집 주인은 콜레다리들이 벨레스가 보낸 사자라며 선물을 주고 따뜻하게 환영한다. 그렇게 하면, 1년 동안 가족들이 벨레스의 축복을 받아 행운과 풍요를 누린다고 믿었다.

벨레스는 마법의 신이기도 했다. 그의 이름에서 나온 단어인 볼호브(volhov)는 마법사를 뜻한다. 12세기 러시아의 서사시 《이고르 공 원정기》에서도 마법사 보얀(Boyan)은 벨레스의 손자라고 언급되었다. 마법은 원시 사회에서 음악과 밀접하게 연결되어 있었으므로 벨레스는 떠돌이 음악가들의 보호자로 여겨졌다. 그래서 고대 슬라브족 사회에서 음악가들은 그들을 후원하는 신 벨레스를 위해 건배를 하기 전까지는 노래나 음악을 연주하지 않았다.

그 밖에도 벨레스는 양 떼를 돌보는 양치기와 곡식을 수확하는 농부의 보호자였다. 그래서 고대 러시아의 농부들은 밀의 첫 번째 귀 부분을 자르고 그것을 악령으로부터 추수를 보호하는 부적으로 묶었는데, 그 일을 벨레스의 수염을 묶는 것으로 불렀다.

슬라브족이 전통 신앙을 버리고 기독교로 개종하면서 벨레스는 지하 세계와 저승의 신이라는 이유로 악마로 여겨졌다. 다만 행운과 풍요를 주는 벨레스의 좋은 부분은 기독교 성자 성 니콜라스로 이어졌다. 성 니콜라스는 오늘날 전 세계의 착한 아이들한테 선물을 나눠준다는 산타클로스의 원형이다.

026 풍요를 주는 태양신, 다지보그

다지보그(Dažbog)는 슬라브족의 신화에 등장하는 태양신이다. 그는 주로 러시아, 우크라이나, 벨로루시 같은 동부 슬라브족 사회에서 크게 숭배를 받았다.

다지보그라는 말을 고대 슬라브어로 해석하면, '나누어준다'라는 뜻이다. 이를 의역하면 '부와 풍요를 나누어준다'라는 의미가 되며, 다시 말해서 다지보그는 지상에 햇빛을 비추어 풍족한 곡물이 자라게 해주는 역할을 맡았다고 볼 수 있다.

15세기 러시아의 이파티에프(Ipatiev) 수도원에 보관된 문헌은 다지보그에 대해 이렇게 설명하고 있다.

"황제(차르tzar) 스바로그(Svarog)는 자신의 아들을 다지보그라고 불렀다. 다지보그는 아버지의 뒤를 이어 황제가 되었다."

이 문서는 서기 6세기 동로마의 역사가 말라리안(Malalin)이 남긴 기록을 필사한 것이다. 문서에서 언급된 스바로그는 슬라브족 신화에 등장하는 하늘의 신인데, 다지보그는 하늘 신의 아들로서 태양신이 되어 '차르', 즉 황제라 불리는 강력한 신이 되었다는 내용이다.

다만 미심쩍은 부분이 하나 있다. 모든 슬라브족 계통의 언어에서 태양을 가리키는 명사는 여성이거나 중성이며, 또한 슬라브족의 민담에서 태양의 신은 대부분 여성으로 등장하고 달의 신은 남성으로 등장하는데, 엄연히 남성인 다지보그가 어째서 태양신이 되었는지 알 수가 없다.

한편 1185년 러시아 남부 세베르스키의 지배자인 이고르 공이 도네츠강을 건너 터키 계통의 유목민 폴로베츠족을 공격하러 갔지만 패배하여 포로가 되었다가, 1년 후에 탈출하여 조국으로 돌아온 과정을 노래한 서사시 《이고르 공 원정기》에서도 다지보그의 이름이 언급된다. 《이고르 공 원정기》에 의하면, 러시아 각 도시국가들의 지배자 및 러시아인들은 다지보그의 손자라고 나온다. 이는 러시아 사회가 기독교를 받아들이기 전, 러시아인들이 다지보그를 조상신으로 숭배했음을 나타내는 흔적이라고 할 수 있다.

러시아 민담에서는 태양과 관련된 재미있는 이야기가 전해져온다. 매일 아침 동쪽에서 떠오르는 태양은 그곳의 황금 궁전에서 살고 있으며, 입과 코에서 불을 뿜어내는 하얀 말들이 끄는 수레를 몬다. 즉 러시아 민담에서 태양은 하얀 말들이 끄는 수레를 몰고서 하늘을 날며 세상에 빛을 전해주는 것이다. 이러한 내용은 그리스 신화에서 태양의 신 헬리오스가 4마리의 하얀 말이 끄는 수레를 몰고 매일 아침 하늘에 떠오른다는 내용과 통하는데, 아마 그리스 신화의 내용이 러시아에 전해진 듯하다.

또한 러시아 민담에서 태양은 12개의 나라를 지배하고, 아름다운 처녀들이 태양을 섬기는 노래를 부르면서 태양의 아이들한테 시중을 든다고 한다.

슬라브족 사회의 태양 숭배 흔적은 지금도 남아 있다. 동유럽의 슬라브족 계통 국가인 크로아티아에서는 자신이 미워하는 사람을 향해 "태양이 나를 대신해서 너한테 복수를 해줄 것이다"라고 말하는 풍습이 있다. 이러한 습관으로 미루어보건대, 고대 슬라브족 사회에서 태양의 신은 불의를 심판하는 정의의 재판관 역할도 맡았으리라고 추정할 수 있다.

그 밖에 슬라브족 신화에서는 호르스(Xors)라는 이름을 가진 다른 태양신도 존재한다. 그에 얽힌 신화가 매우 적어서 구체적으로 어떤 역할을 했는지는 알기가 어렵다. 다만 그 이름의 어원으로 보건대, 아마 고대 페르시아의 조로아스터교에서 러시아로 들어왔을 것으로 추정할 뿐이다.

서기 980년 키예프 공국의 지배자 블라디미르 대공이 궁전 앞에 세운 신상에 다지보그도 포함되어 있었다. 그 신상은 몸 전체가 은으로 만들어졌으며, 콧수염 같은 특정 부위는 황금으로 장식되었다. 그러나 8년 후인 988년, 블라디미르 대공이 동로마로부터 받아들인 기독교로 개종을 하면서, 다지보그의 신상은 다른 신들의 신상과 함께 부서졌고 강물 속에 던져져 사라졌다.

027 스반테비트와
트리글라브

스반테비트(Svantevit)는 슬라브 신화에서 전쟁의 신이다. 그는 스베토비드(Svetovid)나 수비드(Suvid)라고도 불리며, 4개의 머리를 가지고 하얀 말을 탄 모습으로 그려진다. 스반테비트는 고대 슬라브어로 '주인', '지배자', '승리자'라는 의미를 담고 있다.

슬라브족 계통의 나라인 세르비아에서는 스반테비트를 가리켜 '하얗고 빛나는 비드(Vid)'라고 부르며, 그를 전쟁과 풍요를 다스리는 신으로 믿는다. 스반테비트를 주제로 삼은 민요도 전해지는데 그 내용은 이렇다.

"하얀 비드는 전쟁을 했다네. 저주받은 투르크인들에 맞서 3년 동안, 그리고 음흉한 헝가리인들을 상대로 4년 동안 싸웠지."

여기서 언급된 '투르크인들'은 14세기부터 세르비아와 전쟁을 벌인 오스만 제국을 가리킨다. 오스만 제국은 현재 터키의 전신으로, 14세기부터 동유럽으로 침투하여 그곳 나라들과 전쟁을 벌였는데, 이 오스만 제국에 맞서 가장 치열하게 저항한 나라가 바로 세르비아였다.

스반테비트를 섬기는 가장 크고 유명한 사원은 오늘날 발트해에 인접한 독일 북부의 뤼겐(Rügen)섬에 있었다. 이 사원에 대해 기록한 각종 문헌에 의하면, 뤼겐섬의 사원에는 커다란 나무로 조각된, 머리가 넷 달리고 풍요의 뿔을 한 손에 쥐고 있는 스반테비트의 신상이 세워져 있었다. 스반테비트가 쥐고 있는 풍요의 뿔은 매년 벌꿀로 빚은 신선한 술로 채워졌다.

또한 사원에서 스반테비트를 섬기는 성직자들은 하얀 말을 키우는 것이 의무였다. 앞서 언급한 대로 스반테비트가 하얀 말을 타고 다닌다고 슬라브족이 믿었기 때문이다. 그리고 성직자들은 사원에서 키우는 하얀 말이 하는 행동을 보고서, 미래에 어떤 일이 일어날지 예언하기도 했다. 아울러 뤼겐섬의 사원에는 스반테비트를 숭배하는 300명의 병사가 주둔하여 사원을 노리는 도적이나 외부의 적들을 막았다.

한편 스반테비트는 전쟁 이외에도 상인들의 무역이나 농부들의 추수도 다스린다고 믿어서, 상인이나 농부들은 그를 숭배하며 사업의 번창과 풍성한 추수를 기원했다.

스반테비트가 4개의 머리를 가졌다는 것은 1년이 4개의 계절로 나누어졌다는 것과 함께 동서남북의 4방향을 상징한다. 스반테비트의 네 얼굴은 서로 다른 색으로 칠해져 있었다. 북쪽을 보는 얼굴은 하얀색이었고, 서쪽을 보는 얼굴은 붉은색이었으며, 남쪽을 보는 얼굴은 검은색이었다. 그리고 동쪽을 보는 얼굴은 녹색이었다.

뤼겐섬 말고도 스반테비트를 섬기는 지역은 더 있었다. 오늘날 관광지나 휴양지로 알려진 크로아티아의 브락(Brac)섬에는 '비드의 산'이 있는데, 이 산의 이름은 스반테비트의 별명인 비드에서 따온 것이다. 즉 스반테비트를 숭배한 흔적을 보여주는 사례다.

오늘날 세르비아인들은 기독교의 일파인 정교회를 믿지만, 그 안에도 스반테비트 숭배의 흔적이 남아 있다. 세르비아 정교회에서는 비투스(St.Vitus)라는 성자를 숭상하는데, 바로 스반테비트가 기독교로 들어와 성자가 된 모습이다.

스반테비트처럼 슬라브족이 믿은 전쟁의 신이 더 있다. 바로 트리글라브

(Triglav)다. 트리글라브는 스반테비트와 대비되는 신인데, 이름처럼 머리가 셋에 검은 말을 타고 다니는 모습으로 그려진다. 스반테비트의 상징이 하얀 말이라면, 트리글라브의 상징은 검은 말인 것이다.

스반테비트의 주요 숭배지가 뤼겐섬이었던 것처럼, 트리글라브 숭배의 중심지는 오늘날 폴란드 북서부의 도시 슈체친(Szczecin)이었다. 슈체친에도 나무를 깎아서 만든 트리글라브의 커다란 신상이 세워졌다. 그 신상은 금으로 만든 눈가리개를 하고 있었으며, 산양의 머리가 조각되어 있었다. 훗날 슈체친이 기독교를 받아들이면서 트리글라브의 신상과 사원은 파괴되었다.

트리글라브의 머리가 3개인 이유는 그가 하늘과 땅과 지하 세계를 모두 지배한다고 믿어서다. 그가 눈을 가린 이유는 그의 눈이 강력한 힘을 가지고 있어서, 사람과 동물들을 그 힘에서 보호하기 위해서였다.

슈체친 이외에 슬로베니아 공화국의 산들도 과거 트리글라브를 숭배하던 장소로 알려져 있다.

한편 트리글라브는 특정한 신이 아니라 슬라브족의 주요 신들인 하늘의 신 스바로그, 천둥 신 페룬, 태양신 다지보그가 결합한 삼위일체의 모습이라는 주장도 있다.

028 그 밖의 슬라브 신들

　슬라브 신화에서 우주의 최고신이자 창조주는 로드(Rod) 혹은 데이보스 (Deivos)로 알려졌다. 로드는 4가지 상징물로 물고기, 수레바퀴, 꽃이 핀 양 동이, 그리고 아마포 허리띠를 지니는데, 이는 그가 세상을 이루는 4가지 요소 물(물고기), 불(수레바퀴), 땅(꽃이 핀 양동이), 공기(아마포 허리띠)를 다스린 다고 여겨졌기 때문이다.

　스트리보그(Stribog)는 바람의 신이다. 그가 아버지 신으로 불린다는 점을 들어, 오래된 신으로 추정하기도 한다.

　모코쉬(Mokosh)는 그리스 신화의 가이아처럼 땅의 어머니 여신이다. 그 녀는 방직, 양털 깎기, 출산하는 여성을 보호했다. 모코쉬는 키예프의 성역 에 세워진 일곱 슬라브 신(페룬, 벨레스, 호르스, 모코쉬, 다지보그, 스트리보그, 시마 르글)의 동상 중에서 유일한 여신이다. 그녀를 숭배한 흔적은 기원전 7세기 부터 발견되며, 슬라브족은 그녀를 다산과 죽음을 다스리는 여신으로 믿으 면서 젖가슴처럼 생긴 둥근 돌을 상징으로 여기며 기도했다.

　크레스니크(Kresnik)는 불과 여름과 폭풍의 신이다. 그는 슬라브 신화에 서 태양신 다지보그의 아들로 묘사되며, 황금 머리와 황금 손 및 사슴의 뿔 처럼 생긴 황금 뿔을 지니고 세계에서 가장 높은 황금빛 산에 사는 신으로 여겨졌다. 슬로베니아에서는 그를 민족 영웅으로 숭배하기도 했다. 그는 농부이면서도 강력한 마법을 부리는 두 가지 모습을 지녔다.

조르야(Zorya)는 다지보그를 섬기면서 오로라를 지키는 여신이다. 그녀는 매일 아침 태양신이 전차를 몰고 하늘을 날려고 하면, 궁전의 문을 연다. 또한 저녁이 되어 태양신이 궁전으로 돌아오면 문을 닫는다.

지바(Ziva)는 생명과 비옥함을 다스리는 여신이다. 그녀는 기독교가 들어오기 이전에 폴란드와 체코, 슬로바키아에서 숭배를 받았다.

자릴로(Jarylo)는 식물과 다산과 봄을 다스리는 신이다. 그는 매년 다시 태어나고 죽는 것을 반복하는데, 이는 식물의 씨 뿌림과 수확을 의인화한 것이다. 슬라브 신화에서 자릴로는 천둥의 신 페룬의 아들이지만, 페룬의 적수이자 지하 세계의 신인 벨레스가 그를 납치하여 자신의 양아들로 키웠다. 자릴로는 지하 세계에서 양아버지 벨레스의 소를 키우면서 자랐는데, 이 때문에 그는 지하 세계와 소의 신으로 여겨지기도 한다. 고대 슬라브족은 지하 세계가 영원히 마르지 않는 샘물과 촉촉한 이슬이 맺힌 초원으로 이루어진 초록의 세계라고 믿었다. 봄이 되면 자릴로는 지하 세계에서 지상으로 돌아왔고, 슬라브족은 이때 자릴로를 기리는 성대한 축제를 열었다.

마제나(Marzena)는 겨울의 끝과 봄의 시작을 알리는 여신이다. 그녀는 계란껍데기로 만들어진 인형으로 상징되는데, 매년 3월 21일이 되면 슬라브족은 그 인형을 물에 던지면서 한 해의 풍년을 기원했다.

라데가스트(Radegast)는 명예와 힘과 환대의 신인데, 다른 주장에 의하면 전쟁과 밤, 불과 저녁 하늘의 신이기도 하다. 그는 온몸이 검으며, 투구를 쓰고 창을 손에 든 모습으로 묘사된다. 슬라브 신화에서 라데가스트는 아름다운 달의 여신 호르스(Hors)에게 사랑을 받았지만, 이를 거부하였다. 그러자 그녀를 사랑하는 바람의 신 스트리보그가 몰래 라데가스트의 외투를 훔쳐 호르스의 집에 들어간 다음 그녀를 유혹하여 임신시켰다.

루기에비트(Rugievit)는 독일 북부의 뤼겐섬에서 숭배를 받은 전사들의 수호신이다. 그의 상징은 동쪽과 가을이었으며, 7개의 머리를 지녔다.

야릴로(Yarilo)는 봄과 다산과 평화의 신이다. 그도 루기에비트처럼 전사들의 수호신이고, 그의 상징은 서쪽과 봄이다.

시마르글(Simargl)은 재산과 술, 풍요와 식물 또는 선원들의 수호신이다.

니(Ny)는 죽은 사람의 영혼을 지하로 안내하는 지하 세계의 신으로, 물과 뱀과 지진을 다스린다.

페클라보그(Peklabog)는 또 다른 지하 세계의 신인데, 기독교가 들어온 이후 지옥의 악마로 여겨졌다.

도돌라(Dodola)는 비의 여신이며 천둥 신 페룬의 아내였다.

라다(Lada)는 땅, 조화, 기쁨, 젊음, 봄, 아름다움, 다산, 사랑의 여신이다. 그녀는 하늘의 신 스바로그의 아내로 여겨졌다.

베레기니아(Bereginia)는 물과 강기슭의 여신으로 우크라이나에서 숭배를 받았다.

돌랴-네돌랴(Dolya-Nedolya)는 인간에게 자기 뜻대로 좋은 운명과 나쁜 운명을 주는 여신이다.

포레비트(Porevit)는 5개의 얼굴을 지녔고(1개의 얼굴은 가슴에 달렸다), 방패와 창을 가졌다. 그의 사원은 뤼겐섬에 있었고, 그의 상징은 남쪽과 여름이다.

이파보그(Ipabog)는 머리에 사슴뿔이 달린 사냥의 신이다.

029 핀란드 신화의 신들

　오늘날 핀란드 신화는 《칼레발라(Kalevala)》라고 불리는 한 권의 책에 일목요연하게 정리되어 있다. 그전까지 핀란드인들이 믿은 신화는 모두 입에서 입으로 전해지다가, 19세기에 이르러 핀란드의 시인 엘리아스 뢴로트가 시골 마을을 돌아다니면서 노인들로부터 신화들을 듣고 이 책으로 기록하여 세상에 알려졌다.

　《칼레발라》는 핀란드인들이 기독교로 개종하기 이전에 숭배하던 전통 신앙을 노래와 시로써 표현하고 있다. 따라서 《칼레발라》에는 핀란드 신화의 옛 신들이 등장한다.

　먼저 우코(Ukko)는 하늘과 천둥, 날씨, 작물을 다스리면서 모든 신도 지배하는 최고신이다. 그는 천지창조 이전부터 존재했고, 이륜 전차를 타고 하늘을 날며 도끼나 망치를 무기로 사용하는데, 이는 그가 번개를 치는 것을 상징한다.

　아울러 핀란드 신화에서는 신들을 총괄하여 유말라(Jumala)라고 부르는데, 원래는 핀란드 신화에서 하늘이나 하늘 신 및 최고의 신을 부르는 존칭이었다. 기독교가 전래된 이후에 유말라는 우리나라의 '하느님'처럼 기독교 유일신의 이름으로도 사용되었다.

파에이바에(Paeivae)는 태양의 신이며, 쿤(Kun)은 달의 신이다.

아카(Akka)는 땅의 여신이며, 라흐코(Rahko)는 시간의 신이다.

파이바타르(Paivatar)는 하루와 낮의 여신이고, 아흐티(Ahti)는 물고기와 심연의 신이며, 벨라모(Vellamo)는 아흐티의 아내이면서 바다와 호수와 폭풍의 여신이다. 베덴네모(Vedenemo)는 물들의 어머니라고 불리는 여신이다.

타피오(Tapio)는 숲의 신인데, 그에게는 가족이 많다. 우선 그의 아내이자 숲의 여신인 미엘리키(Mielikki), 그리고 둘 사이에서 태어난 자녀들로 숲의 여신 텔레르보(Tellervo)와 동물들의 여신 툴리키(Tuulikki) 및 사냥의 신 니리키(Nyyrikki)가 있다.

페코(Pekko)는 보리와 맥주 및 곡물 수확의 신이고, 아크라스(Akras)는 풍요와 식물의 신이며, 투오니(Tuoni)는 지하 세계의 신이다.

로비아타르(Loviatar)는 9개의 질병을 다스리는 전염병의 여신이면서 투오니의 딸이다. 그녀는 핀란드 신화에서 눈이 먼 모습으로 묘사된다. 바마타르(Vammatar)는 로비아타르처럼 질병의 여신이다.

베이네뫼이넨(Vainamoinen)은 핀란드 신화 최대의 영웅이자 음유시인이다. 그는 어머니 일마타르의 자궁 속에서 700년 동안이나 머물러 있었기 때문에, 노인의 모습으로 태어났다. 그는 사람이 아니라 핀란드인들이 숭배하던 신이었다.

일마리넨(Ilmarinen)은 천국을 만들어낸 훌륭한 대장장이인데, 원래는 공기의 남성 정령이었다. 그는 베이네뫼이넨과 함께 모험을 하는 친구 사이다.

일마타르(Ilmatar)는 공기의 여신이자 태초의 순결한 처녀이며, 베이네뫼이넨의 어머니다.

케이브(Kave)는 오래된 하늘의 신이고, 후세에는 달의 신이 되었다. 그는 베이네뫼이넨의 아버지로 그려진다.

투르사스(Tursas)는 전쟁의 신인데, 북유럽 신화에서 전쟁의 신인 티르와 비슷한 것으로 알려졌다.

이쿠-투르소(Iku-Turso)는 사악한 바다 괴물인데, 일설에 의하면 투르사스와 같은 존재다.

로우히(Louhi)는 추운 북쪽 땅이자 북극인 포횰라(Pohjola)를 다스리는 여신이다. 그녀는 핀란드 신화에서 베이네뫼이넨과 대장장이 일마리넨 같은 영웅들의 적대자로 등장한다. 또한 그녀는 수많은 괴물을 지배하며, 온갖 사악한 마법에 능숙한 마녀이기도 하다.

루오노타르(Luonnotar)는 여성적인 창조주이며 자연의 정령이다.

안테로 비푸넨(Antero Vipunen)은 심오한 지식과 마법의 보호자이며 죽은 거인이다.

코티톤투(Kotitonttu)는 가정을 지키는 신이며, 톤투(Tonttu)는 경작된 땅의 수호신이다. 톤투는 또한 제비뽑기의 결과를 좌우하는 것으로 알려졌다.

렘포(Lempo)는 풍요를 주는 정령이었으나, 핀란드에 기독교가 들어오면서 악마와 동일시되었다.

메닌카이넨(Menninkainen)은 땅의 정령이다.

나키(Nakki)는 성벽과 다리의 웅덩이에 사는 무서운 정령으로 북유럽 신화에서 물의 정령인 닉스(Nix)와 같다.

오트소(Otso)는 곰의 정령이며, 펠레르보(Pellervo)는 추수의 신이다.

3

영웅과 성자, 마법사들

030 그리스 신화 최대의 영웅, 헤라클레스

서양 판타지 세계의 영웅들을 열거하자면, 자연히 그리스 신화에서 최대의 영웅으로 등장하는 헤라클레스(Heracles)를 먼저 꼽을 수밖에 없다.

그리스 신화의 최고신 제우스는 암피트리온(Amphitryon)의 아내 알크메네(Alcmene)를 사랑하여 그녀한테 자신의 아들 헤라클레스를 임신시켰고, 그를 미케네의 왕으로 만들어주려고 했다. 그러나 남편의 외도와 의붓아들의 탄생을 미워한 제우스의 아내 헤라 여신은 출산의 여신 루키나를 매수해서 팔짱을 끼게 하여 헤라클레스가 태어나지 못하게 방해를 했고, 그러는 동안에 헤라클레스의 삼촌이 되는 에우리스테우스(Eurysteus)가 니키페(Nicippe)한테서 태어나도록 했다. 제우스는 먼저 태어난 아이를 미케네의 왕으로 해주겠다고 맹세를 했는데, 에우리스테우스가 더 빨리 태어나자 어쩔 수 없이 그를 미케네의 왕으로 앉혔다.

한편 루키나는 알크메네의 하녀 갈란티스가 "이미 저의 여주인이 아이를 낳았습니다"라고 거짓말한 것에 속아서 팔짱을 풀었고, 그래서 늦게나마 헤라클레스가 태어났다. 이 사실에 화가 난 헤라는 갈란티스를 고슴도치로 만들어버렸다. 또한 두 마리 뱀을 보내 헤라클레스를 죽이려 했으나 갓난아기인데도 힘이 장사였던 헤라클레스는 두 손으로 가볍게 뱀을 목 졸라 죽여버리고 무사히 살아남았다.

헤라클레스가 어른이 되어서 테베의 공주 메가라와 결혼하여 세 아들을 낳자, 헤라는 헤라클레스한테 저주를 내려 메가라와 아들들을 모두 죽이도록 만들었다. 뒤늦게 정신을 차린 헤라클레스는 죄책감에 자살을 하려다가 지나가던 테세우스의 만류로 중단하고, 델포이의 아폴론 신전에 가서 속죄할 방법을 물었다. 그러자 "헤라의 저주로 벌어진 사고이니, 미케네의 에우리스테우스왕이 시키는 12가지 임무를 완수해야 한다"라는 신탁이 내려왔다.

신탁을 따라 미케네로 간 헤라클레스는 에우리스테우스왕이 말하는 12가지 임무를 받았다. 이를 차례대로 열거하면 다음과 같다.

첫 번째는 네메아의 골짜기에 사는 사자를 죽이고 그 가죽을 벗겨오는 일이었다. 헤라클레스는 목을 졸라 사자를 죽이고, 사자의 발톱으로 가죽을 벗겨 에우리스테우스한테 가져갔다. 겁이 많고 나약했던 에우리스테우스가 사자 가죽 받기를 거부하자 헤라클레스는 자신이 직접 사자 가죽을 걸치고 다녔다.

두 번째는 아르고스의 아미모네 샘에 사는 머리 9개 달린 뱀 히드라를 죽이는 일이었다. 히드라는 머리가 잘려도 거기서 새로운 2개의 머리가 솟아날 뿐만 아니라 중앙에 있는 머리 1개는 절대 죽지 않았다. 그래서 헤라클레스는 8개의 머리는 잘라서 불로 지지고 중앙의 머리는 바위로 짓눌러 해치웠다.

세 번째는 엘리스의 왕 아우게이아스가 가진 외양간을 청소하는 일이었다. 이 외양간은 3000마리나 되는 황소들이 싸놓은 똥을 30년 동안이나 청소하지 않아서 굉장히 더러웠다. 헤라클레스는 알페이오스강과 페네이오스강의 물길을 외양간 쪽으로 돌려서 모든 똥을 물로 씻어버렸다.

네 번째는 여인 왕국인 아마조네스의 여왕 히폴리테가 가진 허리띠를 가져오는 일이었다. 이때 헤라가 여전사 부족인 아마조네스를 선동하여 헤라클레스를 공격하자 헤라클레스는 그들을 모두 죽이고 허리띠를 빼앗아왔다.

다섯 번째는 지금의 스페인인 에리테이아에 사는, 머리와 몸이 각각 3개 달린 거인 게리오네우스가 가진 소 떼를 가져오는 일이었다. 헤라클레스는 게리오네우스를 간단히 몽둥이로 쳐 죽이고, 소 떼를 무사히 가져왔다.

나머지 임무는 다음과 같다. 여섯 번째는 미노스의 황소를 잡아오는 것, 일곱 번째는 거인 안타이오스를 죽이는 것, 여덟 번째는 스팀팔로스 늪에서 청동으로 된 날개와 부리와 발톱을 가진 새들을 쫓아내고 파르테오니스에 가서 황금 뿔과 청동 발굽을 가진 암사슴을 잡아오는 것, 아홉 번째는 트라키아의 디오메데스왕이 가진 사람 고기를 먹는 말을 죽이는 것, 열 번째는 에리만테스의 멧돼지를 잡아오는 것, 열한 번째는 헤스페리데스가 가진 황금 사과를 가져오는 것, 열두 번째는 저승을 지키는 개 케르베로스를 가져오는 것이었다. 헤라클레스는 이 모든 임무를 마치고 자유인이 되었다.

이후에도 헤라클레스는 그리스 전역을 돌아다니며 모험을 했다. 그중에는 신들을 위협하던 강력한 거인 기간테스족과의 전쟁도 포함되어 있었다. 이 전쟁에서 신들은 인간인 헤라클레스의 도움이 반드시 있어야만 기간테스족을 이길 수 있다는 예언을 받고서 일부러 그를 불러들였다. 이 싸움에서 헤라클레스는 히드라의 독을 묻힌 화살로 기간테스족을 쓰러뜨렸고, 이때 기간테스족한테 겁탈을 당할 뻔한 헤라를 구해주어 그녀와도 화해를 했다.

하지만 헤라클레스는 새로 맞은 아내 데이아네이라가 켄타우로스족 네소스로부터 남편의 외도를 막는 마법의 약이라며 받은 네소스의 피가 묻은 속옷을 입었다가 그 피에 담긴 독 때문에 결국 목숨을 잃었다. 헤라클레스의 영혼은 하늘로 올라가서 제우스의 축복을 받고 불멸의 신이 되었다.

031 아테네인들이 사랑하는 테세우스

아테네의 왕 아이게우스는 아이가 태어나지 않아 걱정하다가 델포이의 아폴론 신전을 찾아가서 아이를 얻을 방법을 물었다. 그러자 "아테네로 가기 전까지는 포도주를 담은 가죽 부대의 주둥이를 풀지 마라"라는 신탁이 전해졌다.

아이게우스는 아테네로 가는 도중에 트로이젠을 방문했고, 그곳의 왕 피테우스의 집에서 하룻밤을 보냈는데, 피테우스는 아이게우스한테 포도주를 주고 취하게 한 다음, 자신의 딸 아이트라와 같이 잠을 자게 했다. 다음날 아침, 이 사실을 안 아이게우스는 바위 밑에 단검과 샌들 한 짝을 넣고 나서 아이트라가 만약 자신의 아들을 낳고, 그 아이가 바위를 굴려 단검과 샌들 한 짝을 발견하면 자신한테 보내라고 알려준 뒤 아테네로 떠났다.

10개월 후 아이트라는 아들을 낳아 그 이름을 테세우스라고 지었다. 그런데 다른 전승에 의하면 바다의 신 포세이돈이 아이트라한테 접근하여 아이게우스보다 먼저 잠을 잤다고 한다. 그렇다면 테세우스의 진짜 아버지는 포세이돈이 된다.

여하튼 테세우스는 16세가 되자, 아버지의 말대로 바위를 굴려서 단검과 샌들 한 짝을 챙기고는 아테네로 떠났다. 아테네로 가는 도중, 테세우스는 몽둥이로 사람들을 때려 죽이는 페리페테스(대장장이의 신 헤파이스토스의 아들)와 사람을 붙잡아 소나무 가지에 묶었다가 가지를 놓아서 찢어 죽이는 시니스, 사람들한테 자신의 발을 씻으라고 강요하면서 벼랑 아래로 걷어차 죽게 한 스키론, 나그네들한테 레슬링을 하자고 강요하여 죽인 케르키온과 여관을 하면서 나그네들을 죽인 프로크루스테스 같은 악당들을 모두 해치웠다.

그런 후 테세우스는 마침내 아테네에 도착하여 아버지 아이게우스로부터 아들임을 인정받았다. 그리고 마침 아테네의 종주국이던 크레타섬의 사신이 와서 크레타섬의 괴물 미노타우로스한테 제물로 바칠 남자 7명과 여자 7명을 내놓으라고 요구하자, 테세우스는 자신이 직접 가겠다고 말했다. 아이게우스는 테세우스가 죽으면 돌아오는 배에 원래대로 검은 돛을 달고, 살아 있으면 하얀 돛을 달라고 말했다.

테세우스가 배를 타고 크레타섬에 가자 섬의 왕인 미노스의 딸 아리아드네는 테세우스를 보고 반하여 그를 돕겠다고 나섰다. 아리아드네는 테세우스한테 실을 주며 미노타우로스가 사는 미궁의 문에다 실을 묶고 조금씩 풀면서 들어갔다가 그 실을 보고 밖으로 나오라고 알려주었다. 테세우스는 아리아드네의 말대로 하고는 미궁 안으로 들어가 미노타우로스를 때려죽이고, 14명의 남녀를 데리고 무사히 빠져나와 아리아드네와 함께 배를 타고 크레타를 떠나 아테네로 향했다.

아테네로 가던 도중에 테세우스 일행은 낙소스섬에 잠시 배를 멈추고 하룻밤을 보냈는데, 아리아드네의 미모에 반한 포도주의 신 디오니소스가 그녀를 납치해갔다. 연인을 빼앗긴 충격으로 테세우스는 하얀 돛을 다는 것을 깜빡 잊은 채 아테네에 도착했다. 배에 검은 돛이 달린 모습을 본 아이게우스는 아들이 죽은 줄로 알고 슬픔을 이기지 못해 에게해에 몸을 던져 자살하고 말았다.

이제 테세우스가 아버지의 뒤를 이어 아테네의 왕이 되려고 했는데, 아이게우스의 동생인 팔라스의 아들 50명이 자신들 중 한 명이 왕이 되어야 한다며 테세우스한테 맞서 반란을 일으켰다. 그리하여 테세우스는 팔라스와 그의 아들 50명을 모두 죽이고 아테네의 왕이 되었다.

왕위에 오른 테세우스는 헤라클레스와 함께 여자들만 사는 아마조네스 부족의 땅으로 원정을 떠나서, 여왕 히폴리테를 납치하여 아테네로 데려왔다. 둘 사이에서 히폴리토스라는 아들이 태어났다. 아마조네스가 아테네로 쳐들어오자, 테세우스는 군대를 이끌고 이들과 싸워 물리쳤다.

그 후에 테세우스는 아리아드네의 여동생 파이드라와 결혼했다. 그런데 결혼식 장소에 히폴리테가 갑옷과 무기를 갖춘 차림으로 아마조네스를 데리고 나타나 테세우스와 다른 결혼식 참석자들을 죽이려 하는 바람에 큰 싸움이 벌어졌고, 그 와중에 히폴리테가 테세우스 일행의 손에 죽고 말았다.

테세우스와의 사이에서 두 아들 아카마스와 데모폰을 낳기도 한 파이드라는 그만 의붓아들 히폴리토스에게 반해 그를 유혹했으나, 히폴리토스는 그녀의 유혹을 거부했다. 그러자 부끄러움이 든 파이드라는 테세우스한테 히폴리토스가 자신을 겁탈하려 했다고 거짓말을 한다. 그 말을 믿은 테세우스는 화가 나서 포세이돈한테 히폴리토스를 죽게 해달라고 저주했다. 포세이돈이 황소 한 마리를 보내 히폴리토스가 끄는 전차의 말들을 놀라게 하자 히폴리토스는 전차에서 떨어져 죽었다.

하지만 의붓아들을 죽게 한 죄책감에 파이드라가 자살을 하고, 다른 사람들에 의해 진상이 밝혀지자, 테세우스는 허탈한 마음에 아테네를 떠나 스키로스로 갔다가 그곳의 왕 리코메데스에 의해 벼랑으로 떠밀려 죽임을 당했다. 그러나 아테네인들은 영웅 테세우스를 잊을 수가 없어서 그의 뼈를 아테네로 옮기고 테세움이라는 전당을 지어 깊이 숭배하였다.

032 포세이돈의
자녀들

그리스 신화에 등장하는 포세이돈의 자녀들이 워낙 많기 때문에, 이번 항목에서는 별도의 장을 마련하여 설명하고자 한다.

우선 포세이돈은 요정 나이다(Naida)와 페로 사이에서 각각 아들 글라우코스(Glaucus)와 아소포스(Asopos)를 얻었다. 글라우코스는 원래 그리스 중부 보이오티아 지방의 어부였다. 어느 날 물고기 한 마리가 죽어가다가 어느 약초를 먹고 다시 살아나는 것을 보고는 자신도 그 약초를 먹었더니 두 다리가 물고기의 꼬리로 변해서 바다로 뛰어들었다. 그리하여 글라우코스는 아버지 포세이돈을 따라다니는 바다의 신이 되었다.

아소포스는 그리스 북부 테살리아 지방에 흐르는 강의 신인데, 최고신 제우스가 딸 아이기나를 납치한 사실을 알고 화가 나서 따지다가 제우스로부터 번개를 맞았다.

또한 거인 오리온(Orion)도 포세이돈과 크레타섬의 왕인 미노스의 딸 에우리알레와의 사이에서 태어난 아들이다. 포세이돈은 오리온한테 바다 위를 두 발로 걸어 다닐 수 있는 초능력을 선물로 주었다. 오리온은 뛰어난 사냥꾼이어서 사냥의 여신 아르테미스와 만나 그녀를 사랑하게 되었으나, 아르테미스의 남자 형제 아폴론은 오리온을 싫어했고 아르테미스를 속여 오리온한테 화살을 쏘아 죽게 했다.

오늘날 불가리아 지역인 트라키아의 도시 사르미데소스는 피네우스 (Phineus)라는 왕이 다스리고 있었다. 그는 두 눈이 멀었지만, 그 대가로 신들로부터 미래를 볼 수 있는 예언 능력을 얻었다. 하지만 신들의 비밀을 사람들한테 너무 많이 알린 탓에 제우스의 분노를 사서, 식사를 할 때마다 사람의 얼굴과 새의 몸을 한 괴물들인 하피(Harpie)들이 날아와 식탁에 똥을 싸버리는 바람에 굶어야 하는 벌을 받았다(하피는 제우스를 섬기는 하녀들이었다). 피네우스는 포이닉스(Phoenix)와 카시오페이아(Cassiopeia)의 아들이라고 하지만, 포세이돈의 아들이라는 전승도 있다.

포세이돈은 거인 티티오스의 딸 에우로페(Europe)와 사랑을 나누어 아들 에우페모스(Euphemus)를 얻었다. 에우페모스는 이복형제인 오리온처럼 아버지로부터 바닷물 위를 두 발로 걷는 초능력을 받았다.

또한 포세이돈은 페니키아의 왕인 아게노르(Agenor)의 딸 아스티팔라이아(Astypalaea)와 사랑을 나누어, 두 아들 안카이오스(Ancaeus)와 에우리필로스(Eurypylus)를 얻었다. 안카이오스와 에우리필로스는 각각 사모스섬과 코스섬을 다스리는 왕이 되었다. 안카이오스는 이복형제 에우페모스와 함께 황금 양털을 되찾아오는 아르고호의 모험에 참가하였는데, 이 배의 조타수를 맡았다.

이집트의 왕 에파포스(Epaphus)에게는 리시아나사(Lysianassa)라는 딸이 있었는데, 이 딸은 포세이돈을 사랑하여 아들 부시리스(Busiris)를 낳았다. 부시리스는 어른이 되어 이집트의 왕에 올라 이집트를 찾아오는 외국인들을 붙잡아서 신들한테 제물로 바치는 짓을 벌였다. 그러다 이집트를 찾아온 제우스의 아들 헤라클레스를 제물로 바치려다가 오히려 그한테 죽임을 당하고 만다.

그 밖에도 포세이돈한테는 시니스(Sinis)와 스키론(Sciron), 프로크루스테스(Procrustes)라는 아들들도 있었다. 시니스와 스키론은 코린트 지역에서 활동하던 산적이었다. 시니스는 지나가는 나그네들을 붙잡아서 소나무의 구부러진 두 가지에 다리를 묶어놓고는 가지들을 다시 펴서 찢어 죽였고, 스키론은 벼랑 위에서 나그네들한테 자신의 발을 씻으라고 요구하고는 그들이 다가오면 걷어차서 벼랑 아래로 떨어뜨려 죽였다.

프로크루스테스는 아테네 교외에서 작은 여관을 운영했는데, 나그네가 들르면 쇠 침대에 묶고는 팔과 다리가 길어서 침대 밖으로 나오면 도끼로 잘라 죽였고, 팔과 다리가 짧아서 침대 밖으로 나오지 않으면 억지로 잡아 늘여서 죽였다. 세 강도 형제는 모두 자신들이 사용하던 수법으로 테세우스한테 죽임을 당했다.

16세기 영국의 시인 에드먼드 스펜서(1552~1599)는 자신의 서사시 〈요정여왕〉에서 바다의 신 넵튠의 아들이자 거인인 알비온(Albion)이 영국을 다스리다가 주피터(제우스)의 아들 헤라클레스와 싸우다 죽고 말았다고 노래했다.

하지만 이 내용은 정통 그리스 신화에는 전혀 등장하지 않는다. 이 내용은 그리스 신화에서 헤라클레스가 소 떼를 몰고 리구리아(이탈리아의 제노바 인근 지역)를 지나갈 때 포세이돈의 아들이자 강도인 이알레비온(Ialebion)이 소 떼를 빼앗으려고 덤볐다가 죽었다는 이야기를 스펜서가 약간 각색하여 만들어낸 것이다.

끝으로 카르타고의 장군 한니발을 물리쳐서 조국을 구해낸 로마의 장군 스키피오도 자신의 아버지가 넵튠, 즉 포세이돈이라고 주장했다.

033　메두사를 죽인
　　　페르세우스

　그리스 남부의 도시국가 아르고스의 아크리시오스왕은 딸 다나에가 낳은 아들이 자라서 자신을 죽인다는 신탁을 듣고는 두려워서 땅속에 청동으로 감옥을 만들고, 다나에를 그곳에 가두었다. 그러나 하늘에서 제우스가 다나에를 보고 사랑을 느껴서 황금빛 비로 변하여 땅속으로 스며들어 다나에의 몸속으로 들어갔고, 10개월 후에 다나에는 아들을 낳아서 이름을 페르세우스라고 지었다.

　이 사실을 알게 된 아크리시오스는 딸과 외손자를 커다란 나무 상자에 넣어서 바다로 띄웠다. 둘이 탄 나무 상자는 세리포스섬의 고기잡이 딕티스가 건져 올려서, 자신의 형이자 섬의 왕인 폴리덱테스한테 바쳤다. 폴리덱테스는 다나에의 미모를 보고 반하여, 그녀와 어린 페르세우스를 자신의 궁전에서 살게 해주었다.

　세월이 흘러 페르세우스는 어른이 되었다. 다나에와 결혼하고 싶었던 폴리덱테스에게는 그런 페르세우스의 존재가 마음에 걸렸다. 고민하던 폴리덱테스는 페르세우스한테 "네가 제우스의 아들이라면, 위대한 업적을 이루어야 한다. 사람들을 괴롭히고 있는 괴물 메두사(Medusa)의 목을 베어오너라." 하고 부추겼다. 마침 페르세우스도 놀고먹는 게 지겨워서 그러겠다고 약속했다.

하지만 바닷가로 간 페르세우스는 폴리덱테스와 한 약속을 금방 후회했다. 메두사가 어디에 살고 있는지도 몰랐고, 더구나 메두사는 그녀의 눈을 본 모든 사람을 돌로 변하게 만드는 무서운 괴물이었던 것이다.

이때 페르세우스의 이복형제이자 바람의 신인 헤르메스와 지혜의 여신 아테나가 나타나 "우리가 너를 도울 테니, 걱정하지 마라"라고 설득했다. 둘은 페르세우스를 요정 그라이아이 세 자매가 사는 곳으로 안내해주면서, "저들이 갖고 있는 날개 달린 샌들과 키비시스(마법의 자루), 그리고 하데스의 모자를 가져가서, 그걸로 메두사의 목을 베는 데 써라"라고 알려주었다. 페르세우스는 그라이아이 세 자매에게 눈이 하나밖에 없어서 서로 돌려쓴다는 사실을 알아채고는 재빨리 그녀들의 눈을 빼앗아서 "당신들이 가진 3가지 보물을 주면 눈을 돌려주겠다"라고 협박하여 그녀들로부터 보물을 얻어냈다.

그런 후 아테나는 페르세우스를 메두사가 사는 곳으로 인도해주었다. 메두사는 고르고네스 세 자매 중 막내였는데, 그녀의 언니 스테노(Stheno)와 에우리알레(Euryale)는 죽지 않는 불사신이었고, 메두사만 죽을 수 있었다.

아테나의 인도를 받아 메두사가 사는 곳에 도착한 페르세우스는 아테나가 빌려준 청동 방패를 거울로 삼아서 자고 있던 메두사를 직접 보지 않으면서 칼을 휘둘러 그녀의 목을 베었고, 키비시스 안에 넣었다. 메두사의 피가 땅에 떨어지자, 그 안에서 날개 달린 말 페가수스와 황금 칼을 가진 인간 크리사오르가 튀어나왔다. 메두사의 죽음을 알아차린 두 자매가 잠에서 깨어났지만, 페르세우스는 머리에 쓰면 투명 인간이 되는 하데스의 모자를 쓰고 날개가 달린 샌들을 신고서 이미 하늘을 날아 달아난 뒤였다.

페르세우스는 샌들을 신은 채로 이리저리 날아다니다가 에티오피아에 도착했는데, 마침 그곳의 공주 안드로메다가 바닷가의 바위에 쇠사슬로 묶여 있었다. 그녀의 어머니 카시오페이아가 자신이 바다의 요정인 네레우스의 딸들보다 더 아름답다고 자랑해서, 이에 화가 난 포세이돈이 에티오피아에 홍수를 일으켰고, 포세이돈의 노여움을 풀려면 카시오페이아의 딸 안드로메다를 바다에 내놓아 제물로 바쳐야 한다는 암몬(이집트의 최고신 아몬)의 신탁이 있었던 것이다.

이에 페르세우스는 포세이돈이 보낸 바다 괴물을 죽이고 안드로메다의 쇠사슬을 풀어준 다음, 그녀를 아내로 삼아서 함께 세리포스섬으로 향했다. 그 무렵 폴리덱테스는 다나에한테 결혼을 강요하던 중이었다. 페르세우스는 메두사의 머리를 꺼내어 폴리덱테스와 그의 부하들을 돌로 변하게 한 다음, 자신이 가진 세 가지 보물은 헤르메스한테 넘겨주고 메두사의 머리는 아테나한테 바쳤다. 그런 후에 페르세우스는 어부 딕티스를 세리포스섬의 왕으로 앉히고 다나에와 안드로메다를 데리고 아르고스로 향했다.

페르세우스가 돌아왔다는 소식을 듣고 겁에 질린 아크리시오스는 라리사로 달아났다. 마침 라리사에서 운동 경기가 벌어지고 있어서 페르세우스도 선수로 참가했는데, 관중석에 앉아 있던 아크리시오스는 페르세우스가 던진 원반에 맞아서 죽고 말았다. 비록 본의가 아니었지만, 외할아버지를 죽인 것에 죄책감을 느낀 페르세우스는 어머니와 아내를 데리고 아르고스를 떠나 티린스로 향하여 그곳의 왕이 되어 미데아와 미케네까지 영토를 늘렸다.

그리스 신화에는 페르세우스가 어떻게 죽었다는 언급은 나오지 않는다. 전반적인 일생을 보면 페르세우스는 그리스 신화의 영웅들 중에서 가장 편안하고 행복하게 살았다고 할 수 있다.

034 키마이라를 해치운 벨레로폰

페르세우스한테 죽임을 당한 메두사의 피가 땅에 떨어져서 태어난 괴물이 바로 날개 달린 말, 페가수스다. 페가수스는 그 유명세에 비해 그리스 신화 속에서 자주 등장하지는 않는데, 페가수스를 타고 활약한 영웅의 이야기가 전해온다. 이번 항목에서 소개할 벨레로폰이다.

벨레로폰은 글라우코스의 아들이라고 한다. 글라우코스는 그리스 신화에서 죽음의 신 타나토스를 속이고 오랫동안 살았다는 사기꾼 시시포스의 아들이다. 그러나 벨레로폰의 진짜 아버지는 바다의 신 포세이돈이었다. 포세이돈은 글라우코스의 아내이자 메가라의 왕 니소스의 딸인 에우리노메와 몰래 잠자리에 들었고, 그 결과 벨레로폰이 태어난 것이다. 그래서 벨레로폰에 대해 처음 다룬 서사시 《일리아드》에서도 벨레로폰을 가리켜 "신의 후손"이라고 묘사하고 있다.

벨레로폰은 형제 델리아데스를 죽인 죄를 씻는 정화 의식을 받기 위해서 고향 코린토스를 떠나 티린스로 향했다. 그런데 티린스 왕 프로이토스의 아내 스테네보이아(Stheneboia) 혹은 안테이아(Anteia)가 벨레로폰을 보고 사랑을 느껴서 성관계를 갖자고 유혹했다. 하지만 벨레로폰은 손님으로 온 이상, 주인의 아내와 잠자리를 하여 주인을 모독하는 짓은 하고 싶지 않았기에 유혹을 거부했다. 그러자 스테네보이아는 자신이 한 일이 들통날까 봐 두려워서 남편한테 "벨레로폰이 나를 겁탈하려고 했습니다"라고 모함을 했다.

프로이토스는 아내의 말을 믿었지만, 차마 자기 집에 손님으로 온 벨레로폰을 직접 죽이고 싶지 않아서 장인이자 리키아(현재 터키 서남부 무글라 지역)의 왕인 이오바테스한테 "장인어른께서 저 대신에 벨레로폰을 죽여주십시오"라는 편지를 보냈는데, 그 편지를 다름 아닌 벨레로폰 본인한테 가져가서 전하게 하였다(여기서 편지를 전하는 사람 스스로한테 위험한 편지라는 뜻의 '벨레로폰의 편지'라는 관용구가 유래했다).

이오바테스는 일단 벨레로폰한테 9일 동안 황소 9마리를 잡아 잔치를 벌여주며 안심을 시켰다. 그런 다음 자기가 직접 나서지 않고 벨레로폰을 죽이려는 속셈으로 "지금 이 나라에는 키마이라라는 괴물이 나타나서 가축들을 해치고 나라를 망가뜨리고 있네. 그러니 자네가 그 키마이라를 죽여주게"라고 제안을 했다.

키마이라는 몸의 절반은 사람이고 나머지 절반은 뱀으로 이루어진 괴물인 티폰과 에키드나 사이에서 태어난 괴물인데, 머리는 사자였고 몸은 염소였으며 꼬리는 뱀이었다(혹은 사자와 염소와 용의 머리를 달고 있었다고도 전해진다). 또 키마이라는 입에서 불을 뿜었다. 이런 괴물을 상대로 싸우면 자연히 벨레로폰이 죽을 것이라고 이오바테스는 여겼던 것이다.

그런데 예상 외로 벨레로폰은 이오바테스의 제안을 순순히 받아들였다. 그에게는 남들이 모르는 비장의 무기가 있었으니, 바로 페가수스였다. 페가수스가 어떻게 벨레로폰의 소유가 되었는지에 대해서는 그리스 신화에서 여러 해석이 엇갈린다. 그의 아버지 포세이돈이 선물로 주었다거나 지혜의 여신 아테나가 음악의 여신 뮤즈들의 샘에서 페가수스를 키웠다가 벨레로폰한테 황금 고삐를 주어서 페가수스를 길들이게 했다는 내용이 보인다.

여하튼 벨레로폰은 날개 달린 말 페가수스를 타고서 키마이라가 불을 뿜을 수 없는 하늘 위로 높이 올라가서는 화살을 쏘아 키마이라를 죽였다.

이 소식을 들은 이오바테스는 리키아의 사나운 부족인 솔리모이족(Solymoi)과 용맹한 여전사인 아마조네스족, 그리고 리키아의 최정예 군인들을 보내며 벨레로폰을 죽이라고 명령했다. 하지만 하늘 위에서 페가수스를 타고 화살을 쏘는 벨레로폰은 그들 모두와 싸워 이겼다. 결국 이오바테스는 벨레로폰이 탁월한 영웅임을 인정하고 자신의 딸 필로노에를 아내로 주었으며, 나라의 절반도 선물로 내놓았다. 게다가 이오바테스는 늙어 죽으면서 벨레로폰한테 리키아의 왕위도 넘겨주었다.

벨레로폰은 필로노에와의 사이에서 두 아들 이산드로스와 히폴로코스, 그리고 딸 라오다메이아를 얻었다. 이산드로스는 솔리모이족과 싸우다가 전쟁의 신 아레스한테 죽었고, 히폴로코스는 트로이전쟁에서 그리스 측 영웅 아이아스한테 죽었다. 라오다메이아는 최고신 제우스의 사랑을 받아 영웅 사르페돈을 낳았는데, 사르페돈은 트로이전쟁에서 그리스 측 영웅 파트로클로스한테 죽었다.

살인자에서 한 나라의 왕까지 되었으나, 벨레로폰의 말년은 매우 비참했다. 그는 페가수스를 타고 신들이 사는 올림포스로 가려고 했다가, 그의 오만함을 미워한 제우스가 내리친 벼락에 맞아 땅에 떨어져 두 다리가 부러지고 두 눈이 먼 채로 혼자서 리키아의 들판을 헤매다가 죽었다. 그 후 페가수스는 제우스가 데려가서 자신의 번개를 운반하는 전차를 끄는 임무를 맡겼다고 전해진다.

035 오딘이 직접 키운 용사, 스타르카드

　독일과 노르웨이의 전설에는 스타르카드(Starkad)라는 용사가 등장한다. 스타르카드는 오딘을 숭배했는데, 이에 토르가 그를 미워하여 계속 재앙과 저주를 내렸다는 전설이 전해온다.

　스타르카드는 3살 때 아버지가 죽어서 어느 왕의 궁전에서 살았다. 그러다가 전쟁의 신 오딘이 스타르카드를 보고는 외딴 섬으로 데려가서 9년 동안 키웠다. 이때 오딘은 스타르카드를 상대로는 자신의 이름을 호로스하르스그라니(Hrossharsgrani)라는 가명을 대면서 정체를 숨겼다.

　스타르카드가 나이가 들어 어른이 되자, 오딘은 그를 숲속으로 데려가서는 다른 신들 앞에서 자신을 소개하며 정체를 밝혔다. 그제야 스타르카드는 자신을 키운 양아버지가 오딘임을 알았고, 오딘은 양아들 스타르카드를 위대한 용사가 되도록 이끌어주었다.

　하지만 토르는 스타르카드가 자신의 경쟁자인 오딘의 수호를 받는다는 점을 못마땅하게 여겨서, 그가 가족이나 후손, 땅을 갖지 못하도록 온갖 불운을 내려주었다. 이 때문에 스타르카드는 평생 동안 여러 곳을 돌아다니면서 전쟁에 참가하는 떠돌이 용병으로 살았다. 스타르카드는 차가운 바람과 눈보라에도 견딜 수 있도록 몸을 단련했고, 양념을 치지 않은 삶은 고기를 먹는 등 검소하게 살았다.

오딘은 스타르카드한테 축복을 내려주어 그가 참가하는 전투마다 모두 승리하도록 도와주었다. 하지만 토르는 스타르카드를 미워하여 그가 싸울 때마다 적들한테 상처를 입게 만들었고, 그래서 스타르카드의 몸에는 상처가 가득하게 되었다.

스타르카드는 노르웨이의 비카르(Vikar)왕을 섬겼는데, 그는 태어나기 전부터 오딘한테 제물로 바쳐진 몸이었다. 그래서 스타르카드는 오딘의 속셈을 꿰뚫어보고, 일부러 비카르왕한테 접근하여 그를 위해 봉사하는 충실한 용사로 살았다.

어느 날 비카르왕이 부하들과 함께 배를 타고 바다로 나갈 때, 배가 더 이상 나가지 않고 계속 멈춰서는 일이 발생했다. 이상하다고 느낀 비카르왕은 점을 쳐보았는데, 뜻밖에도 자신이 오딘의 제물로 바쳐져야 한다는 결과가 나오자 놀랐다. 이때 스타르카드는 긴 나무 막대기로 비카르왕을 찔러 죽여 오딘한테 제물로 바쳤고, 그제야 비로소 배는 계속 항해를 할 수 있었다.

노르웨이에 기독교를 전파하고 전통 신앙을 탄압한 국왕, 올라프 1세에 관련된 사가(무용담)에서도 스타르카드는 그 모습을 드러낸다. 그런데 독일의 전설과는 달리, 올라프 1세의 사가에서 스타르카드는 마치 악마와도 같은 부정적인 모습으로 묘사된다.

나라에 기독교를 한참 전파할 무렵, 올라프 1세는 자신과 함께 궁전에 살고 있는 부하들한테 "자네들은 밤에 혼자서 나가지 말게나. 정 나갈 일이 있으면, 다른 사람들과 함께 가게"라고 경고했다. 하지만 부하 중 한 명인 토르스타인은 밤중에 깊이 자고 있는 친구들을 깨우기가 미안해서, 혼자 궁전 밖으로 나가 들판에 설치된 화장실에서 용변을 보았다.

그런데 그가 앉아 있는 곳으로부터 멀리 떨어진 데서 괴상하게 생긴 물체가 올라오고 있었다. 혹시 유령인가 싶어서 토르스타인은 "너는 누구이며, 어디에서 왔는가?" 하고 물어보았다.

그러자 그 물체는 자신에 대해 이렇게 밝혔다.

"나는 덴마크의 하랄드 바르투드와 싸우다 죽은 영웅들 중 한 명이며, 지옥에서 올라왔소. 나와 함께 하랄드와 싸웠던 영웅들도 지금은 지옥에 있소."

지옥이라는 말에 공포와 호기심을 함께 느낀 토르스타인은 "그럼 지옥에서 누가 가장 고통스러운 형벌을 잘 참아냈는가?" 하고 물었다. 죽은 영웅은 "강력한 용 파프니르를 죽인 시구르드(지그프리드)인데, 그는 지금 가마솥에 불을 붙이는 장작으로 쓰이고 있소"라고 대답했다.

그러자 토르스타인은 "지옥에서 누가 가장 고통을 하찮게 여기며 불만을 털어놓았는가?" 하고 물었고, 죽은 영웅은 "오딘의 용사들 중에서 가장 용감했던 스타르카드요. 그가 지옥에서 지르고 있는 소리를 내가 당신한테 들려주겠소"라고 말하고는 입을 벌려서 고함을 크게 질렀다. 그가 바로 죽은 스타르카드의 영혼이었던 것이다. 그의 고함 소리를 듣자 토르스타인은 마치 지옥으로 끌려갈 것 같은 공포를 느끼며 온몸을 벌벌 떨었다.

바로 그때 올라프 1세가 직접 교회의 종을 치자, 그 소리를 듣고 스타르카드의 영혼은 지옥으로 돌아갔고, 토르스타인은 간신히 목숨을 건질 수 있었다.

036 북유럽 신화와 전설의 영웅들

북유럽 신화에서 시구르드(Sigurdr)는 그리스 신화의 헤라클레스에 비길 만큼 희대의 영웅이다. 그는 신들한테서 받아낸 보물을 혼자서 독차지하기 위해 아버지를 죽이고, 용으로 둔갑한 난쟁이 파프니르를 보검 발뭉(Balmung)으로 찔러 죽이고, 그의 몸에서 나온 피로 목욕을 하여 온몸이 어떠한 무기로도 상처를 입을 수 없는 무적이 되었다. 다만 목욕을 할 때 나뭇잎 하나가 그의 등에 달라붙어 파프니르의 피가 묻지 않았기에, 그 자리만큼은 약점으로 남았다.

한편 시구르드는 파프니르의 심장을 굽다가 뜨거운 기름에 손가락을 데여 입으로 빨다가 세상의 모든 짐승이 하는 말을 알아듣는 초능력도 갖게 되었다. 이 부분은 아일랜드 전설에서 영웅 핀마쿨이 세상의 모든 일을 알아듣는 지혜를 가진 연어를 굽다가 그 기름에 손가락을 데여 입으로 빠는 중에 그런 초능력을 갖게 되었다는 내용과 매우 흡사하다.

베오울프(Beowulf)는 북유럽 신화의 원전인 《에다》에는 전혀 이름이 나오지 않으나, 고대 영어로 작성된 서사시 《베오울프》에 등장하는 영웅이다. 그는 스웨덴에 사는 기트족의 왕자로 혼자서 30명의 힘을 낼 수 있는 장사였다.

어느 날 덴마크의 흐로드가르왕이 늪지에서 왕궁으로 쳐들어오는 괴물 그렌델의 습격에 시달려 12년간이나 왕궁의 문을 닫고 생지옥처럼 살고 있다는 소문을 듣고 베오울프는 부하들을 배에 태워 바다 건너 덴마크로 향했다. 그곳에서 베오울프는 혼자서 그렌델과 싸워 그의 한쪽 팔을 뜯어버렸고, 그다음 쳐들어온 그렌델의 어미도 죽여서 덴마크를 구해냈다.

그렌델 일가를 죽이고 나서 베오울프는 고향으로 돌아와 왕이 되었고, 50년 동안 나라를 평화롭게 다스렸다. 그런데 어느 노예 한 명이 용이 사는 동굴에 들어가 황금 술잔 하나를 훔쳤다가, 이 사실을 알아차린 용이 날아와 베오울프의 왕국에 불을 내뿜어 수많은 백성을 죽였다. 베오울프는 나라와 백성들을 지키기 위해서 혼자서 용과 싸워 무찔렀으나, 용한테 당한 상처가 너무 깊어서 그만 죽고 말았다.

서사시 《베오울프》는 기독교 성직자들이 작성했기 때문에 기독교 색채가 매우 강하다. 예를 들어 《베오울프》 본문에서 그렌델과 그 어미는 구약 성경에 나오는 인류 최초의 살인자인 카인의 후예라는 설정, 그리고 흐로드가르왕이 기독교 신의 보호를 받고 있기 때문에 그렌델이 다른 사람들은 해쳐도 왕은 해치지 못한다는 묘사 등이 그렇다.

다만 현대의 연구자들은 원래의 《베오울프》 서사시가 기독교 대신 북유럽 신화의 영향을 받았을 것으로 추정한다. 즉 그렌델과 그 어머니는 카인의 후예가 아니라 북유럽 신화 속에 나오는 거인족의 후손이며, 흐로드가르왕을 지켜주는 신은 기독교의 신이 아니라 북유럽의 최고신 오딘이었을 것이라는 견해다.

호롤프 크라키(Hrolfr Kraki)는 북유럽 신화의 원전인 《에다》의 뒷부분에서 덴마크의 왕으로 등장한다. 그는 흐로문드르 하르디(Hromundr hardi), 호롤프 스쿄덴디(Hrolfr skjothendi), 스비프다그르(Svipdagr), 베이가드르(Beigadr), 흐비세르크르 인 흐바티(Hvitserkr inn hvati), 하클란그르(Haklangr),

하르드레필(Hardrefill), 하키 인 프라에크니(Haki inn fraekni), 보트르 인 미킬라플라디(Vottr inn mikilafladi), 스타롤프르(Starolfr), 히얄티 인 후그프루디(Hjalti inn hugprudi), 보드바르 뱌르키(Bodvar Bjarki) 등 12명의 용맹스러운 베르세르커(berserkers) 전사를 거느렸다. 베르세르커란 북유럽 신화에서 전쟁의 신 오딘을 숭배하며, 늑대 가죽을 걸치고 전쟁터에 나가 죽음을 두려워하지 않고 마치 늑대처럼 닥치는 대로 날뛰며 용감하게 싸우는 전사들을 가리키는 말이다.

흐롤프의 어머니 이르사(Yrsa)는 헬기(Helgi)와 결혼하여 흐롤프를 낳았고, 헬기가 죽자 스웨덴의 아딜스(Adils)왕과 재혼했다. 아딜스왕은 노르웨이의 왕 알리(Ali)와 전쟁을 벌였는데 전세가 불리해지자 의붓아들 흐롤프한테 군사를 보내 도와달라고 부탁했다. 이에 흐롤프는 12명의 베르세르커를 보냈고, 그들의 도움으로 아딜스왕은 알리와 싸워 이겨 알리의 보물인 힐디스빈(Hildisvin)이라는 투구를 빼앗았다. 승리한 베르세르커들은 아딜스왕한테 그가 가진 3가지 보물, 즉 힐디골트(Hildigolt)라는 투구, 스비아그리스(Sviagriss)라는 황금 반지, 그리고 핀슬레이프(Finnsleif)라는 갑옷을 달라고 요구했으나, 아딜스왕이 거부하자 흐롤프한테 돌아가서 이 사실을 알렸다.

흐롤프는 12명의 베르세르커와 함께 스웨덴의 웁살라로 아딜스왕을 만나러 갔다. 이르사는 아들한테 스비아그리스와 황금이 잔뜩 든 술잔을 주며 달랬으나, 아딜스왕의 부하들은 불을 지펴 베르세르커들을 죽이려고 했으나 그들이 불을 뛰어넘는 바람에 실패하고 만다. 결국 흐롤프가 베르세르커들을 데리고 무사히 덴마크로 돌아왔다는 것이 《에다》의 결말이다.

037 켈트 신화의
영웅들

아일랜드의 전설에서 위대한 영웅이라면, 쿠컬린(Cuchulain)과 핀마쿨(FinnMacool), 오이신(Oisin)을 들 수 있다.

아일랜드 얼스터 출신의 쿠컬린은 태양신 루와 코누아왕의 여동생 데크타이어(Dechtire) 사이에서 태어난 반신반인이다. 그는 화가 나면 몸에서 뜨거운 기운이 솟아나서 주변 9미터 안의 눈을 녹였고, 물에 들어가면 물을 증발시켰다. 또 외모는 한쪽 눈이 감긴 채 다른 한쪽 눈은 무섭게 일그러졌으며, 머리카락이 뾰족하게 솟아올랐다.

쿠컬린은 16세가 되어 포르갈(Forgall)의 딸인 아름다운 처녀 에머(Emer)한테 청혼했다. 하지만 포르갈은 쿠컬린한테 딸을 주고 싶지 않아서, "자네가 동쪽의 스키타이(혹은 알바섬)에 사는 무서운 여전사 스카사(Scathach)한테 가서 무술을 배우고 온다면 사위로 맞겠네"라고 제안했다. 물론 이는 쿠컬린이 스카사한테 죽기를 바랐기 때문에 한 말이었다.

에머한테 반한 쿠컬린은 그렇게 하겠다고 약속하고는 스카사를 찾아 동쪽으로 떠났다. 스카사가 사는 곳은 300미터가 넘는 커다란 협곡과 늪지로 이루어져 있었으나, 쿠컬린은 멀리 뛰어 협곡을 건넜고 아버지 루가 준 불타는 바퀴를 굴려 늪지를 말려서 스카사를 찾아갔다. 쿠컬린은 스카사의 가슴에 칼을 들이대고 모든 무술을 가르쳐달라고 협박했고, 스카사는 그렇게 해주면서 자신이 가진 창 가에볼그(Gaebolg)를 주었다. 이 창은 바다 괴물의 뼈로 만들어졌는데, 적의 몸에 박히면 30개의 가시가 펼쳐져 반드시 목숨을 앗아가는 무서운 무기였다.

스카사한테 무술과 무기를 전수받은 답례로 쿠컬린은 스카사의 적수인 아마조네스의 여왕 아오이페(Aoife)를 사로잡았다. 그 과정에서 쿠컬린은 아오이페와 사랑을 나누었고, 아들인 콘라(Conlaoch)를 얻었다. 쿠컬린은 아오이페한테 금팔찌를 주면서 결코 아들한테 자신의 이름을 알려주지 말라고 당부했다.

그런 후에 쿠컬린은 고향인 아일랜드로 돌아왔다. 죽은 줄로 알았던 쿠컬린이 살아서 오자 겁에 질린 포르갈은 도망치다가 울타리에서 떨어져 죽었고, 쿠컬린은 에머와 정식으로 결혼식을 올렸다. 이 소식을 듣고 화가 난 아오이페는 쿠컬린과 싸우라고 콘라를 아일랜드로 보냈다. 콘라는 쿠컬린이 아버지라는 사실을 모른 채 그에게 도전해서 싸우다가 그만 가에볼그에 맞아 죽었다. 뒤늦게 그의 팔에 있는 금팔찌를 본 쿠컬린은 자신이 아들을 죽였다는 사실에 슬퍼하여 바다의 파도들을 지칠 때까지 칼로 내리쳤다.

쿠컬린은 자신의 고향을 위협하는 코노트의 여왕 메이브(Medb)가 보낸 100명의 전사와 싸워 모두 죽였다. 하지만 메이브는 쿠컬린에 대한 원한을 잊지 않았고, 마침 쿠컬린이 개고기를 먹지 않겠다는 금기(게이스Geis)를 어겼다가 몸이 마비되자, 그 틈을 놓치지 않고 쿠컬린한테 가족과 친척을 잃은 전사들을 선동하여 그를 죽이도록 했다. 그렇게 해서 쿠컬린은 목이 잘려 비참한 죽임을 당했다.

핀마쿨은 쿠컬린 이후에 나타난 영웅이다. 그는 세계의 모든 지식을 가진 연어를 굽다가 데인 손가락을 입에 넣는 바람에 연어의 기름을 삼켰는데, 그 이후부터 엄지손가락을 빨면 세상의 모든 일을 다 알 수 있는 초능력을 갖게 되었다.

페니언(Fenian) 기사단은 핀마쿨을 따르는 아일랜드의 전사 집단이었다. 그들은 3000명의 병력으로 구성되었으며, 평상시에는 아일랜드의 해안가를 순찰하면서 바다를 건너 침입하는 적들이 있는지 감시하는 역할을 맡았다. 그러다가 적들이 쳐들어오면 모두가 나서서 싸웠다.

페니언 기사단에 들어가려면 3가지 시험을 통과해야 했다. 첫째로 땅을 깊이 판 함정 안에 무릎을 꿇고 있으면서 두 팔과 나무 막대기만으로 9명이 주위에서 창으로 공격하는 것을 막아내야 했다. 둘째로 숲속에 들어가 무기를 가진 다른 사람들이 쫓아와도 붙잡히지 않을 만큼 빨리 달려야 했다. 셋째로 가장 빨리 달리면서 키만큼 높은 나무를 뛰어넘을 정도로 몸이 날렵해야 했다.

핀마쿨은 페니언 기사단과 함께 아일랜드의 바다를 건너 쳐들어오는 로홀란(Lochlannach)왕의 군사들과 해안가에서 싸웠다. 전쟁이 없으면 핀마쿨은 페니언 기사단을 이끌고 사냥을 했다. 어느 날 그가 사슴을 쫓다가 어린 암사슴 한 마리를 발견하고는 잡으려 했으나, 사냥개들이 그 사슴을 죽이지 않고 혀로 핥으며 친하게 굴어서 죽이지 못하고 집으로 데려왔다. 그런데 밤이 되자 그 사슴은 사드브(Sadhbh)라는 젊은 미녀로 변했다. 알고 보니 사드브는 어느 드루이드(성직자)의 저주를 받아서 사슴이 되었던 것이었다.

핀마쿨은 사드브와 결혼을 했고, 그녀와의 사이에서 아들 오이신을 얻었다. 오이신은 용감할뿐더러 아름다운 노래를 부르는 음유시인이었는데, 그는 켈트 신화의 낙원인 티르 나 노그를 방문하는 모험도 하였다.

038 핀란드 신화의 주인공, 베이네뫼이넨

베이네뫼이넨(Vainamoinen)은 핀란드 신화를 기록한 문헌인 《칼레발라》의 핵심 인물이다. 《칼레발라》에서 그는 거대한 원시 바다 위를 임신한 상태로 떠돌아다니던 순결한 처녀 일마타르(Ilmatar)의 자궁 속에서 700년 동안이나 머물러 있다가 노인의 모습으로 태어났다고 한다.

《칼레발라》에서 베이네뫼이넨은 음유시인이자 마법사, 그리고 무당으로 묘사된다. 700년 만에 바깥세상에 나온 베이네뫼이넨는 바닷가에서 어린 나무와 보리 씨앗을 발견하고, 이를 황무지에 심어 나무와 보리가 잘 자라기를 기원하는 노래를 부른다.

고대에는 시와 노래가 따로 구분되지 않았다. 옛사람들은 사람의 말에 힘이 담겨 있다는 이른바 언령(言靈) 신앙을 믿었다. 신비한 힘이 담긴 노래로 사물을 움직일 수 있다고 믿는 사람들을 달리 표현하면 바로 무당이다.

실제로 베이네뫼이넨은 다른 음유시인 요우카하이넨과 대결을 벌이는데, 다른 신화들에서처럼 힘이나 폭력이 아니라 신비한 힘이 담긴 노래를 불러서 요우카하이넨을 굴복시키는 장면이 등장한다. 베이네뫼이넨에게는 시와 노래가 곧 마법의 주문인 셈인데, 이것이야말로 무당들의 주술과 같은 맥락이다.

또한 베이네뫼이넨은 이미 죽은 어머니 일마타르(구체적으로 묘사되지는 않았지만, 베이네뫼이넨을 낳고 곧바로 죽은 듯하다)로부터 신붓감을 얻으려면 사악한 여신 로우히(Louhi)가 다스리는 북쪽의 포횰라(Pohjola) 왕국으로 가라는 조언을 듣는다. 이 역시 죽은 자의 영혼과 소통하는 무당으로서의 면모가 드러나는 설정이다.

다만 16세기 핀란드의 학자 미카엘 아그리콜라(Mikael Agricola, 1510∼1557)가 1551년에 작성한 〈타바스티안 신들의 명단(List of Tavastian gods)〉에 의하면, 베이네뫼이넨은 본래 핀란드인들이 숭배하던 신이었는데 시간이 흐르면서 점차 마법의 노래로 사람들을 매혹시키는 늙고 현명한 음유시인으로 바뀌었다.

《칼레발라》에서 베이네뫼이넨은 천국을 만들어낸 훌륭한 대장장이 일마리넨(Ilmarinen)과 함께 여러 번 모험을 떠난다. 그중에는 일마리넨이 로우히의 아름다운 막내딸과 결혼하기 위해서, 삼포라는 보물을 대장간에서 만든다는 내용도 들어 있다.

《칼레발라》는 주인공 베이네뫼이넨이 떠나면서 끝을 맺는다. 그런데 그 결과를 빚은 과정이 무척 특이하다. 마르야타라는 처녀가 산딸기를 먹고 나서 임신하고 남자아이를 낳자, 그녀의 부모와 주변 사람들은 전부 아이를 불길하다고 여겼다. 산딸기를 먹고 나서 아이를 낳았다는 말 자체가 거짓이고, 사실은 마르야타가 부모의 허락 없이 몰래 나쁜 남자와 놀아나서 아이를 낳고는 산딸기가 아이를 가지게 했다고 둘러댄다고 믿었기 때문이었다. 아이를 둘러싼 문제 때문에 초청을 받은 베이네뫼이넨은 마르야타가 낳은 아이를 살펴보고는 이렇게 말한다.

"이 아기는 버림을 받았고, 산딸기가 그의 아버지이므로 황무지 위에 눕고, 골풀 사이에서 잠들게 해야 하며, 산 위에서 살게 내버려둬야 한다. 이 아기를 습지로 데려가 자작나무에 머리를 처박게 하라."

판결의 내용을 요약하자면, 산딸기를 먹고 태어난 아이는 정상적인 아이가 아니므로 황무지에 내버려야 한다는 말이다. 베이네뫼이넨의 냉혹한 판결에 충격을 받은 마르야타는 스스로 물에 몸을 던져 자살을 했다. 어머니의 죽음에 충격을 받은 아기는 놀랍게도 스스로 말을 하며 베이네뫼이넨을 꾸짖는다.

"당신은 너무 늙어서 어리석고 정의를 잊어버렸군요. 당신은 북쪽 땅의 몰지각한 영웅입니다. 당신은 잘못된 판단을 내렸고, 어리석음과 잘못을 저질렀습니다."

이에 마르야타가 살고 있던 마을의 통치자 비로칸나스는 아기가 신비한 능력을 가졌다고 여겨, 성수를 뿌리며 축복을 내려주는 의식을 베풀었다. 그리고 장차 아기가 카렐리아를 다스릴 위대한 왕이 될 운명을 지녔다는 예언을 했다.

이 사건으로 주변으로부터 죄 없는 사람을 죽게 하고, 훌륭한 운명을 가진 아기를 모욕했다는 비판에 시달리던 베이네뫼이넨은 무거운 마음이 들어, 평화와 풍요를 가져다주러 훗날 다시 오겠다며 구리로 만든 배를 타고 먼 서쪽 바다의 자줏빛 항구로 떠났다. 《칼레발라》는 여기서 끝을 맺는다.

《칼레발라》를 연구하는 학자들은 베이네뫼이넨의 퇴장을 묘사한 이 장면이, 기독교의 전래와 핀란드 전통 신앙 간의 충돌을 은유적으로 표현한 것이라고 주장한다. 산딸기를 먹고 임신한 처녀 마르야타는 성모 마리아를, 마르야타의 아들이자 장차 왕이 될 아기는 예수 그리스도를, 그리고 아기를 죽여야 한다고 판결한 베이네뫼이넨은 기독교 교리에 반발하는 핀란드 전통 신앙을 풍자했다는 견해다.

039 아서왕과 원탁의 기사들

영국의 전설인 《아서왕과 원탁의 기사들》은 중세 유럽을 대표하는 영웅 서사시라고 할 수 있다. 이번 항목에서는 아서왕과 원탁의 기사들에 대해 소개해보기로 한다.

아서(Arthur)왕은 그의 아버지 유서(Uther)왕이 골로이스(Gorlois) 공작의 아내인 이그레인(Igraine)을 사랑하여 얻은 사생아였다. 유서왕은 일찍 죽었기에, 마법사이자 드루이드인 멀린(Merlin)이 아서왕을 키웠다. 아서왕은 15세 무렵에 바위에서 뽑기만 하면 영국을 다스릴 권한이 주어진다는 신비한 칼 엑스칼리버를 오직 혼자서 뽑아 왕위에 올랐다. 그는 원탁의 기사단을 만들고 영국을 침입하는 색슨족을 물리쳐 평화를 가져다주었다. 그러나 자신의 조카(혹은 아들)인 모드레드(Mordred)와의 내전으로 태평성대는 끝나고 말았다. 그는 캄란 전투에서 모드레드한테 입은 상처를 치료하러 여왕들과 귀부인들이 탄 배에 몸을 싣고, 서쪽 바다 건너의 신비한 장소인 아발론으로 떠났다.

케이(Kay)는 아서왕의 양아버지 엑터(Ector) 경의 큰아들로 아서왕과 어릴 적부터 의붓형제이자 친구로 자랐다. 그는 15세 무렵에 땅속에서 솟아난 대리석 바위에 꽂힌 신비의 칼 엑스칼리버를 뽑으려 했으나 실패했다.

그런데 아서왕이 엑스칼리버를 뽑자, 자신이 뽑은 거라고 거짓말을 했다가 곧바로 들켰다. 나중에 아서왕이 정식으로 왕위에 오르자 그가 만든 원탁의 기사단에 가입하였다.

가웨인(Gawain)은 태양이 가장 뜨겁게 빛나는 정오가 되면 힘이 평소보다 훨씬 강해지는 능력을 가진 기사였다. 일설에 의하면 그는 원래 켈트족의 태양신이었다. 가웨인은 아서왕과 원탁의 기사들이 크리스마스 축제를 벌이고 있을 때 나타나 도전을 한 녹색의 기사와 혼자서 싸워서 이긴 일로 유명해졌다.

가웨인에게는 동생들인 가레스(Gareth)와 가헤리스(Gaheris), 아그라베인(Agravain)이 있었는데, 그들 모두 원탁의 기사단에 가입했다. 그러나 이들은 랜슬롯과 아서왕의 왕비 기네비어가 불륜을 저지르고 있다고 폭로했다가, 랜슬롯의 손에 의해 모두 죽임을 당했다. 이 일로 가웨인은 랜슬롯과 원수 사이가 되었다.

트리스탄(Tristan)은 아일랜드를 공포에 떨게 했던 용을 죽이고, 아름다운 공주 이졸데와 사랑에 빠졌으나 이졸데가 콘월의 마크왕과 이미 약혼한 사이라서 둘의 사랑은 이루어지지 못했다.

팔라메데스(Palamedes)는 원래 사라센, 즉 이슬람교도였다가 두 형제 사피르(Safir)와 세그와리드(Segwaride)를 데리고 기독교로 개종하고 원탁의 기사에 합류했다. 팔라메데스는 퀘스팅 비스트(Questing Beast)라는 괴물을 잡으러 쫓아다녔는데, 퀘스팅 비스트는 뱀의 머리, 표범의 몸, 사슴의 발, 그리고 에메랄드처럼 푸른 눈동자를 가졌고 뱃속에서 사냥개 우는 소리가 들리는 짐승이었다.

모건 르 페이(Morgan le Fay)는 이그레인이 골로이스 공작과의 사이에서 낳은 딸로 아서왕과 이부남매가 된다. 그녀는 아서왕 전설에서 시종일관 동생 아서왕을 미워하여 온갖 마법과 속임수를 동원하여 죽이려 들었으나,

멀린과 원탁의 기사들이 목숨을 걸고 막아냈다. 하지만 훗날 캄란 전투에서 아서왕이 치명상을 입어 그를 치료하기 위해 아발론으로 배를 타고 떠난 여왕들 사이에는 그녀가 끼어 있었다.

랜슬롯(Lancelot)은 프랑스의 밴 왕과 엘레인 왕비 사이에서 태어났으며, 어릴 때 호수의 요정이 그를 납치한 적이 있었기 때문에 '호수의 기사'라고도 불린다. 랜슬롯은 아서왕의 친구이자 원탁의 기사 중에서 가장 용감한 전사였다. 그러나 그는 아서왕의 왕비 기네비어를 사랑하는 불륜을 저질렀는데, 이로 인해 아서왕과 사이가 나빠져 자신을 따르는 기사들을 이끌고 아서왕을 상대로 내전을 벌이게 된다. 하지만 랜슬롯은 아서왕에 대한 충성심을 잃지 않았고, 누구도 아서왕을 해치지 못하게 막았다. 나중에 아서왕이 캄란 전투에서 입은 상처를 치료하기 위해 아발론으로 떠나자 랜슬롯은 죄책감을 느껴 기사를 그만두고 수도사가 되었다. 훗날 랜슬롯이 죽자 그가 머무르던 오두막이 신비로운 빛과 향기로 가득했다고 전해진다.

보르스(Bors)는 랜슬롯의 사촌으로 랜슬롯을 따라다녔다. 그는 랜슬롯이 아서왕을 상대로 일으킨 내전에 참가하여 아서왕을 죽일 뻔했으나 랜슬롯의 만류로 그만두었다. 나중에 랜슬롯이 수도사가 되어 죽자 그의 시체를 프랑스로 가져갔다.

갈라하드(Galahad)는 랜슬롯이 어부왕 펠레스의 딸인 일레인과 동침하여 얻은 아들이다. 그는 모든 원탁의 기사들이 끝내 찾지 못한 성배(예수가 죽기 전에 제자들과 함께 포도주를 마셨던 잔)를 겸손한 마음 덕분에 찾을 수 있었다. 또한 갈라하드는 예수의 옆구리를 찔렀다는 성스러운 창을 가져와 창날에서 떨어지는 피로 외할아버지 펠레스왕의 병을 치료했다.

기네비어(Guinevere)는 아서왕의 왕비로 아름다운 여인이었지만, 랜슬롯과 불륜에 빠져 영국을 내전으로 몰고 갔다. 그녀는 아서왕이 아발론으로 떠나자 왕비의 자리에서 물러나 수녀원으로 들어갔고 평생 수녀로 살다가 죽었다. 그녀의 시신은 랜슬롯이 수습해서 묻어주었다.

040 켈트족 사회의 사제 계급, 드루이드

각종 게임이나 소설, 만화나 영화, 그리고 드라마 같은 대중예술 작품들에서 신비한 마법사로 그려지는 드루이드는 본래 고대 유럽을 지배했던 인도-유럽어족 계통 켈트족의 성직자를 가리키는 말이었다.

모든 켈트 부족은 성직자 계급인 드루이드를 두었는데, 그들은 켈트족 사회에서 매우 존경받는 인물들로 왕조차 함부로 대하지 못했다. 아무리 권력이 큰 왕이라고 해도 드루이드들에게 자문한 다음에, 비로소 일을 벌였다. 영국의 고전문학에 등장하는 위대한 영웅 아서왕의 스승이자 참모인 멀린이 바로 드루이드였다.

또한 켈트족은 드루이드를 죽이면 저주를 받는다고 믿었으며, 부족 간에 전쟁이 일어나도 드루이드들은 목숨을 위협받지 않았다. 전쟁이 나서 군대를 따라나선 드루이드들은 자신들이 알고 있는 약초 치료법을 이용해 부상당한 병사들을 치료하고, 전사한 병사들의 영혼을 무사히 저승으로 보내는 천도제도 치렀다. 아울러 전투 직전에 양 군대의 선두에는 반드시 드루이드가 나와서, 상대편 군대에게 온갖 저주의 말을 퍼부어 그들이 패배하도록 바라는 의식을 행했다.

이처럼 드루이드는 단순한 성직자가 아니라, 부족민들을 상대로 생활과 신앙에 관한 지식을 알려주고, 왕족과 귀족을 대상으로 부족이 나아가야할 길을 가르쳐주는 역할도 맡은 일종의 지식인이자 의사이자 학자였다. 그래서 드루이드는 왕족이나 귀족을 대신해 사실상 켈트 사회를 이끌어나가는 위치에 있었다.

이런 내용들은 고대 인도의 사제 계급인 브라만과 비슷하다. 브라만은 성직자인 동시에 지식인이자 학자였으며, 그들은 왕족과 귀족인 크샤트리아보다 더 높은 대우를 받았다. 그리하여 인도 사회에서 브라만을 죽이는 것은 신성모독으로 간주될 정도의 큰 죄악으로 여겨졌다. 이는 켈트족과 고대 인도인들이 인도-유럽어족에 속했고 서로 비슷한 문화적인 환경을 지녔기 때문이라고 볼 수 있다.

드루이드들은 자신들이 믿는 종교에 대한 내용을 문자로 남기지 않았다. 원래 켈트족은 문자를 사용하지 않고, 모든 지식을 외워서 입에서 입으로 전해주는 구전 방식을 따랐다. 그러니 드루이드교의 교리도 문자로 쓴 경전에 남지 않았다.

다만 지금의 프랑스인 갈리아에 살던 켈트족의 일파인 갈리아족을 정복한 로마 장군 율리우스 카이사르가 쓴 《갈리아 전기》에 실린 드루이드교의 교리는 다음과 같다. 드루이드들은 사람이 죽어도 몸만 사라질 뿐, 그 영혼은 결코 죽지 않아서 다른 몸을 찾아 새로운 사람으로 태어난다고 믿었다. 쉽게 표현하면 환생이다.

드루이드들은 세계를 유지하는 힘이 '재생'과 '균형'이라고 믿었다. 예를 들어, 하나의 생명을 살리기 위해서는 다른 하나의 생명을 희생해야 한다는 것이다. 그래서 드루이드들은 아픈 환자를 치유하거나 풍년을 기원하려면 반드시 살아 있는 제물을 신들에게 바쳐 희생해야 한다고 주장했다.

모든 종교에는 숭배하는 신이 있기 마련이다. 드루이드들이 믿었던 신들의 이름은 기독교로 개종한 아일랜드 켈트족이 그들의 조상들이 믿었던 신들에 관련된 이야기를 기록한 《에린 침략의 책》에 나온다. 이 책에 따르면 켈트족은 태양의 신 루, 바다의 신 마나난, 하늘의 신 누아다, 전쟁의 여신 모리안, 죽음의 신 케르눈노스, 저승의 신 돈 등 수많은 신을 섬겼다.

드루이드들은 모든 인간이 죽으면 저승으로 가며, 저승에는 죽은 자를 편안히 대우하는 낙원이 있다고 주장했다. 영국의 아서왕 전설에 나오는 아름다운 낙원 아발론은 바로 드루이드들이 말한 저승의 이미지가 반영된 것이다.

드루이드들은 사람이 만든 건물에 신들의 힘을 가둘 수 없다고 여겨 신들을 섬기는 사원이나 건물을 따로 짓지 않았다. 대신 그들은 숲속에 신들이 살고 있다고 믿어서 나무가 우거진 숲속에서 신들을 숭배하는 의식을 치렀다.

지금까지 남아 있는 영국의 유명한 석조 유적인 스톤헨지에서도 드루이드들은 태양과 별들의 운행을 점치고 신들을 숭배했다. 그렇기 때문에 한동안 스톤헨지가 드루이드들이 지은 건물이 아니냐는 추측도 나돌았으나, 21세기 들어 영국의 고고학계가 방사능탄소연대측정법으로 정밀 검토한 결과, 스톤헨지는 영국에 켈트족이 상륙하기 훨씬 이전인 기원전 4000년에 건설된 유적으로 밝혀졌다. 말하자면 드루이드들은 자신들보다 더 오래된 고대 유적인 스톤헨지를 신비하게 여겨 신들을 숭배하는 데 사용했던 것이다.

켈트족 사회에서는 남자뿐 아니라 여자도 드루이드가 될 수 있었다. 천주교에서 남자만 정식 사제가 되고 여자는 수녀에 머무는 점을 본다면, 드루이드가 천주교 성직자보다 양성 평등적이라고 볼 수 있지 않을까?

041 세르비아 전설의 영웅, 마르코 크랄리예비치

마르코 크랄리예비치(Marko Kraljevic 1335~1395)는 실제로 존재했던 세르비아의 왕족이자 군인이었으며, 죽은 후에는 세르비아 시인들에 의해 위대한 영웅으로 추앙되었다. 오늘날까지 세르비아의 전설과 민담에서 그려지는 마르코 크랄리예비치의 모습은 이러하다.

마르코는 세르비아의 왕 부카신(Vukasin)과 왕비 제브로시마(Jevrosima) 사이에서 태어났다. 그는 자라면서 덩치가 점점 커지고 힘이 강해졌고, 다소 험악한 외모를 지니게 되었다. 짙은 검은색 눈썹 위로 늑대 가죽으로 만든 모자를 썼고, 검은색 콧수염은 태어난 지 6개월이 된 어린 양처럼 컸으며, 털투성이 늑대 가죽을 벗겨 만든 외투를 입고 다녔다.

마르코는 장성하여 무기를 들고 말을 달리며 전쟁터를 누비는 전사가 되었다. 그는 허리에 시리아 다마스쿠스의 강철로 만든 세이버(휘어진 장검)를 찼으며, 등에는 창을 매달았다. 그가 사용하는 화살대에 붙은 깃털들의 무게는 85킬로그램이나 되었으며, 그의 손이 움켜쥐는 힘은 마른 나뭇조각에서 물방울을 쥐어짜낼 정도로 강했다.

마르코가 타고 다니는 말 사라크(Sarac)는 4개의 창을 붙인 폭만큼 멀리 뛸 수 있었다. 여기서 언급된 창은 아마 중세 유럽에서 사용하던 긴 창 파이크(Pike)를 말하는 듯하다. 파이크는 대략 길이가 5~6미터 정도였으니 4개라면 20~24미터인 셈인데, 그 정도의 폭을 뛰었다는 것은 사라크가 대단히 날렵한 말이었음을 나타낸다. 마르코는 사라크를 단순한 짐승이 아니라 친구로 생각해서 매우 아꼈으며, 항상 사라크한테 자신이 마시는 것과 똑같은 양의 포도주를 주었다. 그래서 마르코는 사라크의 안장 오른쪽에 포도주를 가득 채운 가죽 자루를 매달고 다녔다.

세르비아의 전설에서 마르코는 가난하고 힘없는 사람들의 보호자이자, 세르비아를 지배하던 터키인들의 압제와 불의에 대항하는 전사로 그려졌다. 여기서 잠시 세르비아의 역사에 대해 설명이 필요한데, 세르비아는 1389년 코소보 전투에서 패배한 이후, 현재 터키 공화국의 예전 나라인 오스만튀르크 제국의 지배를 받았다.

코소보 지역은 어느 폭군이 다스렸는데, 그는 주민들한테 결혼하려면 세금을 내라고 강요했다. 이 소식을 들은 마르코는 그 폭군을 찾아가서 죽여버렸고, 주민들을 괴롭히던 결혼 세금을 없애버렸다. 또한 마르코는 원치 않는 결혼 생활 때문에 고통을 받던 오스만 술탄(이슬람 국가의 군주를 부르는 호칭)의 딸을 구해주었다. 아울러 마르코는 터키의 지하 감옥에 갇힌 그의 사촌 3명을 구출했으며, 자신의 아버지 부카신왕을 죽인 터키인의 목을 베었다.

마르코의 어머니 제브로시마는 아들이 전쟁터에 계속 나가는 것을 불안하게 여겨서, "칼을 버리고 쟁기로 밭을 갈아라"라고 충고했다. 하지만 모험을 하고 명성을 얻어 영웅이 되고 싶었던 마르코는 어머니의 충고에 우스꽝스럽게 답했는데, 소에 쟁기를 매어서 오스만 술탄이 가는 길을 갈아버렸던 것이다. 이 모습을 보고 있던 술탄의 근위대 예니체리 병사들이 놀라서 마르코한테 그만두라고 했으나 마르코는 오히려 그들을 모조리 죽여버렸다.

마르코는 힘과 용기가 뛰어났고 머리도 좋아서 적을 상대로 속임수를 즐겨 사용했다. 하지만 세르비아 전설에서 그는 불사신의 초인이나 신이 아니라, 죽을 운명에 매인 인간으로 묘사되었다. 그는 변덕스럽고 잔인했지만, 근본적으로 정직하고 선량한 인물이었다.

한편 다른 민담에 의하면 마르코가 거인과도 같이 키가 커서 언덕 꼭대기에 발을 딛자 그의 머리가 구름에 닿았다고 한다. 태초에 신이 세상을 만들 때 마르코도 존재하여 강의 협곡을 만들었는데, 마르코가 자신의 힘을 오만하게 자랑하자 신이 화가 나서 일부러 땅에 작은 가방을 남겨두었는데, 마르코가 그것을 들어 올리려고 하자 힘을 잃어 평범한 사람이 되었다는 민담도 있다.

300세가 되자 마르코는 이제 자신이 얼마 못 가 죽을 것이라고 예상하고는 우물 옆으로 다가갔다. 그는 자신이 죽고 나면 터키인들이 자신의 애마 사라크를 평범한 일에나 쓸 것을 수치로 여겨서 사라크를 칼로 베어 죽여 버렸다. 또한 마르코는 죽기 전에 칼과 창도 부러뜨려서 멀리 바다로 던졌다. 터키인들이 자신의 무기를 사용하지 못하게 하기 위해서였다. 그의 시신은 7일 후 기독교 수도사 바소(Vaso)에 의해 발견되었다. 바소는 마르코의 시신을 동유럽 기독교의 성지인 아토스(Athos)산으로 데려가서 힐란다르(Hilandar) 수도원의 무덤에 묻었다.

한편 마케도니아의 전설에 의하면, 마르코는 '독수리의 물'을 마시고 불사신이 되어 성자 엘리야(Elijah)와 함께 천국에서 영원히 살고 있다고 한다.

042 아일랜드의 수호성인, 성 패트릭

유럽 서북쪽의 섬나라 아일랜드에 살던 켈트족은 드루이드 신앙을 갖고 있었다. 하지만 이 신앙은 서기 5세기에 접어들자 기독교에 밀려서 빠른 속도로 사라졌다. 이는 기독교를 열정적으로 전도했던 성 패트릭(Saint Patrick)의 노력 덕분이었다.

성 패트릭은 서기 369년, 브리튼(영국) 서부 지역인 웨일스의 해안가에서 로마 시민의 신분으로 태어났다. 당시 영국은 스코틀랜드를 제외한 대부분 지역이 로마제국의 지배를 받았다. 성 패트릭의 아버지 칼푸르니우스(Calpurnius)는 가톨릭교회의 성직자인 부제(副祭)였으며, 할아버지 포티투스(Potitus)는 가톨릭 신부였다(초기 가톨릭교회에서는 성직자의 결혼이 허용되었다).

그러다가 성 패트릭은 16세가 되던 385년, 아일랜드 해적들한테 납치되어 끌려갔다. 아일랜드에서 성 패트릭은 6년 동안 밀리욱이라는 사람의 노예가 되어, 산에서 가축 떼를 돌보는 일을 맡았다. 노예 생활은 무척 힘들어 성 패트릭은 신에게 도와달라고 기도했다. 그러자 성 패트릭한테 "고향으로 달아나라!" 하는 계시가 내려왔다. 성 패트릭은 깊은 밤을 틈타 몰래 해안가로 달아나서 영국으로 가는 배에 몸을 싣고 아일랜드를 떠났다.

사흘 동안 항해한 끝에 성 패트릭이 탄 배는 영국에 상륙했고, 그를 비롯한 일행은 배에서 내려 28일 동안 황무지에서 길을 잃고 헤매다가 굶주림으로 지쳐 쓰러질 지경이 되었다. 그러자 성 패트릭을 태워준 선장은 "당신이 믿는 신한테 음식을 달라고 기도를 해보시오. 우리 모두 배가 고파 죽을 지경이오"라고 부탁했다. 이에 성 패트릭이 신에게 기도를 하자, 놀랍게도 한 무리의 멧돼지 떼가 눈앞에 나타났다. 성 패트릭 일행은 멧돼지 떼를 잡아서 모닥불에 실컷 구워 먹어 굶주림을 해결했다.

가족 곁으로 돌아간 성 패트릭은 자신을 도와준 신에 대한 신앙심이 깊어져서 갈리아(프랑스)로 신학을 배우러 유학을 떠났고, 그곳에서 성경을 공부하여 가톨릭 수도사가 되었다. 그의 주변에는 기적이 끊임없이 일어났다. 가령 12월의 어느 날, 그는 서리가 내려앉은 나무 밑에 누워 잠을 잤는데, 잠에서 깨어나자 서리가 녹았고 나무에는 꽃이 피어나 있었다고 한다.

수도사가 되고 나서 성 패트릭의 꿈에 "아일랜드로 가서 그곳 사람들한테 신의 가르침을 전해야 한다"라는 메시지가 여러 번 나타났다. 그래서 성 패트릭은 켈트의 신들을 섬기는 아일랜드로 가서 기독교를 전파하려는 마음을 품고 432년 배를 타고 떠났다.

성 패트릭은 6년 동안 노예로 일했던 곳으로 돌아왔다. 그는 아일랜드 북부 에번 바허에 아일랜드 최초의 가톨릭교회를 세웠고, 아일랜드 왕을 찾아가서 "참된 신앙을 이 땅에 전파하러 왔습니다"라고 뜻을 밝혔다.

그 말에 당시까지 아일랜드에서 강한 큰 영향력을 지녔던 드루이드교의 사제 루셋 마엘은 화가 나서 눈과 안개를 내리는 마법에다가 독약까지 써서 성 패트릭을 죽이려고 하였다. 하지만 성 패트릭은 아무런 해도 입지 않았다.

이 모습에 왕이 놀라움을 느끼자, 성 패트릭은 "불에 잘 타는 마른 나무와 잘 안 타는 생나무로 각각 집을 지은 후 저는 마른 나무로 만든 집에 루셋 마엘의 겉옷을 입고 들어가고, 루셋 마엘은 생나무로 만든 집에 저의 겉옷을 입고 들어간 다음, 두 집에 불을 붙여주십시오. 살아남는 사람의 신앙이 승리한 것입니다"라고 제안했다. 왕이 그 말을 따라 두 집에 불을 붙이자 루셋 마엘의 집은 성 패트릭의 외투만 남긴 채 모조리 타 버렸지만, 성 패트릭의 집은 루셋 마엘의 겉옷만 타버리고 멀쩡했다. 이 광경을 보고 왕의 동생인 코넬 굴반은 성 패트릭한테 세례를 받고 기독교로 개종하여 그를 여러모로 도와주었다.

성 패트릭은 아일랜드 곳곳을 돌아다니며 기독교를 전파했고, 수많은 아일랜드인을 개종시켰다. 그는 뱀을 쫓아냈고, 아일랜드인들이 풍년을 바라며 각 가정의 첫째 아이를 제물로 바치던 신, 크롬 크루아이히(Cromm Cruaich)의 우상도 철퇴로 부숴버렸다. 이 밖에도 성 패트릭은 아일랜드인들한테 세 잎 클로버를 들어서 기독교의 교리인 삼위일체(성부와 성자와 성령은 하나라는 뜻)를 쉽게 이해시켰다고 한다.

성 패트릭은 대략 461년에 죽은 것으로 추정된다. 그는 죽고 나서 아일랜드를 지키는 수호성인으로 여겨졌다.

다만 성 패트릭의 전도에도 불구하고 아일랜드의 모든 지역이 기독교를 믿은 것은 아니었다. 잉글랜드(영국)의 국왕 헨리 2세의 명령을 받고 아일랜드에 관한 정보 수집을 하기 위해 파견된 성직자 기랄두스 캄브렌시스는 1189년 아일랜드의 역사와 지리를 다룬 자신의 책《토포그라피아 히버니에(Topographia Hiberniae)》에서 "먼 오지에서 온 두 명의 아일랜드 뱃사람은 (예수) 그리스도에 대해 전혀 들어보지 못했다고 말했다"라고 기록했다.

043 환생을 믿은
고대 서양인들

　동아시아 각국에서 가장 많은 영향을 끼치고 널리 신봉되고 있는 불교는 "세상의 모든 생명체는 죽어도 다른 생명체로 계속 다시 태어난다"라는 환생론을 퍼뜨렸으며, 이는 오늘날 동양인의 사고에 큰 부분으로 작용하고 있다.

　그렇다면 동양과 반대쪽에 있는 서양에는 이런 전생과 환생에 대한 믿음이 없었을까? 고대 서양의 근간을 이루는 그리스와 로마, 그리고 켈트족과 게르만족의 내세관에도 놀랍게도 전생과 환생에 대한 믿음이 있었다.

　기원전 6세기 무렵, 그리스인의 이주 식민지였던 이탈리아 남부에서 널리 믿었던 오르페우스 신앙은 인간이 죽은 뒤 그 영혼이 인간이나 동물로 태어난다는 교리를 가지고 있었다.

　또한 기원전 5세기의 유명한 철학자 플라톤은, 육체와는 달리 영혼은 소멸되지 않고 계속 같은 형태의 생명체로 태어나지만, 죄를 저질러 타락한 인간은 미개한 생명인 동물이 된다고 주장했다. 수학자 피타고라스는 인간이 죽으면 그 영혼이 콩에 머무르다가 다른 인간이나 동물의 몸속에 들어가 새로운 생명체로 태어난다는 윤회론을 제자들에게 가르쳤다.

　서기 3세기경, 로마의 철학자 플로티노스는 플라톤과 비슷한 주장을 했다. 그는 살아 있을 때 훌륭한 업적을 남긴 사람은 다시 사람으로 태어나지만, 죄악을 저지른 사람은 동물이 되어 다른 사람들에게 먹히거나 학대를 받는 비참한 삶을 산다고 말했다. 불교에서 말하는 축생도와 비슷하다.

북유럽 지역에 넓게 퍼져 살았던 켈트족도 전생이나 환생 같은 윤회론을 깊이 신봉하고 있었다. 지금의 프랑스인 갈리아 지방을 정복한 율리우스 카이사르가 남긴 《갈리아 전기》에 따르면, 갈리아의 켈트족은 육체가 소멸해도 영혼은 불멸하며, 계속 다른 모습의 생명체로 태어난다는 믿음을 가졌다고 한다.

외부인인 로마인의 기술 이외에도 아일랜드의 켈트족이 남긴 신화집인 《에린 침략의 책(Lebor Gabála Érenn)》에 따르면 아일랜드 아일일왕의 딸 이테인 공주는 청년 미디르와 사랑에 빠졌는데, 미디르의 전처 푸암나츠의 저주에 걸려 벌레와 나비로 살다가 12년 후 다시 인간으로 태어나 그와의 사랑을 이루었다.

켈트족의 이웃이던 게르만족도 환생을 믿었는데, 게르만 신화집 《에다》에 따르면 악신 로키의 간계에 빠져 죽임을 당한 정의의 신 발데르는 세계의 종말인 라그나뢰크가 끝나면 저승에서 돌아와 세계를 평화롭게 다스린다.

동양과 거리가 먼 고대 서양에서 이처럼 환생에 대한 믿음이 널리 퍼진 것은 백인계 유목민인 아리아인의 이동에 따른 결과다. 아리아인은 세계의 모든 생물과 자연 현상에 신성이 깃들어 있다는 범신론과 세상의 모든 생명은 육신이 죽어도 소멸되지 않고 다른 형태로 다시 살아난다는 윤회론 신앙을 가졌다.

이러한 아리아인의 세계관을 바탕으로 탄생한 종교가 인도의 브라만교와 불교, 그리고 힌두교다. 세 종교를 창시한 사람들이 바로 기원전 12세기 무렵 인도를 침입해 정착한 아리아인이었다.

브라만교와 힌두교는 환생을 중요한 교리로 삼았다. 전생에 훌륭한 일을 한 인간은 상위 신분인 브라만으로 태어나 부귀영화를 누리고 반대로 악행을 저지른 인간은 하위 신분인 수드라로 태어나 힘든 일을 하고 산다는 가르침이다. 불교는 신분 차별에 반대했지만, 전생과 윤회의 업보는 부정하지 않았다.

아리아인은 인도뿐 아니라 페르시아와 유럽에까지 널리 퍼져나갔다. 기원전 12세기 무렵, 그리스를 침입한 도리아인이나 서유럽과 북유럽으로 진출한 켈트족과 게르만족 및 동유럽에 정착한 슬라브족 모두 아리안계 민족이었다. 고대 인도인과 유럽인이 같은 아리아인에서 갈라져 나왔다는 학설은 이미 세계 고고학계에서 정설로 굳어진 지 오래다. 고대 인도의 언어인 산스크리트어가 영어의 기원이라는 사실을 생각하면 전혀 놀라운 일이 아니다.

불교의 창시자 석가모니는 사카족 출신인데, 사카족은 아리아인의 후손인 백인계 유목 민족, 스키타이족이었다.

불교의 상징인 만(卍) 자는 나치의 상징인 하켄크로이츠와 구조상 거의 동일한데, 이 역시 아리아인의 이동에서 비롯된 일이다. 만 자 또는 갈고리 십자가는 고대 아리아인이 행운과 빛의 상징으로 즐겨 사용한 문장이다.

이처럼 동양뿐 아니라 고대 서양에서도 전생이나 환생에 대한 믿음은 폭넓게 존재했다. 그러던 것이 서기 5세기 이후 기독교가 유럽을 지배하면서 점차 사라졌다. 기독교는 전생이나 환생을 인정하지 않고, 인간에게 오직 한 번의 삶만이 주어진다고 가르치기 때문이다.

그런 점에서 볼 때, 요즘 미국과 유럽에서 널리 호응을 얻고 있는 뉴에이지(New Age) 운동은 어쩌면 서구인이 스스로의 믿음으로 돌아가려는 귀소 본능인지도 모르겠다.

044 신세계를 찾아 떠난 성자, 브렌던

지금의 미국이 자리한 신대륙에 처음 도착한 유럽인이 누구냐고 물으면 사람들은 흔히 콜럼버스를 말한다. 하지만 그가 1492년 현재의 바하마섬에 상륙하기 이전에 이미 신대륙을 다녀간 방문객이 있다는 증거들이 하나씩 나오고 있다.

가장 유명한 사례는 노르웨이에 살던 바이킹들이 9세기와 10세기 말에 걸쳐 배를 타고 건너와 아이슬란드와 그린란드에 정착한 일이다. 더 나아가 바이킹들은 지금의 캐나다 뉴펀들랜드로 추정되는 빈란드까지 이르러 집을 짓고 살았다.

스페인 북부의 바스크족도 오랫동안 캐나다 동부 해안에서 대구를 잡아왔다. 다만 바스크족은 캐나다의 대구 어장이 널리 알려지면 외부 어선들이 몰려와 자신들의 어획량이 줄어들까 봐, 일부러 그 사실을 숨겼을 뿐이다.

그런가 하면 서기 8세기 초 아일랜드의 문헌 《브렌던의 항해(Navigatio Brendani)》에는 수도사 성 브렌던(Saint Brendan, 484/486~578)이 7년 동안 배를 타고 바다를 떠돌면서 이제까지 누구도 보지 못한 새로운 땅에 도착했다는 기록이 있다.

아일랜드는 로마를 제외하면 유럽에서 제일 먼저 기독교로 개종한 지역이다. 아일랜드의 기독교, 즉 가톨릭 수도사들은 '코라클'이라고 하는 나무 판자에 소가죽을 덮어씌운 배를 타고 정해진 목표 없이 바다로 나가 자신의 운명을 온전히 신의 뜻에 맡기는 일종의 종교 수행적인 항해를 하는 것이 관행이었다.

소가죽으로 씌운 배를 타고 어떻게 바다를 항해할 수 있는지, 혹시 바닷물의 소금기에 소가죽이 썩어 문드러지지 않는지 의문을 품는 사람도 있을 것이다. 그러나 1978년 7월 27일, 아일랜드의 역사가 팀 세버린은 직접 고대 아일랜드의 전통 방식대로 만든 코라클을 타고 아일랜드에서 미국까지 항해하는 데 성공했다. 그의 경험에 의하면 바다의 소금기가 소가죽에 닿으면 가죽이 오히려 더 딱딱해져서 물이 전혀 스며들지 않는다고 한다.

《브렌던의 항해》에 의하면 6세기 중반 무렵, 성 브렌던은 다른 동료 수도사들과 함께 항해에 나섰다. 아일랜드 서부에서 출항한 성 브렌던 일행은 영국 북부 스코틀랜드의 서부 해안 지역인 헤브리디스 제도를 지나 페로 제도에 이르렀다. 페로 제도에 도착한 브렌던은 수천 마리의 바닷새가 모여 있는 장관을 목격하고 그곳을 "새들의 낙원"이라고 불렀다.

오늘날까지 페로 제도에는 매년 수천 마리의 물오리를 잡는 축제가 벌어진다. 페로 제도의 중요한 섬에는 '브렌던(Brandon)'이라는 이름이 붙은 시내가 있는데, 섬 주민들은 성 브렌던이 이곳을 거쳐 간 증거라고 말한다.

페로 제도에 들른 성 브렌던 일행은 아이슬란드로 향했는데, 그곳에서 신기한 광경을 보았다. 화산 활동이 일어나 뜨거운 용암이 섬의 표면을 흘러내리고 있었던 것이다. 《브렌던의 항해》에는 "더러운 냄새가 나고 타오르는 결정체가 높이 솟아오른다"라고 기록되어 있다.

브렌던의 방문으로 아이슬란드는 아일랜드에 알려졌다. 아일랜드의 수도사들은 켈트 신화를 기록하면서 "북쪽에 눈으로 뒤덮인 신비한 섬이 있다"라고 언급했다. 유럽의 신비주의자들은 이 섬을 툴레(Thule)라고 불렀다. 9세기 말, 아이슬란드로 이주한 바이킹들은 그곳에 자신들보다 먼저 와서 살고 있던 아일랜드인 수도사들을 보기도 했다.

이 밖에도 브렌던은 자신이 남쪽 바다에 있는 "약속된 성자들의 섬"에 도착했다고 《브렌던의 항해》에 적었다. 그가 말한 섬은 현재 아프리카 서부의 카나리아 제도로 추정된다.

7년간의 놀라운 항해를 마치고 고향 아일랜드로 돌아온 브렌던은 577년에 사망했다. 그가 과연 어디까지 갔는지는 알 수 없다.

그런데 현재 미국 중동부 지역인 웨스트버지니아(West Virginia)에 놀라운 유물이 하나 있다. 고대 아일랜드인이 사용하던 오감(Ogham) 문자가 새겨진 돌조각인데, 미국의 고고학자 로버트 파일(Robert Pyle)에 의해 발견되었다. 방사성탄소연대측정으로 분석한 결과, 서기 500~1000년 사이에 생성된 것으로 추정되는 이 석문은 오래된 아일랜드어 형식으로 기록되었다. 이것은 전 세계에 남겨진 오감 문자로 쓰인 비문 중 가장 오래된 것이다.

또한 돌조각에는 예수 그리스도의 이름을 상징하는 글자 'Chi Rho'와 '신의 오른손'이라는 뜻의 라틴어 'Dextra Dei'가 오감 원본과 함께 표기되어 더욱 놀라움을 주고 있다.

이것이 과연 성 브렌던이 남긴 흔적인지는 속단하기 이르다. 다만 서기 500~1000년 사이에 기독교를 믿고 오감 문자와 라틴어를 쓸 줄 아는 고대 아일랜드인이 와서 남긴 것이라는 사실은 확실하다.

4

거인들

045 오토스와 에피알테스 형제

그리스 신화에서 잘 알려지지 않았지만, 거인 형제가 신들에게 도전했다가 실패한 이야기가 있어서 소개해본다.

바다의 신 포세이돈은 카나케(Canace)라는 인간 여자와의 사이에서 아들 알로에우스(Aloeus)를 낳았다. 알로에우스는 어른이 되어서 테살리아 왕 트리오파스(Triopas)의 딸, 이피메데이아(Iphimedeia)와 약혼했다.

그런데 이피메데이아는 약혼자 알로에우스보다 그의 아버지 포세이돈을 사랑했다. 그녀는 바닷가에서 두 손으로 바닷물을 담아서 가슴과 사타구니에 뿌리면서 포세이돈을 만나기를 간절히 원했다. 마침내 포세이돈은 이피메데이아의 사랑에 마음이 움직여서 그녀를 만나 사랑을 나누었다. 열 달 후 이피메데이아가 쌍둥이 아들을 낳았는데 이들이 바로 오토스(Otos)와 에피알테스(Ephialtes)였다.

이야기가 여기에 그쳤다면, 두 형제는 그저 불륜으로 태어난 사생아에 불과했을 것이다. 그런데 이들은 결코 평범하지 않았다. 두 형제는 나이 한 살을 먹을 때마다 몸은 45센티미터씩, 키는 180센티미터씩 커졌다. 아홉 살이 되자 두 형제는 4미터가량의 몸과 16미터가 넘는 키를 가진 엄청난 거구가 되었다. 이 정도면 누가 보아도 거인이라고 부를 만했다.

도대체 어떻게 이들의 몸이 이렇게 커졌는지는 그 누구도, 심지어 그들을 잉태하고 낳은 이피메데이아도 알지 못했다. 다만 그리스 신화에서 포세이돈은 최고신 제우스에 견줄 만한 강력한 힘을 가진 신이니 아들들한테 큰 덩치와 강한 힘을 주었다고 추정할 뿐이었다.

여하튼 오토스와 에피알테스는 커다란 체격만큼이나 힘도 강했다. 그래서인지 두 형제는 엉뚱한 야심을 품게 되었다. 그것은 바로 제우스를 비롯하여 올림포스산 위의 하늘에 살고 있는 신들을 상대로 싸워서, 그들을 물리치고 자신들이 세상을 지배하겠다는 속셈이었다.

얼핏 황당해 보이지만, 두 형제는 결코 빈말을 하지 않았다. 실제로 그들은 오사산(1978미터)을 통째로 뽑아서 올림포스산(2917미터) 위에 세운 다음, 다시 그 위에 펠리온산(1551미터)을 올려서 그것들을 밟고 하늘로 올라가려 할 만큼, 어마어마한 괴력을 가지고 있었다.

심지어 두 형제는 "우리는 장차 산으로 바다를 메워서 바다를 말려버리고, 그 대신 육지에다 바다를 옮겨놓겠다!"라는 말까지 했다. 산을 통째로 뽑아버릴 만큼 엄청난 힘을 가진 점을 생각해본다면 결코 허풍이 아니었다.

그러고 나서 두 형제는 "우리한테 아직 아내가 없으니, 하늘로 올라가서 여신 아르테미스와 헤라를 아내로 삼겠다!" 하고 선언했다. 문제는 아르테미스는 평생 처녀로 살겠다고 맹세한 제우스의 딸이고, 헤라는 제우스의 정실부인이었으니, 이들을 아내로 삼겠다는 말은 곧 제우스를 모욕하는 일이었다는 것이다.

오토스와 에피알테스가 신들에게 도전하겠다고 나서는 모습을 보고 화가 난 전쟁의 신 아레스는 직접 나서서 두 형제한테 싸움을 걸었다. 그러나 결과는 전혀 뜻밖이었으니, 두 형제가 아레스를 단단한 사슬로 묶어서 청동 항아리 안에 가둬버렸던 것이다. 불사의 신 아레스와 싸워 이기고 그를 가둘 만큼 두 형제의 힘은 실로 강력했다. (아레스는 열세 달 동안이나 항아리 안에 갇혀 있다가, 전령의 신 헤르메스에 의해 겨우 구출되었다.)

이토록 막강한 힘을 자랑하며 신들마저 우습게 여기던 형제였으나 그들은 끝내 야심을 이루지 못하고 죽어버렸다. 두 형제가 어떻게 최후를 맞았는지는 기록마다 다르다. 《오디세이아》를 보면 둘은 턱수염과 구레나룻이 자라기 전인 어린 시절에 아폴론에 의해 죽었다. 덧붙여 만일 두 형제가 어른이 되었다면, 충분히 제우스를 포함한 올림포스의 신들과 싸워서 이겼을 것이라는 내용도 실려 있다.

반면 기원전 2세기에 쓰인 《신들에 대하여》를 보면 낙소스섬에서 사냥을 하던 두 형제 앞에 아르테미스가 사슴으로 변신하여 나타났고, 이를 본 두 형제가 사슴을 향해 창을 던졌는데 아르테미스가 재빨리 사라지는 바람에 두 형제의 창이 서로의 가슴을 꿰뚫어 어이없게 죽어버린다.

그런가 하면 제우스가 올림포스산을 밟고 하늘로 올라오려는 두 형제한테 번개를 내리쳐 죽였다는 전승도 있다.

자신들의 힘만 믿고 신들에게 도전했던 무모한 두 거인 형제는 이렇게 몰락하고 말았다.

046 올림포스 신들과 맞붙은 거인족, 기간테스

그리스 신화에는 세상의 종말과 비슷한 사건이 두 번 나온다. 그중 하나가 기간테스(Gigantes)라 불리는 거인족이 신들과 싸운 전쟁, 기간토마키아(Gigantomachia)다.

기간테스라는 이름을 풀이해보면, 땅의 여신 가이아(Gaia)의 아들들이란 뜻이다. 서기 7세기 그리스 시인 헤시오도스가 쓴 《신통기》에는 하늘의 신 우라노스가 아내 가이아와 잠자리에 들려고 할 때, 우라노스의 아들이자 농경의 신인 크로노스가 낫으로 아버지의 성기를 자르자, 거기서 흐른 피가 가이아의 몸에 떨어져 기간테스가 태어났다고 언급되었다.

기원전 2세기에 작성된 문헌인 《신들에 대하여》에 의하면, 기간테스는 허리 위의 몸은 사람과 똑같이 생겼으나 허리 아래에 다리 대신 뱀이 달렸다고 한다.

그러나 《신통기》는 기간테스를 가리켜 "손에 긴 창을 들고 몸집이 크다"라고 표현했다. 기원전 5세기 무렵에 만들어진 고대 그리스 도자기에 그려진 그림을 보면 기간테스가 그리스의 중무장 보병과 똑같이 갑옷과 투구를 착용하고 창을 들었으며, 심지어 네 마리 말이 끄는 전차까지 이끌면서 신들과 싸우는 모습으로 묘사되었다. 그렇다면 원래 기간테스는 사람과 똑같이 중무장 보병의 차림이었다고 봐야 적합할 것이다.

여하튼 가이아가 낳은 기간테스는 제우스를 비롯하여 올림포스산 위의 하늘에 사는 신들한테 불타는 나무와 바위를 던지면서 싸움을 걸었다. 이에 신들도 기간테스에 맞서 싸우면서 신들과 기간테스의 전쟁인 기간토마키아가 시작되었는데,《신들에 대하여》에 의하면 그 장소는 마케도니아의 팔레네(Pallene) 평원이었다.

엄밀히 말해 기간테스는 신이 아니어서, 죽지 않는 신들과는 달리 상처를 입으면 죽게 되는 필멸의 존재들이었다. 그러나 몸집이 굉장히 컸고 힘이 무척 세서 신들도 상대하기가 어려웠다. 특히 기간테스 중에서 알키오네우스(Alcyoneus)는 자신이 태어난 팔레네 평원에서는 어떠한 공격을 받아도 죽지 않는 몸을 가지고 있었다.

기간테스의 힘이 강력하여 그들과 치르는 전쟁에 어려움을 겪던 신들은 기간테스를 이길 방법을 찾다가 "신들만 기간테스와 싸우면 결코 그들을 죽일 수가 없다. 그러나 죽을 운명을 타고난 인간이 신들을 도와 싸우면 기간테스는 멸망한다"라는 운명을 알게 되었다.

이 사실을 알아차린 가이아는 아들들이 인간에 의해 죽지 않게 해주는 효능을 가진 약초를 찾았다. 그러나 제우스는 태양의 신 헬리오스와 달의 여신 셀레네, 그리고 새벽의 여신 에오스에게 "그대들은 내가 다시 지시할 때까지 빛을 숨겨서 세상을 어둡게 만드시오"라고 명령한 다음, 자신이 먼저 기간테스를 죽지 않게 해주는 약초를 찾아내어 뽑아버렸다.

그런 후에 제우스는 딸 아테나 여신을 헤라클레스한테 보내 자초지종을 설명하고 그를 데려와서, 신들을 도와 기간테스에 맞서 함께 싸우라고 명령했다. 헤라클레스는 아버지 제우스의 명에 따라 기간테스와 싸웠는데, 먼저 알키오네우스한테 화살을 쏘아 쓰러뜨렸다. 참고로 헤라클레스의 화살은 머리 아홉 개가 달린 뱀 히드라의 독이 묻은 것이어서, 이 화살에 맞으면 신들조차 고통스러워할 만큼 그 위력이 강력했다. 하지만 알키오네우스는 자신의 고향 팔레네에서는 불사신이었으므로 화살에 맞아 쓰러지고도 잠시 후에 다시 일어났다. 그러자 아테네는 헤라클레스한테 알키오네우스의 특성에 대해 알려주었고, 헤라클레스는 알키오네우스를 팔레네 평원 밖으로 끌어내어 죽였다.

알키오네우스가 죽은 것을 시작으로 그때까지 철벽같았던 기간테스도 하나씩 죽어나갔다. 알키오네우스와 맞먹을 만큼 힘이 강했던 포르피리온(Porphyrion)은 헤라 여신을 범하려다 제우스의 번개와 헤라클레스의 화살에 맞아 죽었다. 폴리보테스(Polybotes)는 포세이돈이 던진 코스섬에 깔려서, 미마스(Mimas)는 대장간의 신 헤파이스토스가 던진 달군 쇳덩이에 맞아서, 에우리토스(Eurytus)는 포도주의 신 디오니소스가 내리친 지팡이에 맞아서, 엥켈라도스(Encelados)는 아테나가 던진 시칠리아섬에 깔려서, 클리티오스(Clytios)는 저승의 여신 헤카테의 횃불에 타서 모두 죽었다.

팔라스(Pallas)는 아테나한테 죽었는데, 아테나는 팔라스의 가죽을 벗겨 갑옷으로 만들어 입었다. 히폴리토스(Hippolytos)는 바람의 신 헤르메스한테, 그라티온(Gration)은 아르테미스한테, 아그리오스(Agrios)와 토아스(Thoas)는 운명의 여신들이 휘두른 청동 몽둥이에 맞아 죽었다.

그 밖에 기간테스의 왕 에우리메돈(Eurymedon)과 다른 기간테스는 제우스의 번개에 맞아 죽었다. 이렇게 해서 기간토마키아는 끝났다.

047 거인 망신의 대명사,
티티오스와 안타이오스

다른 신화들처럼 그리스 신화에도 대부분의 거인들은 큰 덩치와 강한 힘을 믿고 파렴치하고 탐욕스러운 모습으로 행패를 부리다가 신이나 영웅에게 퇴치당하는 경우가 많다. 이번에는 그런 거인들로 티티오스(Tityos)와 안타이오스(Antaios)를 소개해보고자 한다.

티티오스는 신에게 행패를 부렸다가 죽임을 당한 거인이다. 그의 출생에 관해서는 상반된 두 가지 전승이 전해진다. 기원전 7세기에 만들어진 서사시 《오디세이아》에는 아버지 없이 땅의 여신 가이아가 혼자 낳은 아들이라고만 언급된다. 반면 기원전 2세기의 문헌 《신들에 대하여》에 의하면, 최고신 제우스가 오르코메노스의 딸 엘라라와 몸을 섞어 낳은 아들이라고 한다.

시대적으로 《오디세이아》가 《신들에 대하여》보다 앞서는 것으로 보아, 아마 그리스 신화에서 티티오스는 가이아의 아들이었다가 세월이 흐르면서 제우스와 엘라라의 아들로 설정이 바뀐 것으로 보인다.

《오디세이아》는 티티오스를 가리켜 "명성이 자자하다"라고 묘사한다. 그것이 좋은 뜻인지 나쁜 뜻인지는 나와 있지 않으나, 여하튼 티티오스가 그저 별 볼 일 없는 하찮은 인물은 아니었음을 가리킨다.

티티오스가 어떤 최후를 맞았는지는 그리스 신화를 다룬 모든 문헌이 똑같이 말하고 있다. 제우스와의 사이에서 예언의 신 아폴론과 사냥의 여신 아르테미스를 낳은 여신 레토가 델포이(아폴론을 섬기는 신전이 있는 성지)로 갈 때, 레토를 납치하여 강간하려다가 아폴론과 아르테미스가 쏜 화살을 맞고 죽었다는 것이다.

이 부분에서 세부적인 내용은 약간 다른데, 《오디세이아》에는 그저 티티오스가 레토를 납치하려고만 했다고 나오고, 《신들에 대하여》에는 티티오스가 레토를 보고 음란한 욕정을 품고 그녀를 끌어안으려 했다가 위협을 느낀 레토가 아폴론과 아르테미스를 소리쳐 부르자 두 남매가 어머니를 구하기 위해 화살을 쏘아 티티오스를 죽였다는 식으로 좀 더 구체적으로 묘사되었다.

여하튼 그렇게 죽은 티티오스는 저승에서 더 큰 벌을 받았다. 독수리 두 마리가 그의 심장과 간을 쪼아 먹었는데, 다 먹으면 심장과 간이 다시 자라났고 독수리들이 이를 또 쪼아 먹으면서 끝없이 고통을 당했던 것이다. 그가 누운 자리는 9헥타르에 이르렀다고 하는데, 가로와 세로로 모두 900미터인 면적이니 티티오스의 덩치가 굉장히 컸음을 알 수 있다.

한편 고대 그리스의 대도시인 아테네의 북쪽 에우보이아섬에서는 동굴 속에서 티티오스를 숭배하는 제사를 지냈다고 한다. 이는 그리스 신화를 다룬 문헌들이 말하는 것처럼 티티오스가 단순히 파렴치한 악당이 아니라 숭배를 받을 만한 특징도 있었음을 암시하는 증거일지도 모른다.

다음으로 안타이오스는 《신들에 대하여》와 로마의 시인 오비디우스가 쓴 《변신 이야기》에 그 행적이 실려 있다. 두 문헌에 의하면 안타이오스는 바다의 신 포세이돈과 땅의 여신 가이아의 아들이다. 그리스 신화의 족보로 보면 포세이돈은 가이아의 아들인 크로노스의 아들이니, 손자가 할머니와 몸을 섞었다는 뜻이다. 이는 근친상간이지만 그리스 신화의 신들에게는 근친 간의 결혼이 문제되지 않았다.

안타이오스는 지금의 북아프리카 리비아에 살았다. 그는 고약한 취미를 갖고 있었는데, 이방인이 찾아오면 "나와 레슬링을 해서 이겨야만 이곳을 통과할 수 있다!" 하고 말하면서 레슬링을 하도록 강요했다. 그러나 안타이오스는 두 발이 땅에 닿고 있으면, 힘이 계속 강력해졌기 때문에 어느 누구도 안타이오스와 레슬링을 해서 이길 수가 없었다. 안타이오스는 자신과 레슬링을 해서 진 이방인들을 모두 죽여버렸고, 그들의 시체로 아버지 포세이돈을 섬기는 신전을 장식하는 포악한 짓을 저질렀다.

그러던 와중에 황금 사과를 찾기 위해 모험에 나선 헤라클레스(제우스의 아들이자 그리스 신화 최대의 영웅)가 리비아를 방문했다. 헤라클레스를 본 안타이오스는 다른 이방인들에게처럼 자신과 레슬링을 해야 리비아를 통과할 수 있다고 윽박질렀고, 이에 헤라클레스는 안타이오스와 레슬링을 벌였다.

처음에는 헤라클레스가 안타이오스를 이겼으나, 안타이오스는 두 발이 땅에 닿고 있는 한, 어머니 가이아로부터 계속 새로운 힘을 받아서 시간이 흐를수록 더 강해졌기에 헤라클레스가 불리해졌다. 하지만 이 사실을 깨달은 헤라클레스는 안타이오스를 두 팔로 허공에 높이 들어 올린 상태에서 그의 목을 꺾어 죽여버렸다.

한편 안타이오스는 팅게라는 아내가 있었는데, 헤라클레스와의 사이에서 소팍스라는 아들이 태어났다. 소팍스는 어머니의 이름을 붙인 도시인 팅기스를 건설했는데, 이곳이 현재 모로코 북부의 항구도시 탕제르라고 한다.

048 천둥 망치에도 끄떡없는 스크리미르

북유럽 신화에서 천둥의 신 토르는 모든 거인이 가장 두려워하는 상대다. 토르가 가진 천둥 망치 묠니르를 맞으면 아무리 힘이 센 거인이라도 반드시 죽기 때문이다. 그런데 놀랍게도 묠니르를 세 번이나 머리에 맞고도 멀쩡한 거인이 있었으니, 스크리미르(Skrymir)이다. 스크리미르의 이야기는 이렇게 시작된다.

어느 날 토르는 로키와 함께 염소 두 마리가 끄는 전차를 타고 거인들의 세계인 요툰헤임으로 모험을 떠났다. 그 여정에서 둘은 어느 농부의 집에 머물러 하룻밤을 보내게 되었고, 전차를 끌고 온 염소들을 잡아서 사람들과 함께 나눠 먹었다.

농부와 아내에게는 아들 티알피(Thialfi)와 딸 로스크바(Roskva)가 있었다. 토르는 그들한테 고기를 다 먹고 남은 뼈를 그대로 가죽 위에 던져놓으라고 말했다. 하지만 티알피는 배가 고팠던지 염소의 뒷다리 뼈를 칼로 쪼개서 그 골수까지 빨아먹었다. 다음 날 새벽 토르가 잠에서 깨어나 염소 가죽 위에 묠니르를 대고 주문을 외우자, 염소들은 다시 살아났다.

그런데 티알피가 골수를 빨아먹은 염소 한 마리는 뒷다리를 절룩거렸다. 이 모습을 보고 화가 난 토르는 "누가 내 염소의 다리를 저렇게 망가뜨렸지?" 하고 고함을 질렀고, 겁에 질린 농부 가족들은 엎드려서 "저희가 가진 것을 모두 드릴 테니, 부디 용서해주십시오"라고 빌었다. 토르는 마음이 약해져서 그들의 잘못을 용서해주었으나 그 대신 티알피와 로스크바가 자신을 따르는 시종이 되어야 한다며, 다리를 저는 염소를 농가에 남겨두고 티알피와 로스크바를 데려갔다.

토르 일행은 요툰헤임으로 가는 방향인 동쪽으로 향했다. 그들이 바다를 건너 해안가에 상륙하자 큰 숲이 펼쳐졌다(이 대목은 아마 발트해를 지나 러시아에 상륙한 광경을 묘사한 듯하다). 토르 일행은 숲속으로 계속 걸어갔는데, 어느덧 날이 어두워져서 안전하게 머물 집이 필요했다.

문득 커다란 집 한 채가 보여서 토르 일행은 그 집으로 들어가서 하룻밤을 보내기로 했다. 커다란 방 하나만 있는 집에서 토르 일행은 짐을 풀고 잠을 잤다. 하지만 얼마 후 큰 지진이 일어나 집이 흔들리자, 토르 일행은 그 집이 불안하다고 여겨 잠자리에서 일어났고, 집의 오른쪽에 또 다른 커다란 방이 있어서 그쪽으로 짐을 옮겼다. 하지만 계속 지진이 일어나고 집이 흔들렸다. 토르는 혹시 모를 사태에 대비하여 묠니르를 들고 밤새도록 경계를 섰다.

다음 날 아침, 토르 일행이 집 밖으로 나가서 보니 산처럼 커다란 덩치를 가진 거인 남자가 바닥에 누워서 코를 골며 자고 있었는데, 그 소리가 꼭 지진과도 같았다. 그제야 토르는 밤새도록 일어난 지진의 정체가 바로 거인의 코 고는 소리였다는 사실을 깨달았다. 그러는 사이에 거인은 잠에서 깨어나 토르를 쳐다보며 "나는 스크리미르고, 당신이 토르라는 사실을 알고 있소. 당신이나 당신 일행이 내 장갑을 가져갔소?" 하고 말하면서 성큼성큼 걸어가더니, 토르 일행이 밤새 묵었던 집을 들어 올려서 왼손에 끼었다. 토르 일행이 발견한 집은 거인의 장갑이었던 것이다.

스크리미르는 토르 일행이 요툰헤임으로 간다고 말하자, 자신이 길을 알려주겠다며 함께 여행을 하자고 제안했고 토르도 찬성했다. 스크리미르는 토르 일행이 가져온 식량을 가죽 부대에 넣고 끈으로 주둥이를 꽉 묶었다. 그러고 나서 토르 일행의 앞에 서서 한참을 걸어가다가 문득 걸음을 멈추고는 "부대에 넣은 식량을 꺼내 식사하시오"라고 말하더니 드러누워서 잠에 빠졌다.

길을 떠난 뒤로 아무것도 먹지 못해 배가 고팠던 토르는 스크리미르가 묶은 가죽 부대의 끈을 풀려고 했으나, 매듭이 워낙 단단해서 도저히 풀어지지 않았다. 화가 난 토르는 몰니르를 들어 스크리미르의 머리를 때렸다. 스크리미르는 잠시 후에 일어나더니 "나뭇잎이 내 머리에 떨어졌나?" 하고 중얼거리고는 다시 잠에 빠져들었다. 이번에는 토르가 이전보다 더 힘차게 내리치니 몰니르가 스크리미르의 두개골을 파고들었다. 하지만 이번에도 스크리미르는 "도토리가 내 머리에 떨어졌나?" 하고 중얼거리더니 잠들었다. 더욱 화가 난 토르는 몰니르의 손잡이를 쥔 손이 하얗게 변하고 손잡이까지 스크리미르의 머리에 박힐 정도로 온 힘을 다해 스크리미르의 머리를 내리쳤다. 그러나 스크리미르는 잠에서 깨어나더니 "새들이 머리에다 똥을 쌌나 보군." 하고 태연하게 말할 뿐이었다.

그런 후에 스크리미르는 토르한테 요툰헤임은 이 근처에 있으니 조금만 더 가면 된다고 말하더니, "요툰헤임에는 나보다 더 크고 힘이 센 거인이 많이 있소"라고 겁을 주고는 토르 일행과 헤어져 유유히 걸어갔다.

토르의 몰니르를 세 번이나 맞고 멀쩡했던 이 무시무시한 거인 스크리미르의 정체는 다음 이야기에서 자세히 밝혀진다.

049 최고의 마법을 보여준 우트가르드 로키

　스크리미르와 헤어지고 나서 계속 걸어가던 토르 일행은 얼마 지나지 않아 스크리미르의 말대로 들판에 서 있는 커다란 성을 발견했다. 성벽은 매우 높아서 고개를 한참 위로 올려다봐야 할 지경이었고, 성문은 워낙 굳게 닫혀 있어서 아무리 토르가 힘을 써도 열리지가 않았다. 어쩔 수 없이 토르 일행은 성문과 성벽의 벌어진 틈 사이를 통해 겨우 성문 안으로 들어갈 수 있었다.

　성 안에는 길고 큰 나무 의자가 두 개 놓여 있었는데, 그 위에 거인들이 앉아 있었다. 토르 일행은 그들을 지나치며 앞으로 나아갔고, 거인들의 왕 우트가르드 로키(Utgard-Loki)를 만났다. 우트가르드 로키는 토르를 보더니 곧바로 "당신이 바로 토르군. 당신이나 함께 온 일행은 어떤 뛰어난 재주가 있소? 이곳에서 재주가 없는 손님은 환영받지 못하오"라고 비아냥거렸다.

　그러자 토르의 아우 로키가 나서서 "나는 무슨 음식이든 여기 있는 어떤 거인보다 더 빨리 먹을 수 있소"라고 말했다. 이에 우트가르드 로키는 "그러면 내 부하 로기(Logi)와 한번 대결해보시오"라고 대답하더니, 로기라는 거인을 부르고는 다른 거인들을 시켜 두 개의 큰 나무 그릇 안에 고기를 잔뜩 담아서 로기와 먹기 대결을 벌이도록 했다. 로키는 배가 고팠던 터라 고기를 실컷 먹어치웠다. 그런데 로기는 고기는 물론 뼈와 그릇까지 모조리 먹어버렸다. 그 모습을 본 우트가르드 로키는 "로키는 로기와의 시합에서 졌소!" 하고 선언했다.

그다음에 우트가르드 로키가 티알피를 보더니 "자네는 무슨 재주가 있나?" 하고 물었다. 티알피는 "나는 세상 어느 누구보다도 빨리 달릴 수 있습니다"라고 대답했다. 그러자 우트가르드 로키는 "그렇다면 내 부하 후기 (Hugi)와 함께 야외 벌판에서 달리기 시합을 해보게"라고 말했다.

티알피는 후기라는 거인과 함께 세 차례 달리기 시합을 했다. 하지만 모든 시합에서 티알피는 후기한테 뒤처지고 말았다. 그 광경을 지켜본 우트가르드 로키는 티알피한테 "비록 자네가 지기는 했지만, 나는 아직까지 후기를 제외하면 자네만큼 빨리 달리는 사람을 보지 못했네"라고 위로했다.

두 시합에서 일행이 모두 패배하자, 이번에는 토르가 나서서 "지금 매우 목이 마르니, 술이든 물이든 뭐든지 마셔버리겠다"라고 외쳤다. 우트가르드 로키는 뿔로 만든 술잔에 술을 가득 채우게 하더니, 그걸 토르한테 갖다주면서 "그러면 어디 이 술잔의 술을 마셔보시오"라고 말했다.

토르는 술잔을 받아들고는 한껏 들이켰다. 술잔에 입을 세 번이나 떼었다가 다시 마시기를 반복했지만, 술잔의 술은 아주 조금밖에 줄어들지 않은 상태였다. 너무 많이 마셔 배가 부른 토르는 술잔을 거인들한테 돌려주었다. 우트가르드 로키는 술 마시기 시합에서도 토르가 졌다고 선언했다.

기분이 상한 토르는 "그렇다면 이번에는 나와 힘으로 겨루자"라고 외쳤다. 이에 우트가르드 로키는 고양이 한 마리를 보내더니 들어보라고 제안했다. 토르는 배를 깔고 엎드려 있는 고양이를 있는 힘껏 들어 올리려 했으나, 어찌된 일인지 아무리 힘을 써도 고양이는 도무지 움직일 기미가 보이지 않았다. 토르가 온 힘을 다했지만, 고양이의 다리 한 쪽을 들어 올린 것이 고작이었다.

화가 날 대로 난 토르는 "아무나 나와서 나와 싸우자!" 하고 외쳤는데, 이에 우트가르드 로키는 자신을 키운 유모인 엘리(Elli)라는 할머니를 내보내 토르와 힘을 겨루게 했다. 토르는 엘리를 무릎 꿇리려 갖은 힘을 다했으나, 엘리는 꿈쩍도 안 하고 있다가 오히려 역습을 가해 토르의 무릎 한쪽을 꿇게 만들었다.

모든 대결에서 패배한 토르 일행은 크게 낙담했다. 우트가르드 로키와 다른 거인들은 그런 토르 일행한테 푸짐한 저녁 식사를 차려주고 좋은 잠자리도 제공했다. 다음 날 아침, 토르 일행이 잠에서 깨어나자 우트가르드 로키는 어제 저녁 못지않은 성대한 아침 식사를 차려주었다.

마침내 토르 일행이 성 밖으로 나와 아스가르드로 돌아가려고 하는데, 우트가르드 로키가 배웅을 나와서는 숨기고 있던 진실을 털어놓았다.

"사실 며칠 전 당신들이 본 스크리미르는 마법으로 변신한 나였소. 자루를 묶은 끈은 마법을 걸어서 풀어지지 않도록 한 것이었고, 당신이 세 번 묠니르로 내리쳤을 때 나는 마법으로 산을 내밀었고, 산에 골짜기가 생겼소. 그리고 로기와 후기는 불과 생각이었고, 술잔에 담긴 술은 바다였고, 고양이는 세계를 감싼 뱀 요르문간드였으며, 엘리는 늙음이었소. 이제 당신들의 강력함을 알았으니, 부디 두 번 다시 여기로 오지 마시오."

이제까지 우트가르드 로키가 마법으로 자신들을 농락했다는 사실을 안 토르는 화가 나서 묠니르를 치켜들었지만, 우트가르드 로키는 재빨리 마법으로 모습을 감추었다. 그러자 우트가르드 로키의 성도 사라져버리고 텅빈 벌판만 남았다.

050 토르와 싸운 흐룽그니르

북유럽 신화에서 천둥의 신 토르는 신들과 거인들을 통틀어 가장 강력한 존재였다. 하지만 이런 토르도 목숨이 위태로웠던 순간이 있었는데, 모든 거인 중에서 가장 힘이 센 흐룽그니르(Hrungnir, 싸우는 자)와의 대결에서였다.

사건의 발단은 토르가 아닌 오딘에게서 시작되었다. 토르가 신들의 세계인 아스가르드의 동쪽으로 떠난 사이에, 오딘은 자신도 토르처럼 모험을 해보고 싶어서 거인들의 세계인 요툰헤임으로 슬레이프니르(다리가 8개 달린 오딘의 말)를 타고 떠났다. 그리고 요툰헤임에 살고 있는 거인들 중에서 흐룽그니르를 찾아갔다.

흐룽그니르는 오딘을 보자, "당신은 누구인가? 타고 온 말이 무척 훌륭하군." 하고 말을 꺼냈다. 오딘은 그런 흐룽그니르한테 "내 목을 걸고서 말하는데, 요툰헤임에는 이렇게 뛰어난 말이 없을 것이오"라고 대답했다.

그러자 흐룽그니르는 화가 나서 "내가 갖고 있는 굴팍시(Gullfaxi, '황금 갈기'란 뜻)가 더 빨라!" 하고 소리쳤다. 오딘이 "그렇다면 어디 한번 나를 잡아보시오!" 하고 소리치며 슬레이프니르를 탄 채로 등을 돌려 달리자 흐룽그니르가 굴팍시를 타고서 오딘을 쫓아갔다. 둘은 바람처럼 빨리 말을 달렸는데, 어찌나 말을 달리는 데 몰두했던지 흐룽그니르는 자신이 오딘을 쫓아 신들의 세계인 아스가르드로 들어와서 오딘의 궁전 발할라까지 왔다는 사실조차 모를 정도였다.

발할라에 도착하자 오딘은 슬레이프니르를 멈추었고, 흐룽그니르도 굴팍시를 멈추었다. 주위를 둘러본 흐룽그니르는 자신이 발할라에 왔으며, 자신을 자극해서 여기까지 데려온 자가 바로 오딘이라는 사실을 깨달았다. 오딘은 그런 흐룽그니르를 성대한 잔치에 초대하여 술과 음식을 대접했다. 흐룽그니르는 거인족인 만큼 술을 많이 마셨다. 오딘은 흐룽그니르한테 토르가 마시던 술통들에 술을 가득 채워서 갖다주었고, 흐룽그니르는 사양하지 않고 술통에 찬 술을 모조리 마셔버렸다.

그런데 술에 잔뜩 취한 흐룽그니르는 "언젠가 내가 아스가르드를 부숴버리고 모든 신을 죽이겠다. 다만 가장 아름다운 여신들인 프레이야와 시프는 살려주지!" 하고 술주정을 부렸다. 신들은 이를 못마땅하게 여기며 토르를 소리쳐 불렀다. 토르는 천둥 망치인 묠니르를 높이 치켜들며 "누가 너를 불러들였지?" 하고 따져 물었다. 흐룽그니르는 "나는 오딘의 초대를 받았다. 무기도 안 가진 나를 죽인다면, 비겁한 짓을 하는 것이다. 정 나와 싸우고 싶다면, 아스가르드와 요툰헤임의 경계에 있는 돌담집인 그료투나가르다르(Grjotunagardar)에서 만나자"라고 말했다. 토르는 그 말에 동의하여 일단 흐룽그니르를 돌아가도록 놓아주었다.

요툰헤임으로 돌아온 흐룽그니르는 자신이 한 일을 다른 거인들한테 알렸다. 그들은 토르에 맞서 싸우는 흐룽그니르를 돕기 위해 진흙으로 키 14킬로미터에 가슴둘레가 4킬로미터나 되는 거인 모쿠르칼피(Mokkurkalfi)를 만들었다. 하지만 모쿠르칼피는 암컷 말의 심장이 심긴 탓에 겁이 많았다.

여하튼 모쿠르칼피의 덩치는 매우 커서 흐룽그니르는 모쿠르칼피를 자신의 옆에 서 있게 한 다음, 돌로 만든 커다란 방패와 숫돌을 각각 두 손에 쥐고서 토르를 기다렸다. 그의 머리는 돌로 이루어졌으며, 심장도 단단한 삼각형 돌이었다.

한편 토르는 두 마리 염소가 끄는 전차를 몰고 하늘을 날아서 그료투나가르다르로 왔다. 토르의 분노한 모습을 보고 모쿠르칼피는 겁에 질려 안절부절못하다가 그만 오줌을 싸버렸다. 그러나 흐룽그니르는 당황하지 않고, 자신의 숫돌을 손에 쥔 채로 천천히 높이 쳐들었다.

바로 그때, 토르와 함께 온 그의 시종 티알피가 흐룽그니르한테 "토르는 땅속에서 공격할 것이다!" 하고 소리쳤다. 이에 흐룽그니르는 들고 있던 방패를 땅에 깔고 그 위에 올라갔다. 그러자 토르는 흐룽그니르를 향해 묠니르를 던졌고, 흐룽그니르도 숫돌을 토르한테 던졌다. 두 무기가 허공에서 충돌하더니, 묠니르가 숫돌을 부수고 흐룽그니르한테 날아가 그의 머리를 부숴버렸다. 그러나 부서진 숫돌의 파편들도 그대로 날아가서 토르의 머리를 강타했다. 토르는 고통 때문에 수레에서 떨어졌다. 흐룽그니르는 머리가 부서진 상태로 이리저리 비틀거리다가 결국 쓰러져 죽고 말았다. 그러는 사이 수레에서 내린 티알피가 도끼와 칼로 모쿠르칼피를 공격하자 모쿠르칼피는 아무런 힘없이 무너져내렸다.

그런데 쓰러진 흐룽그니르는 그 다리로 토르의 목을 누르면서 죽었다. 티알피가 달려가 흐룽그니르의 다리를 치우려 했으나, 너무 크고 무거워서 아무리 힘을 써도 치울 수가 없었다. 티알피는 아스가르드로 달려와 모든 신을 데려왔으나, 그들이 힘을 합쳐도 흐룽그니르의 다리는 도저히 들리지가 않았다.

토르가 목을 짓눌리고 있을 때, 여자 거인 야른삭사와의 사이에서 태어난 지 사흘밖에 안 되는 아들 마그니가 나서더니 흐룽그니르의 다리를 가볍게 들어 아버지를 구했다. 그렇게 해서 토르는 죽음의 위기에서 벗어날 수 있었다. 기쁜 마음에 토르는 흐룽그니르의 말 굴팍시를 아들한테 주었다.

051 아스가르드의 성벽을
쌓아준 스미드르

　먼 옛날, 아스가르드의 에시르 신들과 바나헤임의 바니르 신들이 오랫동안 전쟁을 벌이다가 결국 싸움을 멈추고 화해했다. 그런데 전쟁 기간 동안 아스가르드를 지켜주던 성벽이 무너지고 말았다. 성벽을 어떻게든 다시 쌓아야 하는데, 피해 규모가 너무 커서 아무도 엄두를 내지 못했다.

　그러던 와중에 어떤 석공 한 명이 말을 타고서 아스가르드를 방문했다. 그는 신들한테 이런 제안을 했다.

　"제가 아스가르드의 성벽을 다시 쌓아드리겠습니다. 예전보다 더 높고 튼튼하게 말입니다. 대신 조건이 있습니다. 가장 아름다운 여신 프레이야를 저한테 주어서 아내로 삼게 하시고, 거기에 태양과 달도 주십시오."

　오딘을 비롯한 신들은 '아무리 성벽을 쌓는 일이 중요하다고 해도, 여신에다가 해와 달까지 내어달라는 것은 너무 지나친 요구다'라고 여겨 거절하려고 했다. 그러나 거짓과 속임수의 신 로키가 나서서 "6개월 안에 저 석공이 성벽을 다 쌓으면 그의 요구대로 해주고, 만약 6개월 안에 성벽을 완성하지 못하면 요구를 들어주지 않는 것으로 합시다"라고 절충안을 내놓아서 우여곡절 끝에 석공은 성벽의 보수 공사에 들어갔다.

　처음에 로키와 다른 신들은 6개월이면 석공이 성벽 보수 공사에 실패할

줄로 알고 그가 하겠다는 대로 내버려두었다. 왜냐하면 아스가르드의 성벽을 예전보다 더 높고 튼튼하게 쌓는 일은 굉장히 어렵고 힘든 공사여서 신들도 포기한 상태였기 때문이다.

그러나 신들의 예상은 빗나갔다. 석공은 자신이 타고 온 스바딜파리(Svadilfari)라는 말이 끄는 수레에 크고 무거운 바윗덩어리들을 실어 나르면서, 낮은 물론 밤에도 잠을 자거나 쉬지 않으며 부지런히 일했다. 스바딜파리는 아무리 무거운 바윗돌을 끌어도 지치지 않았으며, 석공도 그런 말이 싣고 온 바윗돌을 들어다 망치와 정으로 쪼아 다듬어 성벽을 쌓는 건축 자재로 사용했다.

석공이 성벽 보수 공사를 벌이던 때는 춥고 매서운 한겨울이라 바람과 눈이 굉장히 거세게 불었지만, 그와 스바딜파리는 추위를 탓하며 공사를 늦추는 나약한 모습을 도무지 보이지 않았다. 그래서 그가 일하는 모습을 유심히 지켜본 신들은 수상쩍다는 어조로 자기들끼리 이런 대화를 주고받았다.

"아무리 봐도 이상해. 평범한 석공이라면 도저히 저럴 수가 없어. 저건 사람이 아니라 사람 모습으로 둔갑한 크고 힘이 센 거인이 틀림없어."

어느덧 시간이 훌쩍 지나 약속한 기간인 6개월이 사흘만 남았다. 그동안 석공은 성실히 공사를 했고, 성벽은 문을 다는 일만 빼면 거의 완성되었다. 만약 문까지 다 만들어져서 성벽이 완성되면, 신들은 약속대로 석공한테 여신 프레이야와 태양과 달을 내주어야 할 판국이었다.

하지만 최고신 오딘은 신들을 모아놓은 자리에서 "우리가 프레이야에 태양과 달까지 석공한테 준다면, 세상은 온통 어두컴컴하게 변할 테고 우리도 빛을 잃게 되니 그럴 수 없다"라고 단호히 반대 의사를 밝혔다. 그는 로키를 협박하여 "네가 처음에 저 석공의 제안을 받아들였으니, 책임을 지고 석공이 공사를 완성하지 못하게 막아라"라고 윽박질렀다. 로키는 어쩔 수 없이 오딘의 요구에 따르겠다고 말하고는 자리를 떠났다.

　그날 밤, 스바딜파리가 바위를 가득 실은 수레를 끌고 오는 중에 갑자기 아름다운 암말 한 마리가 나타나 스바딜파리를 유혹했다. 그러자 스바딜파리는 끌고 있던 수레의 끈을 풀고 수레를 내팽개치고는 암말을 쫓아갔다. 수레에 실은 바위들은 모두 땅에 흩어졌고, 석공은 결국 공사 기한을 넘기게 되어 성벽을 완성한들 자신이 원했던 보상을 받을 수 없게 되었다.

　화가 난 석공은 자신의 본래 모습을 드러냈는데, 신들의 예상대로 어마어마한 덩치와 강력한 힘을 가진 거인, 즉 산악 거인이었다. 산과 바위의 힘을 가진 산악 거인이어서 그처럼 바위를 쉽게 다루었던 것이다. 산악 거인은 신들이 자신을 속였다고 여겨서 아스가르드를 부숴버리려 달려들었으나, 어느새 신들의 부름을 받고 와 있던 천둥 신 토르가 천둥 망치 묠니르로 산악 거인의 머리를 내리쳐 죽이고 말았다.

　스바딜파리를 유혹하며 그와 함께 사라졌던 암말의 정체는 둔갑한 로키였다. 스바딜파리와 성관계를 가진 로키는 몇 달 후 아스가르드로 돌아왔는데, 스바딜파리와의 사이에서 낳은 슬레이프니르라는 망아지 한 마리도 함께 데려왔다.

　이 전승에 나온 석공의 이름은 북유럽 신화의 원문인 《에다》에 보이지 않으나, 훗날 북유럽의 전승에 의하면 스미드르(Smidr)라고 한다.

172

052 황금 사과를 훔쳐간 티아지

늙지도 죽지도 않는 그리스 신화의 신들과는 달리, 북유럽 신화의 신들은 늙음과 죽음을 모두 겪는다. 그들은 젊음의 여신 이둔(Idunn)이 갖고 있는 황금 사과를 계속 먹는 한, 젊음을 유지할 수 있었다. 하지만 이둔의 사과를 먹지 못하면, 북유럽의 신들은 서서히 늙어버리고 만다. 여기에 관련된 재미있는 이야기 한 편을 소개한다.

어느 날 오딘과 로키와 회니르(Hoenir)는 아스가르드를 떠나 산과 황야를 가로질러 계곡에 이르렀다. 거기서 그들은 배가 고파 풀을 뜯고 있는 황소 떼 중에서 한 마리를 잡아 통나무를 베어 만든 장작더미 속에 넣고는 불을 붙였다. 그런데 아무리 불로 오랫동안 구워도 죽은 소의 고기가 익지 않았다. 어떻게 된 영문인지 알 수가 없어서 신들이 고개를 갸웃거리는 순간, 참나무 가지 위에 앉아 있던 커다란 독수리 한 마리가 이렇게 말했다.

"그 소는 내가 마법을 걸어서 익지 않는다. 하지만 너희가 나한테 소고기를 한 덩어리 주면, 마법을 풀어주겠다."

신들은 배가 고파서 할 수 없이 제안을 수락했는데, 독수리가 날아와서는 죽은 소의 뒷다리 두 개와 어깨 두 부위를 몽땅 발톱으로 뜯어가버렸다. 너무 많이 가져가는 독수리한테 화가 난 로키가 나무 막대기를 휘둘렀는데, 독수리는 오히려 두 발톱으로 막대기와 로키를 동시에 움켜잡고는 숲과 계곡에 계속 부딪치게 하였다. 고통을 못 이긴 로키가 제발 내려달라고 간청하자, 독수리가 "그러면 이둔더러 황금 사과를 몽땅 가지고 아스가르드 밖으로 나오라고 하라"라고 요구하는 바람에 로키는 그러겠다고 말해서 겨우 풀려났다.

돌아온 로키는 이둔한테 가서 "내가 너한테 보여줄 것이 있으니, 황금 사과를 모두 갖고 아스가르드 밖으로 나와라"라고 말했다. 순진한 이둔은 그 말을 믿고 나갔다가 그만 독수리한테 납치당하고 말았다. 독수리의 정체는 거인 티아지(Thiazi)였다. 그는 신들처럼 이둔의 황금 사과를 먹고 영원한 젊음을 누리고 싶어서 일부러 이둔한테 황금 사과를 가져오게 하여 납치했던 것이다. 티아지는 이둔을 자신이 사는 집 트림헤임(Thrymheim)으로 데려갔다.

이둔이 사라지고 황금 사과를 먹지 못하게 되자, 아스가르드의 신들은 서서히 늙어가기 시작했다. 그들은 어찌 된 영문인지 알 수 없어서 당황하다가, 문득 로키가 이둔을 아스가르드 밖으로 데리고 나간 사실을 기억해내고는 로키를 데려와 일의 자초지종을 물어보았다. 로키가 사실대로 말하자 분노한 신들은 로키에게 이둔과 황금 사과를 다시 아스가르드로 데려오지 않으면 죽이겠다고 협박했다. 겁에 질린 로키는 반드시 이둔과 황금 사과를 제자리에 돌려놓겠다고 약속한 다음, 사랑의 여신 프레이야한테 가서 매로 변신하는 가죽 옷을 빌리고는 티아지가 살고 있는 트림헤임으로 날아갔다.

로키는 티아지가 없는 사이에 이둔한테 마법을 걸어 호두로 둔갑시킨 다음, 황금 사과가 든 이둔의 바구니와 호두로 둔갑한 이둔을 두 발로 하나씩 쥐고서 아스가르드로 떠났다.

집으로 돌아온 티아지가 이둔과 황금 사과가 없어진 것을 보고 당황하여 이리저리 뒤지다가 매로 둔갑한 로키가 황금 사과가 든 바구니를 가져가는 모습을 보고는 독수리로 변신하여 로키를 바싹 쫓아갔다. 로키와 티아지는 서로 치열한 경주를 계속하다가 어느새 아스가르드로 넘어왔다. 그 모습을 지켜보던 신들은 대팻밥을 높이 쌓은 다음 불을 질렀다. 로키는 재빨리 성벽 아래로 숨었지만, 로키를 바싹 쫓느라 한껏 속도를 내던 티아지는 피하지 못하고 대팻밥 불길에 몸이 닿았고, 신들은 티아지를 아스가르드의 성문 밖으로 끌고 가서 죽였다. 로키는 이둔을 원래의 모습으로 돌려놓았고, 이둔은 바구니에서 황금 사과를 하나씩 꺼내 신들한테 주어 그들을 예전처럼 젊은 모습으로 만들었다.

한편 티아지한테는 스카디(Skadi)라는 딸이 있었다. 스카디는 아버지가 오랫동안 돌아오지 않자, 갑옷을 입고 무기를 든 채로 아스가르드를 방문하여 자신의 신분을 밝혔다. 신들은 티아지가 죽었다고 사실대로 말하면서, 더는 그런 일로 싸우고 싶지 않으니 황금으로 화해를 하자고 제안했다. 하지만 스카디는 아버지가 물려준 황금이 자기 집에 가득 쌓여 있으니 황금은 필요 없고 대신 남편이 될 남자를 주고, 또 자신을 웃게 만들면 화해를 하겠다고 말했다.

발만 보고 남편감을 골라야 했기에 신들 중에서 가장 아름다운 발을 가진 바다의 신 뇨르드가 스카디의 남편이 되었고, 로키가 자신의 성기와 고환에 줄을 묶어 염소를 끄는 모습을 보고서 스카디는 그만 웃음을 터뜨렸다. 그리하여 스카디는 신들과 화해하고 어엿이 신들의 일원에 포함되었다. 다만 바다에 사는 뇨르드는 눈으로 덮인 산에서 사는 스카디와 어울리지 못해 결국 이혼했고, 스카디는 겨울과 사냥을 다스리는 신 울과 재혼했다고 한다.

053 솥을 아끼다 목숨을 잃은 거인 히미르

　북유럽 신화를 기록한 문헌인 《고 에다》와 《신 에다》에서는 북유럽의 차갑고 어두운 바다를 상징하는 거인 히미르(Hymir)와 그 가족에 관한 재미있는 이야기가 실려 있다. 어느 날 신들이 바다의 거인 에기르의 집에 모여 잔치를 벌이고 있었는데, 그만 술이 떨어졌다. 그러자 천둥의 신 토르가 에기르한테 "술을 더 내어주시오!" 하고 요구했다. 그런데 에기르는 이렇게 대답했다.

　"술을 빚으려면 솥이 있어야 하는데, 지금 나한테는 솥이 없어서 술을 더 내올 수가 없소. 그러니 술을 마시고 싶으면 솥을 갖다주시오."

　그 말을 듣고 하늘과 전쟁의 신 티르가 나서서 "내 아버지 히미르는 깊이가 32킬로미터나 되는 큰 솥을 가지고 있소"라고 말했다. 그러고는 두 마리 염소가 끄는 토르의 전차를 타고서 히미르가 사는 엘리바가르강의 동쪽 너머로 솥을 가져오는 모험을 떠났다.

　히미르가 사는 곳은 혹독한 추위가 지배하고, 사방이 온통 눈과 얼음으로 뒤덮인 바닷가였다. 거기서 토르와 티르는 히미르의 저택을 발견하고 안으로 들어갔는데, 그들이 처음 본 것은 머리가 900개나 달린 늙은 거인 여자였다. 티르는 "저 노파는 내 할머니, 그러니까 내 아버지 히미르의 어머니요"라고 알려주었다.

곧이어 저택의 문이 열리고 금발머리와 하얀 피부를 가진 아름다운 여인이 들어왔다. 그녀는 히미르의 아내이자 티르의 어머니인 여자 거인 흐로드르(Hrodr)였다. 흐로드르는 아들과 토르를 반갑게 맞았지만 남편이 돌아올 때가 되자 토르와 티르한테 "선반 위에 올려놓은 쇠 항아리들 안에 숨어 있어라"라고 말했다.

토르와 티르는 그녀의 말을 따랐고, 잠시 후 새하얀 수염에 고드름을 잔뜩 달고 히미르가 집 안으로 들어왔다. 흐로드르는 남편한테 "우리의 아들 티르가 친구를 한 명 데리고 돌아왔습니다"라고 알려주었다.

그 말을 듣고 히미르는 험상궂은 눈초리로 기둥을 노려보았다. 그러자 기둥이 금이 가서 쓰러지고, 대들보가 부러졌으며, 벽에 매달린 항아리들이 불에 덴 것처럼 뜨겁게 달구어지면서 떨어져 박살이 났다. 토르와 티르가 숨은 항아리만 부서지지 않았는데, 그들이 항아리 안에서 나오자 히미르는 화를 냈다. 그도 그럴 것이 토르는 거인들의 원수고, 티르는 그런 토르와 어울려 다니는 못된 아들이었기 때문이다.

하지만 원수라고 해도 일단 집에 온 손님이었다. 히미르는 하인들을 시켜 소 3마리를 잡아 토르와 티르를 대접했다. 식탁에 앉은 토르는 소 2마리를 먹어치워 히미르에게 놀라움과 분노를 안겨주었다. 식사를 마친 토르와 티르는 히미르의 저택에서 잠을 잤다.

다음 날 아침, 히미르는 바닷가로 가서 낚시를 하려고 했다. 토르는 자신도 돕겠다고 나서서는 히미르가 키우는 소 중에서 가장 크고 힘이 센 히민료트(Himinhrjot, 하늘을 부수는 자)의 목을 비틀어 죽이고는 그 목을 낚시 미끼로 쓰기 위해 챙겼다. 히민료트를 죽인 토르를 보고 히미르는 얼굴을 찌푸렸지만, 그래도 토르를 배에 태우고 바다로 나갔다.

바다 한가운데에서 히미르는 배를 멈추고, 낚싯줄을 드리워 고래 두 마리를 낚아 올렸다. 그러자 토르는 히미르에 뒤지지 않겠다는 의지로 히민료트의 머리를 낚싯줄에 미끼로 걸어 바다에 던졌다. 잠시 후 무언가가 미끼를 물고 올라왔는데, 그것은 바다 밑에 도사리면서 전 세계의 육지를 자기 몸으로 감싸고 있는 거대한 뱀 요르문간드였다. 요르문간드가 몸을 뒤척이자 그 여파로 바닷물이 출렁이면서 커다란 파도가 일어났다. 토르는 미리 챙겨간 자신의 망치 묠니르를 꺼내서 요르문간드의 머리를 내리치려고 했지만, 겁을 먹은 히미르가 칼로 낚싯줄을 잘라버리는 바람에 요르문간드는 재빨리 바닷속으로 돌아갔다.

히미르는 토르한테 요르문간드를 건드렸다가 자칫 어떤 재앙이 벌어질지 몰라 그랬다며 해명하고는 배를 돌려 집으로 돌아갔다. 토르는 그제야 자신이 온 목적을 설명했다. 히미르는 "그러면 내 유리잔을 깨보게나"라고 말했다. 토르가 돌로 내리쳤지만 유리잔은 멀쩡한 채 돌만 깨졌고, 이에 호로드르가 히미르의 머리에 던지라고 알려주어 그렇게 하자 유리잔이 깨졌다.

결국 히미르는 자신이 갖고 있는 커다란 솥을 토르한테 내주었다. 티르가 나서서 한번 솥을 들어보았는데, 너무나 무거워서 들리지가 않았다. 그 모습을 본 토르가 나서서 힘을 쓰자 솥이 번쩍 들리면서 그 충격으로 히미르 저택의 나무 바닥이 부서졌다. 그래서 토르는 솥을 거꾸로 뒤집어쓴 채로 티르와 함께 히미르의 집을 떠났다.

솥을 내주는 것이 못내 아쉬웠는지 히미르는 머리가 여러 개 달린 거인들과 함께 토르 일행을 쫓아왔다. 그러자 토르는 솥을 내려놓고 묠니르를 히미르에게 던져 그와 그를 따라온 거인들을 모두 죽이고, 애초 술판을 벌이던 에기르의 집으로 향했다.

054 거인 스크림슬리와 농부의
아슬아슬한 내기

　덴마크 서쪽의 페로 제도에서는 스크림슬리(Skrymsli)라는 거인이 농부와 체스를 두며 내기를 했다는 재미있는 민담이 전해져온다.

　페로 제도에서 아내와 아들을 두고 살아가던 어느 농부는 거인 스크림슬리와 친해져서 함께 체스를 두었다. 그러다가 스크림슬리가 농부한테 이런 제안을 했다.

　"만약 내가 이기면, 자네의 아들을 나한테 주게. 하지만 내가 지면, 자네의 아들은 계속 자네가 데리고 있어도 좋네."

　아들을 자기한테 달라는 스크림슬리의 제안에 농부는 불안했다. 거인들이 어린아이들을 납치해서 노예로 부려먹다가 잡아먹는다는 소문을 들었기 때문이다. 하지만 거절했다가는 스크림슬리가 화를 내고 행패를 부릴까봐 두려워서 그의 제안에 동의했다.

　결국 농부는 체스에서 스크림슬리에게 지고 말았다. 스크림슬리는 "내가 이겼으니, 자네 아들을 내놓게"라고 요구했다. 그 말에 농부는 "사정 좀 봐주게. 나한테 아이라고는 아들 하나밖에 없는데, 자네가 데려가면 어쩌란 말인가?" 하고 자비심을 구걸했고, 그의 간곡한 호소에 다소 마음이 약해진 스크림슬리는 한 발 물러서서 이렇게 제안했다.

"그러면 이렇게 하세. 자네가 아들을 내 눈에 안 띄게 숨기면, 아들을 계속 데리고 있어도 좋네. 내일 다시 올 테니, 그때까지 아들을 숨길 궁리나 잘하게."

말을 마친 스크림슬리는 농부의 집을 떠났다. 농부는 아내한테 사정을 설명하고는 눈물과 한숨으로 날밤을 지새우다가, 아내와 함께 북유럽의 최고신 오딘한테 "우리 아들을 제발 지켜주십시오"라고 기도했다. 오딘은 그 기도를 듣고, 농부를 찾아와 그의 아들을 작은 밀알로 변하게 한 다음, 밀밭에 피어난 밀 이삭 중 하나에 숨겨주었다.

다음 날 농부를 찾아온 스크림슬리는 집을 뒤져보아도 아들이 없자, 밀밭으로 가서는 낫으로 밀 이삭을 모두 베더니 급기야 농부의 아들이 밀알로 변해 숨어 있는 밀 이삭을 자르려고 했다. 하마터면 농부의 아들이 죽을 뻔한 상황이어서, 오딘은 아이를 살리기 위해 스크림슬리의 손을 붙잡고 아이를 원래의 모습으로 되돌려놓은 다음, "나는 더 이상 너를 지켜줄 수 없구나"라고 말하고는 농부한테 데려갔다. 그러고는 하늘에 있는 신들의 궁전 아스가르드로 돌아갔다.

스크림슬리는 "내일 다시 오겠네"라고 말하고 돌아갔다. 한편 오딘의 도움을 더는 받을 수 없게 된 농부는 슬퍼하다가 이번에는 오딘의 참모인 회니르에게 기도해서 아들을 지켜달라고 부탁했다. 회니르는 아이를 불쌍하게 여겨서 깃털로 둔갑시킨 다음, 농부 집의 연못에서 사는 백조의 털 속에 숨겼다.

하지만 다음 날 찾아온 스크림슬리는 아이를 찾아 이리저리 주변을 둘러보다가 백조를 수상하게 여기고는 붙잡아서 목을 부러뜨려 죽인 다음, 한입에 삼켜버리려고 했다. 자칫하면 농부의 아들이 거인한테 산 채로 잡아먹힐 위기라서 농부는 너무나 놀랐다. 그때 회니르가 나타나 백조를 거인의 손에서 빼내고, 깃털이 된 아이를 다시 원래 모습으로 돌려준 다음, "나는 더 이상 너를 지켜줄 수 없구나"라고 말하고는 역시 오딘처럼 아스가르드로 돌아갔다.

회니르의 속임수마저 간파한 스크림슬리는 농부한테 "내일 다시 오겠네"라고 말하고는 돌아갔다. 믿었던 신들이 실패하자 농부와 아내는 이제 더는 어쩔 수 없다며 자포자기한 상태였는데, 그러다 문득 마지막 수단으로 거짓과 속임수의 신 로키한테 아들을 지켜달라고 하기로 하고 아내와 함께 기도했다. 놀랍게도 로키는 농부 부부의 기도를 듣고 찾아와서는 농부의 아들을 물고기의 알로 둔갑시킨 다음, 물고기의 뱃속에 숨겨주었다.

다음 날, 농부를 찾아온 스크림슬리는 하필 낚싯대를 가져와 낚시를 했는데, 그만 농부의 아들이 숨은 물고기가 잡히고 말았다. 스크림슬리는 자신이 낚은 물고기의 배를 갈라서 알을 꺼내고 농부의 아들이 거기에 숨었는지 찾았는데, 그때 로키가 재빨리 나서서 농부의 아들이 둔갑한 알을 빼내 원래 모습으로 돌려놓고는 "빨리 너희 집 창고로 도망가!" 하고 말했다.

농부의 아들은 로키가 말한 대로 창고로 달아났고, 스크림슬리는 그를 잡으려 창고로 쫓아갔다. 스크림슬리가 창고의 문을 열고 들어간 순간, 로키가 미리 꽂아놓은 꼬챙이와 못이 스크림슬리의 머리에 박혔다. 스크림슬리가 고통스러워하면서 나뒹굴자 그사이에 로키는 스크림슬리의 다리를 잘라버렸다.

하지만 어찌된 일인지 잘려나간 스크림슬리의 다리가 원래대로 붙어버렸다. 로키는 스크림슬리가 마법을 부려 그렇게 했다고 간파하고는 다시 그의 다리를 자르고 그곳에 부싯돌과 쇠를 던졌다. 그러자 마법이 사라져 스크림슬리는 그대로 죽어버렸다. 로키의 도움으로 아들을 지켜낸 농부와 아내는 로키를 가장 위대한 신으로 숭배했다고 전해진다.

055 오딘에게 지혜로워지는 꿀술을 빼앗긴 수퉁

　오딘을 지도자로 받드는 에시르 신들, 그리고 뇨르드와 프레이와 프레이야가 포함된 바니르 신들은 원래 서로 싸우는 적이었다. 그러나 오랫동안 싸워도 승부가 나지 않자, 두 신 종족은 전쟁을 그만두고 평화조약을 맺으며 그 증거로 항아리에 모든 신이 침을 뱉고 마법을 걸어 크바시르(Kvasir)라는 사람을 만들어냈다.

　신들의 침에 의해 창조되어서인지, 크바시르는 세상의 모든 생명체 중에서 가장 지혜로웠다. 그는 모든 질문에 막힘없이 답변했고, 세상을 돌아다니며 자신의 지혜를 사람들한테 가르쳐주었다.

　크바시르의 명성을 듣고 질투심을 느낀 피알라르(Fjalar)와 갈라르(Galar)라는 두 명의 드워프(동굴이나 땅속에서 사는 난쟁이 종족)들은 크바시르를 자신들이 사는 동굴로 초대해서는 칼로 찔러 죽이고, 크바시르의 피를 손(Son)과 보든(Bodn)이라는 두 개의 단지와 오드로리르(Odrorir)라는 그릇에 담고 거기에 꿀을 섞어 꿀술을 만들었다. 이 술을 마시는 사람은 누구나 세상에서 가장 지혜로워지는 능력을 지니게 되었다. 그러고서 피알라르와 갈라르는 신들한테 "크바시르는 자신의 지혜에 목이 막혀 죽었습니다"라고 거짓으로 알렸다.

나중에 피알라르와 갈라르는 거인 길링(Gilling)과 그의 아내를 초대했다. 그리고 두 드워프는 길링을 배에 태워 바다로 보내 빠뜨려 죽였고, 그의 아내한테 집 밖으로 나가서 남편을 보라고 꼬드기고는 문 위에 올려놓은 맷돌을 머리에 떨어뜨려 죽였다.

부모가 오랫동안 돌아오지 않자, 이상하다고 여긴 길링의 아들 수퉁(Suttung)이 피알라르와 갈라르를 찾아가서 그들을 각각 한 손에 쥐고는 먼 바다로 나가 밀물이 되면 잠기는 암초 위에 올려놓았다. 그러자 겁에 질린 두 드워프는 수퉁한테 "우리가 가진 지혜의 꿀술이 있으니, 그걸 가져가고 우리를 살려주시오"라고 빌었다. 수퉁은 지혜의 꿀술이라는 말에 호기심이 생겨 둘을 다시 집으로 데려다주었고, 그 대가로 지혜의 꿀술을 집으로 가져가서는 딸 군로드(Gunnlod)한테 잘 지키라고 명령했다.

하지만 수퉁은 자신이 지혜의 꿀술을 가졌다며 떠들고 다녔고, 그 소식은 오딘한테도 전해졌다. 오딘은 더 나은 지혜를 갖고 싶다는 욕망에서 지혜의 꿀술을 가져오기로 하고, 수퉁을 포함한 거인들이 사는 요툰헤임으로 떠났다.

오딘은 길을 가던 도중에 9명의 일꾼들이 낫으로 풀을 베고 있는 모습을 보고, "내가 가진 이 숫돌에 갈면 날이 날카로워질 거요"라며 숫돌을 내밀었다. 그러자 일꾼들은 서로가 숫돌을 먼저 갖겠다고 낫을 들고 싸우다 결국 모두 낫에 찔려 죽어버렸다. 오딘은 계속 길을 가다가 수퉁의 형제인 거인 바우기(Baugi)의 집에 도착해서 하룻밤 묵게 해달라고 부탁했다. 부탁을 들어준 바우기는 "내 일꾼 9명이 모두 죽어서, 추수를 하지 못하게 되었소"라며 불평했다.

그러자 오딘은 자신의 이름을 볼베르크(Bolverk)라고 둘러대면서, "내가 죽은 일꾼들 대신 일을 해주겠소. 다만 일을 다 끝내면 당신 형제인 수퉁이 가진 꿀술을 한 모금만 마시게 해주시오"라고 제안했다. 바우기는 돈 한 푼

안 들이고 일꾼을 부린다고 여겨서 좋다며 허락했고, 그렇게 해서 오딘은 바우기를 위해서 겨울이 올 때까지 9명 일꾼의 몫을 혼자서 전부 해냈다.

하지만 일을 다 끝냈어도 수퉁은 꿀술을 한 모금만 달라는 바우기의 부탁을 딱 잘라 거절했다. 바우기가 수퉁의 거절 소식을 전하자, 오딘은 괜찮다면서 "당신 집 근처에 있는 바위에 구멍을 뚫고, 그 구멍을 통해서 수퉁의 집에 몰래 들어가서 꿀술을 마시겠소"라고 말했다. 그러고서 오딘은 라티(Rati)라는 큰 송곳으로 바위에 구멍을 뚫더니, 뱀으로 변신해서 그 안으로 기어들어갔다. 그제야 오딘의 정체를 안 바우기는 송곳으로 찌르려 했지만, 오딘은 재빨리 피해서 구멍 안으로 무사히 들어가는 데 성공했다.

꿀술이 있는 곳에 도착한 오딘은 젊고 잘생긴 애꾸눈 청년으로 변신하여 군로드를 유혹했다. 오딘을 보고 반해버린 군로드는 사흘 동안 오딘과 사랑을 나누었고, 자신의 임무도 잊어버린 채 오딘이 꿀술을 마셔버리도록 내주었다. 오딘은 재빨리 손과 보든과 오드로리르에 든 꿀술을 단숨에 모두 마셔버리고는 독수리로 변신해서 아스가르드로 날아갔다.

그 모습을 지켜본 수퉁은 자신도 독수리로 변신해서 오딘을 쫓아갔다. 하지만 오딘은 더 빨리 날아 아스가르드에 무사히 도착했고, 수퉁은 분노를 삼킨 채로 집에 돌아갔다. 오딘은 자신의 거처인 발할라에서 꿀술을 단지와 그릇에 토해내고는 자신이 좋아하는 신과 인간한테 한 모금씩 마시도록 했다.

한편 군로드는 오딘의 아들 브라기(Bragi)를 낳았다. 브라기는 오딘이 사는 아스가르드로 가서 시의 신이 되었고 황금 사과를 가진 여신 이둔과 결혼했다.

056 몰니르를 빼앗아간
트림

　북유럽 신화에서 거인들이 가장 두려하는 것은 천둥의 신 토르가 휘두르는 망치, 몰니르였다. 아무리 힘이 센 거인도 몰니르에 맞기만 하면 모두 죽어버리니, 거인들은 도무지 신들을 상대로 이길 수가 없었다. 그래서 머리가 좋은 거인 하나가 몰니르를 훔쳐내서 토르를 힘없는 상태로 만들려고 했는데, 트림(Thrym)이 바로 그런 존재다.

　어느 날 토르가 잠에서 깨어 몰니르가 감쪽같이 없어진 것을 발견하고 놀라서 사방을 다 뒤져봤으나 어디에서도 찾을 수가 없었다. 토르는 로키를 불러서 자초지종을 설명했다. 로키는 "이건 분명히 어느 거인이 몰래 들어와서 몰니르를 훔쳐간 것이야"라고 결론을 내리고는 사랑의 여신 프레이야한테 가서 매로 변하는 마법의 가죽을 빌려서는 요툰헤임으로 날아갔다. 로키는 일단 서리 거인들의 왕 트림을 찾아가서 혹시 몰니르의 행방에 대해 알고 있느냐고 물어보기로 했다.

　로키가 트림을 찾아올 무렵, 트림은 언덕 위에 앉아서 사냥개들한테 황금으로 만든 줄과 끈을 채우고 있었다. 그는 로키를 보자 "무슨 일로 왔는가?" 하고 물었다. 로키는 "토르의 몰니르가 없어졌는데, 혹시 자네가 훔쳐갔나?" 하고 질문했다.

그 말을 듣고 트림은 웃으면서 이렇게 말했다.

"그래, 내가 훔쳐갔지. 땅속 12킬로미터 깊이에 파묻어서 아무도 찾지 못해. 그래도 토르가 묠니르를 되돌려받고 싶다면, 가장 아름다운 여신 프레이야를 나한테 보내. 그녀와 결혼하고 싶으니까 말이야."

트림의 말을 듣고서 로키는 걱정하는 얼굴로 아스가르드로 돌아와 토르를 찾아가 트림이 들려준 말을 전했다. 그러자 토르는 쓰디쓴 표정을 짓고는 로키와 함께 프레이야의 집인 세스룸니르(Sessrumnir)로 찾아갔다. 프레이야를 만난 로키는 "프레이야, 서리 거인들의 왕 트림이 당신과 결혼하고 싶다고 전해왔소"라고 말을 건넸다.

하지만 로키의 말을 들은 프레이야는 세스룸니르의 벽과 의자가 흔들릴 정도로 화를 내며, 무슨 일이 있어도 결코 트림이나 거인족하고는 결혼을 하지 않겠다고 반발했다. 본인이 그렇게 극구 거부하니, 로키와 토르도 더 이상 강요하지 못하고 물러나와 다른 신들한테 사정을 알렸다. 그러자 아스가르드의 경비를 책임진 신 헤임달이 나서서 이런 제안을 했다.

"이번 사건의 당사자인 토르가 직접 트림을 찾아가는 편이 좋겠소. 토르가 베일을 쓰고 웨딩드레스를 입어서 신부처럼 꾸미면 트림도 속을 거요."

다른 신들은 모두 좋다며 박수를 쳤지만, 토르는 얼굴을 찌푸렸다. 그도 그럴 것이 가장 강력하고 남성적인 신인 자신이 여자, 그것도 신부처럼 입는 것이 영 께름직했기 때문이다. 하지만 로키가 "안 그러면 자네는 무슨 수로 묠니르를 되찾아올 텐가?" 하고 설득하자, 어쩔 수 없이 수락했다.

그렇게 해서 토르는 베일을 쓰고 웨딩드레스를 입어 프레이야처럼 변장했으며, 로키는 프레이야의 하녀처럼 꾸미고 토르의 전차에 함께 올라 요툰헤임으로 떠났다. 둘이 오는 모습을 본 트림은 크게 기뻐하며, 하인들을 시켜 결혼식 준비를 하라고 명령했다. 트림은 정말로 프레이야가 오는 줄로 알고 이렇게 중얼거렸다.

"나는 황금 뿔을 가진 덩치가 큰 검은 소들에 황금과 은과 보석 들을 잔뜩 갖고 있다. 여기에 프레이야까지 온다면 세상에서 가장 부자가 될 것이다."

트림의 명령을 받고 거인들은 나무 의자에 밀짚을 깔았고, 식탁에는 소고기와 연어와 꿀술, 그리고 달콤한 과자 등 온갖 맛있는 음식을 잔뜩 내왔다. 토르는 기분도 우울했고 먼 길을 오느라 배가 고팠던 탓에, 소 1마리와 연어 8마리, 3통의 꿀술을 먹어치우고 후식으로 과자들도 몽땅 해치워버렸다.

그 모습을 보고 트림이 놀라서 "프레이야가 어떻게 저렇게 많이 먹고 마시지?" 하고 중얼거리자, 로키는 "프레이야는 9일 동안 아무것도 먹지 못해서 배가 고팠답니다"라고 거짓으로 둘러댔다. 그 말을 듣고 트림은 프레이야가 사랑스러워서 베일을 들추고 그녀한테 키스를 하려다가, "어째서 프레이야의 눈이 석탄처럼 붉게 타오르지?" 하며 놀라워했다. 이때 로키가 "당신을 만날 생각에 9일 동안 잠을 못 자서 그렇습니다"라고 둘러댔다.

이제 곧 결혼식이 벌어질 참이었다. 트림의 여동생은 결혼식 예물로 토르가 손에 낀 붉은빛 황금 반지를 달라고 요구했다. 그리고 트림은 결혼의 여신 바르(Var)를 상대로 결혼 서약을 해야 하니, 묠니르를 가져와서 프레이야의 무릎에 놓으라고 지시했다.

묠니르가 무릎에 놓이자마자, 토르는 거추장스러운 베일과 예복을 찢어버리고 본모습을 드러냈다. 그러자 모든 거인이 너무나 놀라서 자리에서 벌떡 일어났다. 분노에 찬 토르는 트림을 포함한 거인 모두를 묠니르로 때려 죽였다.

057 게이로드와 딸들

　토르를 힘없는 상태로 만들어서 그를 죽이려는 거인들의 시도는 서리 거인들의 왕 트림이 죽고 난 이후에도 계속되었다.

　어느 날 로키는 프리그로부터 빌린 매 가죽 옷을 입고 요툰헤임으로 떠났다가, 우연히 게이로드(Geirrod)라는 거인의 집에 도착했다. 매로 변신한 로키는 지붕에 난 구멍으로 집 안을 들여다보았는데, 그만 그 모습을 게이로드한테 들켜버렸다. 게이로드는 하인을 시켜서 매로 변신한 로키를 잡아오게 했고, 로키는 두 발이 지붕에 달라붙어서 떨어지지 않는 바람에 하인의 손에 잡혀 게이로드한테 끌려왔다.

　마법의 힘을 가졌던 게이로드는 매를 보자, "이것은 누군가가 마법으로 변신한 모습이다"라며 "너는 누구냐? 왜 이곳에 왔느냐?" 하고 물었지만, 로키는 아무런 대꾸도 하지 않았다. 이에 게이로드는 매를 커다란 상자에 넣고 3개월 동안 굶겼다. 3개월이나 아무것도 먹지 못한 로키는 탈진해버렸고 게이로드가 상자를 열자, "나는 로키다. 제발 살려다오"라고 신분을 순순히 밝혔다.

　거인족이면서도 신들과 어울리는 로키를 못마땅하게 여겼던 게이로드는 로키의 정체를 알게 되자, 그를 역이용하여 눈엣가시인 토르를 제거하려는 속셈으로 이렇게 요구했다.

"너는 토르한테 가서 묠니르와 메긴 교르드(허리에 차면 힘이 두 배로 늘어나는 마법의 허리띠)를 빼놓고 빈 몸으로 여기에 오라고 전해라."

너무나 기진맥진했던 로키는 그대로 하겠다고 약속하고는 비틀거리며 아스가르드로 돌아갔다. 그리고 토르한테 "게이로드라는 거인한테 아름다운 두 딸이 있는데, 나와 함께 그녀들을 보러 가자. 다만 그녀들이 무서워할지 모르니까 묠니르와 메긴 교르드는 빼놓고"라고 꼬드겼다. 마침 토르는 거인족 여자인 야른삭사와의 사이에서 두 아들 마그니와 모디를 낳은 일이 있던 터라, 아름다운 거인족 여자 두 명이 기다린다는 말에 호기심이 생겨서 로키와 함께 게이로드의 집을 향해 떠났다.

게이로드의 집으로 가는 길에는 여자 거인 그리드가 사는 집이 있었다. 그리드는 오딘과의 사이에서 아들이자 침묵의 신 비다르를 낳아서, 신들에게 우호적이었다. 토르와 로키는 그리드의 집에서 하룻밤을 묵었다.

그리드는 토르한테 "게이로드는 매우 사악하며, 당신을 해칠지 모르니 내가 힘을 늘려주는 허리띠와 쇠장갑, 지팡이를 빌려주겠습니다"라고 말했다. 토르도 만약을 대비해 그리드의 제안을 받아들였다.

날이 밝아 토르와 로키는 그리드의 집을 떠나서 게이로드의 집으로 흐르는 비무르 강가를 따라 걸었는데, 갑자기 강물이 불어나면서 토르와 로키의 허리에까지 물이 차올랐다. 토르가 강의 상류 쪽을 보니, 게이로드의 딸 걀프(Gjalp)가 강의 양편을 딛고 쭈그리고 앉아서 엄청난 양의 오줌을 싸대는 통에 물이 불어났던 것이었다. 토르는 재빨리 바위를 들어 걀프의 음부를 향해 던졌고, 걀프가 음부를 다친 채 울면서 집으로 달아나는 바람에 강물은 줄어들었다.

마침내 토르와 로키는 게이로드의 집에 도착했다. 게이로드는 그들을 염소 우리에 머물게 했다. 토르는 화가 났지만 너무 피곤한 탓에 염소 우리

안에 놓인 의자에 앉자마자 잠들었고, 그 사이 로키는 어디론가 빠져나갔다.

토르가 잠든 동안 그가 앉은 의자가 점점 염소 우리의 천장을 향해 올라갔다. 게이로드의 딸 걀프와 그레이프(Greip)가 의자 밑에 숨어 있다가 토르가 잠들자 그를 천장에 부딪쳐 죽이려고 했던 것이다. 하지만 토르가 잠에서 깨어나 그리드가 준 지팡이를 천장에 힘껏 대자 의자가 아래로 떨어지면서 게이로드의 두 딸이 토르의 몸무게를 감당하지 못해 허리가 부러져 그만 죽고 말았다.

게이로드는 딸들의 복수를 하기 위해 커다란 화로에 크고 무거운 쇠공을 넣어 뜨겁게 달군 다음, 그것을 부젓가락으로 집어서 염소 우리를 빠져나온 토르를 향해 힘껏 던졌다. 그러나 토르는 그리드가 빌려준 쇠장갑을 끼고 있었기 때문에 아무런 상처 없이 쇠공을 잡아내 오히려 게이로드를 향해 더 빠르고 힘차게 던졌다. 게이로드는 쇠로 만든 기둥 뒤에 숨었지만 쇠공이 기둥과 게이로드의 머리를 함께 뚫어버렸다.

그렇게 해서 게이로드와 그의 두 딸은 모두 토르의 손에 죽임을 당했다. 토르에게 복수하려던 거인의 속셈은 이로써 또 다시 실패했다.

058 하염없이 소금 맷돌을 돌리는 페냐와 메냐

지금이야 공장에서 소금을 대량생산하는 시대이지만, 불과 수백 년 전만해도 소금은 매우 귀한 물품이었다. 중국 춘추전국시대 산둥반도의 제나라가 부유했던 이유도 바다와 인접해서 소금을 만들어 팔 수 있었던 데 있다. 북유럽 신화에도 소금의 귀중한 가치에 대한 이야기 한 토막이 있으니, 소금 맷돌을 돌리는 두 거인 처녀 페냐(Fenja)와 메냐(Menja)의 설화다. 그 내용은 이렇다.

오딘의 아들 스콜드(Skjold)는 덴마크의 왕으로 프리들레이프(Fridleif)라는 아들을 두었다. 프리들레이프는 프로디(Frodi)라는 아들을 두었는데, 그는 로마의 첫 번째 황제 아우구스투스가 로마를 다스리던 시절에 왕이 되었다. 프로디는 북유럽의 왕 중에서 가장 강력했고 또 선량했기 때문에, 그가 나라를 다스리던 시절에는 어떠한 도둑이나 강도도 없었으며, 심지어 가족을 죽인 사람한테도 상처를 입히지 않을 만큼 온 나라에 평화가 가득했다.

그러던 와중에 프로디는 스웨덴의 왕 퓔니르(Fiolnir)의 초대를 받아 스웨덴을 방문했는데, 퓔니르는 프로디한테 페냐와 메냐라는 두 처녀를 하녀로 주었다. 페냐와 메냐는 모두 덩치가 크고 힘이 아주 센 거인들이었다.

프로디는 페냐와 메냐를 하녀로 거느리게 되어 아주 기뻐했다. 여기에는 그럴 만한 이유가 있었다. 프로디가 왕이 되었을 무렵, 덴마크에 헹기쿄프트(Hengikjopt)라는 사람이 나타나서 그로티(Grotti)라는 커다란 맷돌 두 개를 프로디한테 선물로 바쳤다. 그는 이 맷돌에 대해 이렇게 설명했다. "그로티는 돌리는 사람이 원하는 것을 말로 하기만 하면, 뭐든지 그 자리에서 만들어내는 신비한 마법의 힘을 가진 보물입니다. 아무쪼록 이 물건이 폐하께 도움이 되기를 바랍니다."

그로티는 너무나 크고 무거워서 아무리 힘이 센 사람이나 가축이라도 돌릴 수가 없어 아깝게도 프로디는 그로티를 그냥 모셔만 두고 있던 형편이었다. 그런데 스웨덴 왕이 두 명의 거인 처녀를 하녀로 부리라고 주었으니, 이제 그들한테 그로티를 돌리라고 명령하기만 하면 프로디는 세상의 모든 것을 공짜로 얻을 수 있었으니 기뻐하는 것이 당연했다.

페냐와 메냐를 데리고 덴마크로 돌아간 프로디는 그로티를 보관해둔 장소로 두 거인 처녀를 데려간 다음, 이렇게 명령했다. "이제부터 자네들은 이 맷돌, 그로티를 돌려서 황금을 만들어내게. 아, 그리고 자네들은 뻐꾸기가 우는 동안만 잠을 자거나 쉴 수 있네. 자네들은 거인족이니까 그 정도는 견딜 수 있을 테지."

프로디의 명령을 받은 페냐와 메냐는 낮과 밤을 가리지 않고 그로티를 돌리면서 황금이 나오라고 말했다. 그러자 놀랍게도 맷돌을 돌릴 때마다 엄청난 양의 황금이 쏟아져나왔다. 그로티의 신비한 힘이 진실이었음을 안 프로디는 희희낙락하면서 이번에는 페냐와 메냐한테 평화와 행운을 만들라고 명령했고, 두 거인 처녀는 그대로 따랐다.

하지만 프로디의 욕심은 끝이 없었다. 아무리 힘이 센 거인이라고 해도 계속 맷돌을 돌리려니 페냐와 메냐는 점점 지쳐갔다. 어느 날부터 페냐와 메냐는 "프로디는 자신을 위해서 일하는 우리를 하찮은 노예로 부리는구나"라며 한탄의 노래를 불렀고, 그러다가 심지어 프로디가 망하기를 바라는 마음에 그에 대적하는 군대가 쳐들어오라고 맷돌을 돌리면서 저주를 퍼부었다.

둘의 저주는 그대로 실현되었다. 미싱(Mysing)이라는 왕이 군대를 이끌고 바다를 건너서 밤을 틈타 프로디의 왕궁에 쳐들어와 그를 죽이고 막대한 양의 재산을 모조리 빼앗아버렸다.

미싱은 곧 그로티와 그것을 돌리는 페냐와 메냐에 대해 알게 되었다. 미싱은 자기도 프로디처럼 부자가 되고 싶어서, 페냐와 메냐를 배에 태우고는 맷돌을 돌려 소금을 만들라고 명령했다. 둘이 그렇게 하자 맷돌이 돌 때마다 소금이 쏟아져나왔다. 어느 정도 소금이 쌓이자 페냐와 메냐는 미싱한테 "이 정도면 소금이 충분하니 그만두십시오"라고 말했지만, 미싱은 탐욕에 눈이 멀어 계속 소금을 만들라고 명령했다.

그러자 너무 많이 쌓인 소금의 무게 때문에 배가 가라앉았고, 배에 탄 미싱과 페냐, 메냐는 모두 바다에 빠져 죽었다. 아울러 그로티도 바다에 빠졌는데, 계속 돌아가는 바람에 소금이 끝없이 쏟아져나와 바닷물이 짜게 되었다고 한다.

059 아일랜드 신화의 포모르족

　고대 유럽의 대부분을 차지하고 살았던 인도-유럽어족 계통 켈트족 신화는 아일랜드에 가장 잘 보존되어 있다. 아일랜드 신화는 오랫동안 입에서 입으로 전해지다가, 기독교가 전파되고서 수도사들이 《에린 침략의 책》이라는 문헌으로 남겼다. 이 책에 의하면, 먼 옛날 아일랜드로 침입해 온 신들인 투아하 데 다난(Tuatha De Danann)족은 포모르(Fomor)라 불리는 거인 종족과 전쟁을 벌였다고 한다.

　포모르는 고대 아일랜드 언어 중 하나인 게일어로 '바다의 밑'이라는 뜻인데, 그처럼 차갑고 어두운 깊은 바닷속에 살아가는 사악한 어둠의 종족이었다. 이들은 지금의 아일랜드 북부 도니골(Donegal)만에 있는 섬에 지상을 지배하기 위한 전초기지를 세웠고, 자신들과 반대되는 따뜻한 빛의 성질을 지닌 투아하 데 다난족과 맞서 싸웠다.

　아일랜드 신화에서 대부분의 포모르는 사람의 머리 대신에 소나 염소의 머리를 하고 있거나, 사람처럼 생겼지만 팔이나 다리 한쪽이 없는가 하면, 아예 다리가 전부 없고 살덩어리만 있는 괴상한 모습으로 묘사된다.

　포모르족의 왕은 발로르(Balor)다. 발로르는 사람처럼 생겼으나 언제나 한쪽 눈을 감고 있다. 발로르가 감긴 한쪽 눈을 뜨려면 눈꺼풀을 들어 올려야 하는데, 성인 남자 4명이 필요할 만큼 매우 무겁다.

또한 발로르의 한쪽 눈 위에는 7개의 겉옷이 덮여 있다. 아일랜드 신화에서 발로르가 한쪽 눈을 가린 1겹의 겉옷을 벗으면 고사리가 시들고, 2겹의 겉옷을 벗으면 잔디가 구릿빛으로 변하며, 3겹의 겉옷을 벗으면 나무가 뜨거워지고, 4겹의 겉옷을 벗으면 나무에서 연기가 피어오르며, 5겹의 겉옷을 벗으면 나무가 붉게 변하고, 6겹의 겉옷을 벗으면 나무에 불이 붙으며, 마지막 7겹의 겉옷을 벗으면 온 사방이 불타버린다.

발로르가 항상 한쪽 눈을 감고 있는 이유는 따로 있다. 어릴 적 발로르는 그의 아버지 부아레이네흐(Buarainech, 소의 머리와 사람의 몸을 한 포모르족 마법사)가 다른 마법사들과 함께 솥에 마법의 약재를 넣고 실험하는 모습을 지켜보았는데, 그만 솥에서 나온 연기가 한쪽 눈에 들어가버렸다. 그 후로 발로르가 마법 연기가 들어간 한쪽 눈을 뜨면, 그 눈을 본 모든 생명체가 죽고 말았다. 이에 포모르족은 발로르의 눈이 위험하다고 여겨 그를 죽이려 했으나, 발로르는 "내가 항상 눈을 감고 있겠다"라고 말해서 겨우 살아남았다.

일부 신화 연구자들에 의하면 발로르는 본래 가뭄을 다스리는 신으로, 발로르의 눈은 농작물을 말려 죽이는 한여름의 뜨거운 햇볕을 상징한다.

발로르는 아내 케틀렌(Cethlenn)과의 사이에서 이름이 알려지지 않은 12명의 아들과 딸 에트니우(Ethniu)를 낳았다. 에트니우는 치료의 신 디안케트(Diancecht)의 아들인 키안(Cian)과 결혼하여 태양의 신 루(Lugh)를 낳았다. 나중에 루는 아일랜드의 신들인 투아하 데 다난의 지도자가 되어 포모르와의 전쟁에서 외할아버지 발로르를 죽였다.

델배스(Delbaeth)의 아들 엘라탄(Elathan)은 포모르의 족장 중 한 명이다. 그는 금색 머리카락이 어깨까지 내려왔고, 금실과 금색 끈이 들어간 셔츠와 망토를 걸쳤으며, 금으로 만든 목걸이와 브로치를 목과 가슴에 달았다.

또 은으로 만들어지고 청동 못이 박힌 2개의 창, 그리고 손잡이를 황금으로 만든 검을 찬 화려한 모습으로 그려졌다.

엘라탄의 아들 브레스(Bress)는 풍요의 신 다그다(Dagda)의 딸이자 불과 난로의 여신인 브리지드(Brigid)와 결혼하여 아들 루아단(Ruadan)을 낳았다. 심지어 그는 7년 동안 투아하 데 다난족의 왕이기도 했다. 하지만 그는 포모르족에게 공물을 바치는 것에만 집착하여 신들의 불만을 샀고, 결국 왕위에서 쫓겨나 아내와 아들을 데리고 포모르족한테 달아났다.

루아단은 포모르족과 투아하 데 다난족이 싸운 북쪽 모이투라 전투에서 아버지 브레스와 함께 포모르족 편에 섰다가, 대장장이의 신 고이브니우(Goibniu)가 던진 창에 맞아 죽었다.

인데호(Indech)는 발로르의 형제이며, 옥트리알라흐(Octriallach)는 인데호의 아들로 젊고 용맹한 포모르족 전사다.

키콜(Cichol)은 발로르보다 더 오래전의 포모르왕인데, 그는 얼굴과 몸만 있고 팔과 다리가 없는 거대한 살덩어리 모습이었다. 키콜은 아일랜드에 두 번째로 침입한 집단인 파르톨론(Partholon)과 싸우다 죽었다.

키콜이 죽고 나서 포모르족에서는 모르크(Morc)와 코난(Conann)이라는 두 명의 남자가 왕이 되었다. 이들은 각각 델라(Dela)와 페바르(Febar)의 아들이었다. 코난이 아일랜드에 세 번째로 침입한 집단인 네메드(Nemed)족에게 죽자, 모르크는 자신의 군대를 이끌고 네메드족을 모두 쫓아냈다.

060 웨일스를 지키는 전설의 거인, 브란

영국 웨일스 지역의 서사시인 《마비노기온》에는 브란이라는 이름을 가진 거인에 관한 흥미로운 이야기가 전해진다. 그 내용은 이렇다.

브란의 어머니 페나르둔은 바다의 신 리르와 처음 결혼하여 아들 브란과 딸 브란웬을 낳은 다음, 인간 남자에게 시집을 가서 마나위단, 니시엔, 에프니시엔이라는 세 아들을 낳았다. 브란은 1000미터나 되는 스노드산에 기대어 잠을 잤고, 아무리 큰 집이나 배에도 몸이 들어가지 않을 만큼 큰 거인이었다.

어느 날 웨일스 해안의 서북쪽에서 아일랜드 왕 마솔루흐와 그 부하들이 13척의 배를 타고 나타났다. 마솔루흐는 브란의 여동생 브란웬과 결혼하여 아일랜드와 웨일스가 동맹을 맺기 원한다고 밝혔다. 이에 브란은 마솔루흐를 앵글시섬 아베르프라우(Aberffraw)의 가족이 사는 궁전으로 데려갔다.

마솔루흐의 설명을 들은 브란웬은 그와의 결혼을 받아들였고, 브란과 마나위단, 니시엔도 둘의 결혼을 흔쾌히 허락했다. 하지만 말을 타고 숲과 들판을 달리느라 아베르프라우를 떠나 있던 에프니시엔은 밤늦게 돌아와서 결혼 소식을 듣고는 화가 났다. 자신한테는 전혀 알리지도 않고 다른 가족들이 멋대로 결정했기 때문이었다.

심기가 뒤틀린 에프니시엔은 궁전 밖에 머무르고 있던 아일랜드인들의 막사로 몰래 찾아가서는 보초를 죽이고, 마솔루흐가 결혼 선물로 준비한 말들의 입술과 꼬리, 귀와 눈썹을 모두 칼로 잘라서 죽이거나 불구로 만들어버렸다.

이 사실을 안 마솔루흐와 아일랜드인들은 화를 냈고, 브란은 사과의 뜻으로 마솔루흐한테 그의 얼굴과 키만큼의 황금과 은, 14마리 말과 황금 가마솥을 선물로 주며 달랬다. 황금 가마솥은 브란이 아버지 리르한테서 물려받은 보물인데, 죽은 사람이 그 안에 들어가면 말을 못하는 대신 다시 살아날 수 있었다.

마솔루흐는 일단 브란의 선물과 사과를 받아들여 브란웬과 결혼식을 치르고 그녀와 함께 아일랜드로 돌아갔다. 10개월 후 둘 사이에 그웬이라는 아들이 태어나면서 아일랜드는 축제 분위기에 들떴다.

그러나 아일랜드 병사가 왕비의 형제한테 죽고, 선물로 가져간 말들이 죽거나 불구가 되는 모욕까지 당했다는 소문이 퍼져나가자, 아일랜드의 민심은 분노로 들끓었다. 당황한 마솔루흐는 브란웬을 왕궁 부엌으로 보내 청소 같은 허드렛일을 시키는 것으로 흥분한 민심을 달랬다. 3년 동안 고생하던 브란웬은 자신이 당한 고통과 수모를 적은 편지를 찌르레기의 다리에 매달아 웨일스 쪽으로 보냈다. 편지를 읽은 브란은 크게 화가 나서, 자신이 지배하고 있는 144개 나라에서 동원한 군사들을 수천 척의 배에 태워 아일랜드로 쳐들어갔다. 다만 브란 자신은 너무나 거대했기 때문에 두 발로 걸어서 바다를 건너며 군대를 이끌었다. 그의 오른쪽 어깨에 올라탄 병사는 나팔을 불면서 군사들의 사기를 북돋웠다.

한편 아일랜드의 해안을 지키던 병사들은 동남쪽 바다 위로 거대한 숲이 나타나고, 그 앞에 큰 산봉우리와 호수 두 개를 붙인 어마어마한 산이 걸어오고 있다고 마솔루흐한테 보고했다. 마솔루흐가 브란웬한테 사람을 보내

묻자, 그녀는 "바다 위의 숲은 웨일스 군사들이 탄 배의 돛대이고, 그 앞의 산은 브란이며, 산봉우리는 그의 코, 두 개의 호수는 그의 눈입니다"라고 알려주었다.

당황한 마솔루흐는 아일랜드의 수도 타라로 통하는 새넌강의 다리를 끊었으나, 브란이 강을 가로질러 드러눕자 웨일스 군사들이 그의 몸을 타고 강을 건너 타라 앞에 진을 쳤다. 마솔루흐는 항복하였고 브란한테 사신을 보내 자신은 왕위에서 물러나 브란웬이 낳은 아들 그웬한테 왕위를 넘길 것이며, 브란을 환대하기 위해 커다란 왕궁을 짓겠다고 전했다.

하지만 왕궁에서 마솔루흐가 브란을 위해 벌인 연회 자리에서 에프니시엔이 그웬을 벽에 내던져 죽이자, 분노한 아일랜드 군사들이 웨일스 군사들과 싸움을 벌였다. 처음에는 웨일스 군사들이 우세했지만, 아일랜드 군사들이 죽은 동료 군사들을 황금 가마솥에 넣자, 그들이 다시 살아나서 덤비는 바람에 웨일스 군사들이 불리해졌다. 이 모습을 본 에프니시엔은 가마솥 안에 들어가서는 두 팔과 다리를 힘껏 벌려 가마솥을 부숴버렸다. 그러나 너무 큰 힘을 쓴 바람에 심장이 터져 죽고 말았다.

가마솥이 부서지자, 마솔루흐를 포함하여 궁전 안의 아일랜드인들은 모두 죽임을 당했다. 브란웬은 가족의 죽음을 슬퍼하며 울다가 죽었고, 브란은 발에 독화살을 맞아 독이 퍼져 죽어갔다. 웨일스 군사들도 고작 7명만 살아남았다. 브란은 동생 마나위단한테 자신의 검으로 자신의 목을 베고 브리튼의 수도 런던의 하얀 산에 가져가서 프랑스가 보이는 쪽으로 묻어달라고 했다. 죽어서도 자신이 나라를 지키도록 해달라는 부탁이었다. 마나위단은 형의 부탁을 들어주었다. 브란의 머리는 80년 동안이나 사람들한테 재미있는 이야기를 들려주면서 마치 살아 있는 것처럼 보였다고 한다.

061 왕자의 아들을 데려간 거인

영국의 북부 지역인 스코틀랜드에는 커다란 성보다 큰 거인이 왕자의 아들을 데려간 재미있는 이야기가 전해져온다. 그 내용은 이렇다.

스코틀랜드 테터 타운의 어느 왕자가 길을 가다가 까마귀가 뱀한테 몸이 졸려 위험에 처한 모습을 보고는 뱀을 죽여 까마귀를 구해주었다. 마침 까마귀는 사악한 드루이드(켈트족의 성직자)의 마법에 걸린 청년이었다. 본래 모습으로 돌아온 청년은 자신을 구해준 왕자한테 보답으로 마법의 가죽 자루를 선물하면서 "당신이 가장 살고 싶은 곳에 도착하기 전까지는 자루를 풀지 마십시오"라고 일러주었다.

하지만 왕자는 자루 안에 무엇이 들었는지 궁금해서 아버지가 사는 집 가까이에 도착했을 때, 자루를 풀어버렸다. 그러자 자루 안에서 작은 성과 과수원과 정원의 모형이 나왔는데, 점점 커지더니 마침내 진짜 성과 과수원과 정원이 되었다. 왕자가 놀라워하고 있을 때 저 멀리서 덩치가 아주 큰 거인이 그를 향해 걸어와서는 이렇게 말했다.

"당신은 잘못된 곳에 성을 지었다. 자루 안에 있던 것들을 도로 넣어줄 테니 대신 당신이 아들을 낳으면, 그가 7살이 될 때 나한테 보내야 한다."

말을 마친 거인은 성과 과수원과 정원을 다시 자루 안에 집어넣어 왕자한테 주고는 떠났다. 왕자는 다시 길을 떠나 며칠이 지난 끝에 가장 경치가 좋은 곳을 만나 자루를 풀었다. 이번에도 크고 화려한 성과 과수원과 정원이 나왔다. 내친 김에 왕자가 성의 문을 열자 젊고 아름다운 처녀가 왕자를 반갑게 맞았다. 왕자는 그 처녀와 결혼했고, 아들을 낳았다. 또한 성 안에는 수많은 다른 사람들이 있었는데, 그들은 모두 왕자를 위해 봉사하는 하인이 되었다. 왕자는 그렇게 해서 7년 동안 아주 행복하게 살았다.

하지만 아들이 태어난 지 7년이 지나자 약속대로 거인이 성을 찾아왔다. 왕자는 거인들이 사람의 아이를 데려가 잡아먹는다는 소문을 알았고, 차마 아들을 보내주기 싫어서 요리사와 집사의 아들을 차례대로 자기 아들인 것처럼 꾸며서 거인한테 보냈지만, 거인은 그들 모두를 죽여버리고 "왕자여, 어서 진짜 아들을 내놓아라. 만약 숨긴다면 너를 포함해 성 안에 사는 사람 모두를 죽이고 성도 부숴버리겠다"라고 화를 내며 소리를 지르고 발을 굴렀다. 거인이 발을 구르는 소리는 마치 지진이 난 것처럼 컸고, 성이 흔들리면서 사람들은 겁에 질렸다. 왕자는 할 수 없이 아들을 내놓았고, 거인은 왕자의 아들을 자기 집으로 데려가서 아들처럼 키웠다.

어느덧 세월이 흘러 어린 소년이던 왕자의 아들은 잘생긴 청년이 되었다. 그러자 거인의 막내딸인 적갈색 메리가 청년한테 반했고, 둘은 서로 사랑하는 사이가 되었다.

하지만 거인은 자기 딸이 청년과 사랑하는 것을 못마땅하게 여겼다. 그래서 청년한테 외양간을 청소하고, 새의 깃털로 외양간의 지붕을 이으며, 150미터나 되는 높은 나무 위에서 까치의 알을 꺼내 오라는 등 어려운 일들을 시켰다. 그러고는 만일 이 일을 모두 해내면 적갈색 메리와의 결혼을 허락한다고 말했다. 청년은 어려운 일에 부닥쳐 절망했지만, 그를 사랑하는 적갈색 메리가 모두 해결해주었다. 거인은 무척 불쾌했지만 약속은 약속이니 어쩔 수 없어 막내딸과 청년의 결혼식을 허락했다.

그러나 적갈색 메리는 아버지가 청년을 미워하니, 결코 가만히 놔두지 않으리라고 여겨 청년과 함께 회색 암컷 망아지를 타고 달아났다. 뒤늦게 이 사실을 안 거인은 화가 나서 딸과 청년을 붙잡으러 쫓아왔다. 메리는 청년한테 망아지의 귓속에 손을 넣어 잡히는 것을 뒤로 던지라고 말했다. 청년이 망아지의 귓속에서 자두나무 가지를 꺼내 뒤로 던지자 넓이가 32킬로미터나 되는 울창한 산사나무 숲이 생겨났다. 그러자 거인은 큰 도끼와 벌목용 칼을 가져와서 숲을 베어내고 다시 쫓아왔다.

　두 번째로 청년이 망아지의 귓속에서 돌조각을 꺼내 뒤로 던지자, 이번에는 높이와 넓이가 32킬로미터나 되는 커다란 회색 바위산이 솟아올랐다. 하지만 거인은 지렛대와 곡괭이를 가져와서 바위산을 부숴버리고 다시 쫓아왔다.

　세 번째로 청년이 망아지의 귓속에서 물주머니를 꺼내 뒤로 던지자, 이번에는 넓이와 깊이가 32킬로미터나 되는 커다란 호수가 생겨났다. 빠른 속도로 딸과 청년을 쫓아오던 거인은 그만 호수에 빠져버렸고, 두 손과 두 발을 허우적거리다가 호수 밑바닥에 가라앉아 죽고 말았다.

　청년은 적갈색 메리와 함께 아버지와 어머니가 사는 성으로 무사히 돌아가서 정식으로 결혼식을 올린 뒤 오랫동안 행복하게 살았다고 전해진다.

062 1만 7000대의 마차에 실린 황금을 챙긴 거인

1812년 독일의 그림 형제가 편찬한 《어린이와 가정을 위한 동화집》에는 온 나라 안의 황금이 모두 1만 7000대의 마차에 실렸는데, 그 황금을 몽땅 자루에 넣어서 들고 간 거인에 관한 재미있는 이야기가 전해진다. 그 내용은 이렇다.

옛날에 오랫동안 군대에서 복무한 어느 군인이 고작 동전 3개를 받고 군대에서 쫓겨났다. 화가 난 군인은 '언젠가 반드시 금은보화를 잔뜩 챙길 테다'라고 다짐하고는 숲속으로 들어갔는데, 거기서 크고 높은 나무 6그루를 풀처럼 쉽게 베고 있는 거인을 보았다. 군인은 거인한테 "나와 같이 모험을 하러 떠나지 않겠나?" 하고 제안했고, 거인은 "일단 어머니한테 땔감을 전해준 다음, 당신과 함께 가겠습니다"라며 자기가 벤 나무들을 다발로 묶어서 떠났다가 곧바로 돌아와서는 군인과 함께 떠났다.

그런 후 군인은 세상에서 가장 솜씨가 좋은 포수, 콧김으로 물레바퀴를 돌리는 사람, 세상에서 가장 빠른 달리기 선수, 모자를 쓰면 바로 추위를 부르는 마법을 지닌 사람 등 모두 5명의 부하를 차례로 모아서 어느 도시에 도착했다.

그 도시를 다스리는 왕은 "공주와 달리기 시합을 해서 이기는 남자는 공주와 결혼할 수 있다. 그러나 시합에서 지면, 사형에 처해질 것이다"라며 무시무시한 내기를 걸었다. 두려움 탓에 아무도 시합에 응하는 사람이 없었는데, 세상에서 가장 빠른 선수를 부하로 거느린 군인이 왕한테 가서 "저대신 부하를 시합에 참가시키겠으니 허락해주십시오"라고 말했다. 왕은 "만약에 자네 부하가 지면, 자네와 부하 모두 죽어야 하는데 괜찮은가?" 하고 대답했다. 군인은 "제 부하는 반드시 이길 테니, 괜찮습니다"라면서 달리기 선수를 시합에 보냈다.

공주와 달리기 선수는 각자 항아리를 하나씩 받아들고서 달렸다. 하지만 달리기 선수가 공주보다 훨씬 빨랐고, 그는 바람처럼 샘물가로 달려가서는 항아리에 샘물을 가득 채워 왔던 길로 돌아갔다. 그런데 너무 빨라서 여유가 넘쳤는지, 달리기 선수는 항아리를 내려놓고 길가에 나뒹굴던 말의 두개골에 머리를 올리고는 잠들어버렸다. 그러는 사이 공주도 샘물가에 도착해서 샘물을 항아리에 채워 넣었고, 돌아오는 길에 달리기 선수가 잠든 모습을 보고는 멍청하다고 비웃으며 내처 달렸다.

성 꼭대기에 올라가 그 모습을 지켜보던 포수는 달리기 선수가 지게 생기자, 자신의 총으로 선수 머리를 받치던 말의 두개골을 쏴서 부숴버렸다. 그러자 벌떡 잠에서 깨어난 달리기 선수는 다시 내달렸는데, 어찌나 빨랐는지 공주가 한참 앞서갔는데도 불구하고 10분이나 일찍 결승점에 도착하여 결국 경기에서 승리했다.

하지만 군인이 너무나 가난했기 때문에 왕과 공주는 약속을 지키고 싶지 않았다. 왕과 공주는 군인과 그 부하들을 모두 죽여 없애기로 하고, 일단 그들을 쇠로 만든 방으로 데려갔다. 그 방은 문과 창문이 모두 쇠로 만들어져 있었고, 방 안에는 커다란 식탁 위에 푸짐한 음식이 차려져 있었다. 왕은 군인과 부하들한테 식사를 하라고 권유한 다음, 재빨리 방을 나와서는 문과 창문을 모두 잠그고 요리사한테 쇠로 만든 방에 사정없이 불을 지펴라고 명령했다.

　군인과 부하들은 한참 음식을 먹다가 문득 방이 더워지는 것을 느꼈다. 처음에는 대수롭지 않게 여겼지만 계속 온도가 올라가서 급기야는 숨이 막힐 지경에 이르렀다. 급히 문과 창문을 열고 나가려 했지만 굳게 닫혀 있었다. 왕이 자신들을 쇠로 만든 방 안에 가둬 죽이려 한다는 사실을 깨닫자, 모자를 비뚤게 쓴 사람이 자신의 모자를 바로 썼다. 그러자 갑자기 방의 온도가 급격히 낮아지더니 심지어 곳곳에 얼음과 서리가 생겼다.

　한동안 방에 불을 지폈으니 이제 군인과 부하들이 모두 불에 타 죽었을 거라고 생각한 왕은 방의 문을 열었다. 그러나 군인과 부하들은 모두 멀쩡하게 살아서 나왔고, 방은 지독한 추위 탓에 온통 얼음으로 뒤덮인 상태였다.

　왕은 놀랐지만 그래도 군인을 사위로 맞기 싫어서 "황금을 잔뜩 줄 테니, 내 딸과의 결혼은 포기해주게"라고 협상을 시도했다. 그러자 군인은 "내 부하 중 한 명이 들고 갈 만큼의 황금을 주십시오. 그러면 됩니다"라고 답했다. 왕은 일단 황금 1톤을 가져오게 했는데, 군인의 부하인 거인은 나라 전체의 재단사들을 동원하여 커다란 자루를 만들어 그 안에 금을 넣고는 "너무 적습니다"라고 불평했다. 이에 왕은 나라 전체를 뒤져 1만 7000대의 마차를 동원해서 황금을 싣고 왔다. 그걸 다 넣고도 자루는 차지 않았지만 거인은 "부족해도 이 정도면 괜찮습니다"라고 말하고는 군인한테 갔다.

　왕은 황금이 아까워서 병사들을 보내 자루를 빼앗으려 했지만, 콧김을 부는 남자의 세찬 콧김에 병사가 모두 하늘 멀리 날아가버렸다. 군인의 부하들의 능력을 다 경험한 왕은 결국 포기했고, 군인과 부하들은 황금을 챙겨서 즐겁게 남은 인생을 보냈다.

063 걸어서 바다를 건넌 러시아의 거인

1864년 러시아 작가 알렉산드르 니콜라예비치 아파나시예프가 편찬한 《러시아 민화집》에는 두 발로 걸어서 바다를 건넌 거인에 관한 재미있는 이야기가 실려 있다. 그 내용은 이렇다.

옛날 러시아에 부유한 상인의 세 아들이 살았으니, 표도르와 바실리와 이반이었다. 하지만 이반은 어리숙해서 약삭빠른 두 형에 비하면 돈을 버는 재주가 부족하였다. 그래서 표도르와 바실리가 배를 타고 바다로 나간 사실을 뒤늦게 안 이반은 아버지한테 졸라 낡은 배 한 척을 타고 형들을 찾아 바다로 나갔다.

이반은 사흘 동안 형들을 따라잡으려고 항해를 했으나, 나흘째 되던 날 폭풍에 휩쓸려 형들과 멀어져 어느 섬에 도착했다. 그 섬에는 소금으로 이루어진 커다란 산이 있었다. 이반은 배에 소금을 잔뜩 싣고는 다시 바다로 나가서 커다란 항구도시에 도착했다.

그 나라 사람들은 이상하게도 소금에 대해서 전혀 몰랐다. 그래서 그들이 먹는 음식들에는 소금이 들어가지 않았다. 이런 사정을 알게 된 이반은 그 나라 왕한테 초대를 받자 식탁에 나오는 음식들마다 몰래 약간씩 소금을 넣었다. 소금이 들어간 음식을 먹어본 왕은 "지금까지 먹어본 음식 중에서 이렇게 맛있는 것은 없었다"라며 기뻐하고 이반한테 "자네가 가져온 소금이라는 하얀 먼지를 내가 전부 갖고 싶네"라고 말했다.

이반은 큰돈을 벌 수 있는 좋은 기회로 여겨 왕한테 "소금을 담은 부대 자루 1개마다 같은 무게를 가진 부대자루 3개를 주십시오. 그 안에는 각각 금과 은과 보석이 들어가야 합니다"라고 제안했고, 왕은 흔쾌히 허락했다. 한참 왕의 하인들과 이반의 선원들이 소금 부대와 금은보화 부대를 교환할 무렵, 이반의 배에 호기심을 느낀 공주가 배에 올라탔다. 그런데 마침 순풍 이 불어오는 바람에 돛이 펄럭이며 배가 항구를 떠나버렸고 공주는 졸지에 아버지와 생이별을 하게 되었다.

공주는 슬퍼했지만, 이반은 그녀에게 친절하게 대해주며 자신의 고향에 가면 더 즐거운 일들이 있다고 설득했다. 항해 도중 이반은 형들이 탄 배와 만났다. 형들은 이반을 통해 자초지종을 듣고는, 동생의 성공을 질투하여 바다에 던져버리고 표도르는 공주를, 바실리는 금은보화를 차지해 집으로 돌아갔다.

바다로 던져져 헤엄을 치던 이반은 통나무를 발견해서 거기에 몸을 맡긴 채 표류하다 곧 폭풍을 만나 낯선 섬으로 떠밀려갔다. 그 섬에는 산처럼 커 다란 집 한 채만 있었는데, 커다란 바람 소리가 나면서 집의 문이 열리더니 엄청난 덩치를 가진 거인이 걸어 나왔다.

이반이 거인한테 자신의 사정을 말했더니 거인은 이반을 돕겠다며 그를 손가락 두 개로 집어서 자신의 어깨에 태우고는 그대로 바닷속으로 들어가 서 두 발로 바다를 건너갔다. 거인은 순식간에 600킬로미터나 바다를 지났 으며, 깊은 바다도 거인의 겨드랑이에서 허리 정도밖에 차오르지 못했다.

반나절 만에 거인은 이반을 고향까지 데려다주었다. 그러면서 "네가 내 어깨에 타고서 바다를 건너왔다고 다른 사람들한테 말하지 마라"라고 당 부하고서 돌아갔다.

거인과 헤어진 이반은 서둘러 아버지와 두 형이 사는 집으로 달려갔다. 마침 집에서는 표도르와 공주의 결혼 잔치가 열리고 있었다. 결혼식에 참석한 모든 하객이 기뻐했지만, 공주만큼은 계속 우울한 얼굴이었다. 그런데 갑자기 나타난 이반을 본 공주가 "저 사람이 내 진정한 남편입니다!" 하고 소리쳤다. 이반과 공주는 이반의 아버지한테 모든 사정을 털어놓았고, 진실을 알게 된 아버지는 표도르와 바실리를 쫓아내고 이반과 공주의 결혼을 허락했다.

그렇게 해서 이반은 공주를 아내로 맞이하는 잔치를 벌였는데, 한참 술을 마시고 흥이 난 터라 문득 이런 자랑을 늘어놓고야 말았다.

"나는 거인의 어깨에 올라타고 바다를 건너왔습니다. 이런 놀라운 경험을 한 사람은 세상에 나밖에 없습니다."

그러자 갑자기 지진이 난 것처럼 집이 흔들리더니 이반을 태워준 거인이 나타났다. 그는 이반을 향해 "왜 나와의 약속을 어겼느냐?" 하고 화를 내며 소리쳤다. 겁에 질린 이반은 "술에 취해서 나도 모르게 실수를 했습니다"라고 해명했다. 이에 거인은 "그 술을 나도 마시고 싶구나"라고 말해서 이반은 포도주와 맥주가 담긴 술통 수백 개를 거인한테 내주어 마시게 했다.

나무통 수백 개에 담긴 술을 모조리 비운 거인은 잔뜩 취해 이리저리 비틀거리면서 집과 나무 들을 부숴버렸다. 그러고는 쓰러져서 사흘 동안 내리 잠을 자고 깨어나서는 "술이 바로 이런 것이었구나. 이제부터 너는 나에 대해 마음껏 말하라"라고 했다고 전해진다.

5

괴물들

064 뱀 머리카락을 가진 괴물, 메두사

메두사는 그리스 신화에서 제우스의 아들이자 영웅인 페르세우스가 죽인 것으로 유명한 괴물이다. 다만 로마 시대의 작가 오비디우스가 쓴 《변신 이야기》에 의하면, 원래 메두사는 아테나 여신에 견줄 만큼 아름다운 여인이었다. 하지만 그녀를 사랑하던 포세이돈이 아테나 여신의 신전에 들어가 그녀와 성관계를 가진 사실을 안 아테나가 분노하여 메두사한테 저주를 내렸다. 그 바람에 메두사의 머리카락은 모두 뱀이 되었고 그녀의 얼굴을 보는 사람은 모두 돌이 되었다.

신전에서 성관계를 한 것이 왜 저주를 받을 죄가 되었을까. 아테나는 아버지 제우스한테 영원히 결혼하지 않겠다고 맹세한 처녀 신이었다. 그러니 처녀 신을 모신 신전에서 남자와 여자가 성관계를 가진 것은 곧 아테나를 모독하는 일이었다.

하지만 정작 메두사를 유혹하여 신전에서의 성관계를 이끈 장본인은 포세이돈인데, 왜 아테나는 포세이돈은 가만히 두고 메두사한테만 그렇게 끔찍한 저주를 내렸는지 납득이 가지 않는다. 이는 아마도 그리스 신화에서 포세이돈의 힘이 최고신 제우스에 견줄 만큼 강력하기 때문에, 아테나로서는 포세이돈한테 저주를 내리기는 불가능한 반면 만만한 약자인 메두사를 벌하기는 손쉬워서 그렇게 했다고 추측된다.

《변신 이야기》에 의하면, 메두사한테는 두 명의 언니가 있었다. 그들의 이름은 스테노(Stheno)와 에우리알레(Euryale)였다. 메두사를 포함한 세 자매는 고르고네스(Gorgones)라고 불렸다. 스테노와 에우리알레는 죽지 않는 불사신이었고, 메두사만 죽을 수 있었다. 《변신 이야기》는 고르고네스의 외모를 가리켜 머리카락은 온통 뱀이고 멧돼지 이빨이 달렸으며, 청동 손과 황금 날개가 달렸다고 묘사했다.

여기서 또 한 가지 의문이 생기는데, 메두사가 아테나한테 저주를 받아서 괴물로 변한 것이라면, 스테노와 에우리알레의 외모는 어떻게 해석해야 하느냐는 점이다. 스테노와 에우리알레가 메두사같이 아테나나 다른 신들한테 저주를 받아서 괴물로 변했다는 내용이 그리스 신화 관련 문헌에 전혀 언급되지 않기 때문이다. 더구나 메두사가 원래 미녀였는데 아테나의 저주를 받아서 괴물이 되었다는 이야기는 정통 그리스 신화에 없고 로마시대에 나온 《변신 이야기》에서야 보인다는 점을 감안한다면, 사실 그리스 신화에서 메두사는 원래부터 스테노와 에우리알레 같은 흉측한 괴물이었으며, 그녀가 아테나의 저주를 받아서 괴물이 되었다는 이야기야말로 로마시대에 새로 창작된 내용이라고 봐야 하지 않을까.

여하튼 《변신 이야기》에는 메두사와 관련하여 흥미로운 이야기가 많이 실려 있다. 예컨대 페르세우스가 메두사의 머리를 잘랐을 때 나온 피가 아프리카 리비아 땅에 떨어져서 수많은 독사가 태어났다. 또 바닷가 바위에 쇠사슬로 묶인 에티오피아의 공주 안드로메다를 페르세우스가 구출할 때 잠시 메두사의 머리를 해변에 내려놓았는데 그 때문에 바닷속에 산호들이 생겨났다.

하지만 《변신 이야기》에서 메두사의 머리에 관련된 가장 극적인 이야기는 바로 페르세우스와 아틀라스의 대결이다. 페르세우스는 메두사의 머리를 자르고 나서 곧바로 세상의 서쪽 끝인 아틀라스의 영토(현재 모로코)로 날개 달린 샌들을 신고 날아갔다. 아틀라스는 소 떼와 양 떼 수천 마리를 키우면서 바다를 지배했으며, 황금색을 띤 사과와 잎이 열리는 황금 나무를 한 그루 갖고 있었다. 페르세우스는 아틀라스한테 다가가 "나는 제우스의 아들 페르세우스라고 하오. 그러니 하룻밤을 묵게 해주시오"라고 부탁했다.

그러나 아틀라스는 페르세우스의 이름과 신분을 듣고, 예전에 테미스 여신이 "제우스의 아들이 당신이 가진 황금 사과를 빼앗으러 온다"라고 해준 예언이 생각났다. 실제로 그 예언 이후로 아틀라스는 황금 사과를 훔치러 오는 도둑을 막기 위해 황금 나무를 담장으로 두르고 큰 용 라돈한테 지키도록 했으며, 모든 외국인을 자신의 땅에 들어오지 못하게 막고 있었다.

이런 이유로 아틀라스는 페르세우스한테 당장 나가라고 위협했다. 이에 화가 난 페르세우스는 메두사의 얼굴을 꺼내어 아틀라스한테 내밀었다. 그러자 메두사의 눈을 본 아틀라스는 그 엄청난 덩치만큼 커다란 산이 되었으니, 그의 수염과 머리카락은 나무로, 어깨와 팔은 산등성이로, 머리는 산꼭대기로, 뼈는 돌로 변해버렸다. 이것이 바로 모로코의 아틀라스산맥이 생긴 사연이다.

제우스와 싸웠던 신 아틀라스를 돌로 만들 만큼 무서운 위력을 지닌 메두사의 머리에 주목한 탓인지, 서기 4세기 페르시아를 정복하러 나선 그리스 마케도니아의 알렉산더 대왕도 갑옷에 메두사의 얼굴을 그려놓았다고 전해진다.

065 미궁 속에 갇힌 괴물, 미노타우로스

미노타우로스(Minotaurus)는 그리스 신화에서 소의 머리와 사람의 몸을 가진 괴물이다. 어째서 이렇게 괴상한 생명체가 태어났을까? 거기에는 나름대로 복잡한 사연이 있다.

그리스 남부의 크레타섬은 아스테리오스라는 왕이 다스리고 있었다. 그는 미노스와 라다만티스, 사르페돈이라는 아들들을 남기고 죽었는데, 삼형제는 서로 자신이 왕이 되어야 한다며 다투었다. 이 다툼에서 불리해진 미노스는 바다의 신 포세이돈한테 "제가 신의 가호를 받고 있어서 왕위에 오를 몸이라는 징표로 황소 한 마리를 보내주십시오. 그렇게 해주시면 그 황소를 당신께 제물로 바치겠습니다"라고 빌었다.

이에 포세이돈은 미노스의 기도에 응답하여 잘생긴 하얀 황소 한 마리를 보내주었다. 소가 바닷물을 가르고 육지로 올라오는 모습을 본 라다만티스와 사르페돈은 신이 미노스를 돕고 있다고 여겨서, 그의 왕위 계승을 인정했다.

왕이 된 미노스는 해군의 규모를 늘려서 현재 터키의 영토인 소아시아 지역을 공격하여 90개의 도시를 정복했으며, 나아가 그리스 본토의 아테네와 메가라에도 해군을 보내 전쟁을 벌여 결국 굴복시켰다. 미노스왕 무렵의 크레타 왕국은 사실상 그리스 전체의 맹주라고 해도 과언이 아니었다.

미노스왕 시절의 크레타가 얼마나 강력한 나라였는지 보여주는 사례가 하나 있다. 고대 크레타 왕국의 수도 크노소스에서 성벽의 흔적이 발견되지 않는 것이다. 즉 미노스왕이 다스린 크레타는 해군이 워낙 강력해서 바다를 완전히 지배했고, 다른 나라들이 감히 쳐들어올 엄두조차 내지 못했기 때문에 방어 시설인 성벽을 쌓을 필요조차 못 느꼈던 것이다.

일설에 의하면 고대 그리스의 철학자 플라톤이 강력한 해상 제국으로 칭송한 아틀란티스의 모델이 바로 미노스왕이 다스린 크레타 왕국이라고 한다. 그런 견해가 있을 만큼 미노스왕 시절의 크레타 왕국은 강력한 해군으로 지중해 동부의 제해권을 장악하였고, 유럽과 아시아, 이집트를 연결하는 해상무역의 중심으로 눈부신 번영을 누렸다.

그러나 찬란했던 미노스왕의 치세에도 슬슬 먹구름이 끼기 시작했다. 왕위에 오르기 전 포세이돈과 했던 "황소를 당신께 제물로 바치겠습니다"라는 약속을 어기고 계속 황소를 갖고 있었기 때문이다. 포세이돈은 자신을 무시하는 미노스에게 화가 났다. 포세이돈은 미노스에게 망신을 주려고 미노스의 아내 파시파에로 하여금 자신이 보낸 황소한테 음란한 욕정을 품도록 저주를 내렸다.

파시파에는 포세이돈이 보낸 하얀 황소를 보자, 성관계를 하고 싶다는 욕정에 몸이 달아올랐고, 아테네에서 사람을 죽이고 크레타로 망명한 천재 기술자 다이달로스한테 속이 텅 빈 암소를 만들어달라고 부탁했다. 다이달로스는 하얀 나무를 깎아 속이 빈 암소를 만들어주었는데, 파시파에는 그 안에 들어가서 엎드린 채로 황소를 유혹했다. 가짜 암소 모형을 본 황소는 욕정이 생겨서 암소 안에 들어간 파시파에와 성관계를 가졌다. 10개월 후 그녀는 사람의 머리와 소의 몸을 가진 괴물 미노타우로스를 낳았다. 미노타우로스는 글자 그대로 미노스(Minos)의 소(taurus)라는 뜻이다.

미노타우로스가 태어나자 미노스는 충격을 받았지만 차마 죽이지는 못했다. 미노타우로스의 아비인 황소는 포세이돈이 보낸 동물이라서 만약 미노타우로스를 죽였다가는 포세이돈으로부터 또 무슨 저주를 받을지 몰랐기에 일단 살려두기로 했다. 하지만 그렇다고 사람들이 다 보는 곳에서 키울 수도 없는 노릇이었다. 고심 끝에 미노스는 다이달로스한테 한번 들어가면 결코 나올 수 없는 복잡한 통로를 가진 미궁을 만들게 하고 그 안에 미노타우로스를 가두었다. 그리고 속국이 된 아테네한테 1년에 7명의 젊은 남자와 7명의 젊은 여자를 제물로 바치도록 하여, 그들을 미노타우로스의 먹이로 주었다. 당시 아테네는 크레타의 위세에 굴복한 약소국이었기에, 미노스왕의 명령을 거부하지 못하고 그대로 따라야만 했다.

이렇게 미노타우로스는 아테네인들을 잡아먹으며 공포의 대상이 되었으나, 결국 아테네의 영웅 테세우스에 의해 죽임을 당했고, 그 이후부터 크레타 왕국은 점차 국력이 쇠약해져 몰락의 길을 걸었다.

사람의 머리에 소의 몸을 한 미노타우로스의 기원에 대해서는 그리스 신화 연구자들 사이에서 의견이 많이 엇갈린다. 과거 크레타 왕국이 모계 사회여서 여왕이 매년 들판에서 소와 공개적으로 수간을 하던 풍습이 미노타우로스 전설의 유래가 되었다는 의견이 있는가 하면, 암소와 수소의 가면을 쓰고 크레타의 남녀 성직자가 성관계를 갖는 풍습을 두고 크레타의 적대국이던 아테네인들이 "크레타인들은 소와 음란한 짓을 벌여 미노타우로스라는 괴물을 낳은 저질 족속이다!" 하고 모함한 것에서 전설이 비롯되었다는 주장도 있다.

066 반인반마(伴人伴馬), 켄타우로스

켄타우로스(Centaurs)는 상반신은 사람, 하반신은 말의 모습을 한 그리스 신화 속 괴물이다. 사람의 머리와 두 팔, 배와 가슴을 갖고 있어서 사람처럼 똑같이 생각하고 말할 수 있으니 일반적인 괴물의 이미지와는 상당히 다르다. 켄타우로스가 태어난 계기는 대략 이렇다.

전쟁의 신 아레스는 인간 여자 크리세(Chryse)와의 사이에서 플레기아스(Phlegyas)라는 아들을 남겼다. 플레기아스는 자신의 딸 코로니스(Coronis)를 겁탈하고 죽인 아폴론에게 복수하기 위해 아폴론을 섬기는 델포이 사원에 군대를 이끌고 쳐들어가서 살인과 약탈을 저지르다 제우스가 내리친 벼락에 맞아 죽어버렸다.

플레기아스는 익시온(Ixion)이라는 아들을 남겼는데, 익시온은 어른이 되어 그리스 북부 테살리아 지방의 왕이 되었다. 그는 아버지처럼 잔혹한 성격이어서 아내 디아(Dia)의 아버지, 즉 장인 데이오네우스(Deioneus)가 "내 딸을 아내로 맞을 때, 나한테 선물을 주겠다고 해놓고 왜 약속을 지키지 않는 건가?" 하고 꾸짖자 화가 나서 뜨겁게 달군 숯이 가득한 함정을 파놓고 장인을 떨어뜨려 태워 죽였다.

제우스는 친족 살해의 죄를 지은 익시온을 가엽게 여겨 그의 죄를 용서

하고 올림포스 궁전에서 열린 신들의 잔치에 초대해주었다. 그런데 익시온은 제우스한테 감사하기는커녕 오히려 그의 아내 헤라를 유혹하는 새로운 죄를 지었다. 익시온을 의심한 제우스가 구름을 빚어 가짜 헤라를 만들자 익시온은 주저 없이 가짜 헤라를 겁탈했다. 이에 분노한 제우스는 익시온을 불붙은 수레바퀴에 묶어 저승으로 쫓아냈다. 켄타우로스는 바로 익시온과 가짜 헤라 사이에서 태어난 자손들이다.

켄타우로스족은 주로 깊은 산속의 숲이나 물이 흐르는 골짜기에서 살았다. 이들은 술과 고기를 좋아했고, 거칠고 난폭했으며, 무엇보다 아버지 익시온을 닮아서 아름다운 여자만 보면 곧바로 달려가서 무조건 겁탈해버릴 만큼 호색한들이었다. 익시온의 아들 페이리토스가 히포다메이아와 결혼식을 벌일 때, 이들 켄타우로스가 찾아와서 "우리도 당신처럼 익시온의 자손이니, 한 가족이나 마찬가지요. 그러니 당신의 결혼식에 참석하고 싶소"라고 부탁했다. 페이리토스는 그들을 결혼식 하객으로 초대하여 술과 음식을 마음껏 즐기도록 대접했다. 그런데 포도주를 마시고 취한 켄타우로스족은 뻔뻔스럽게도 신부 히포다메이아를 겁탈하려 들었다. 기가 막힌 페이리토스와 다른 결혼식 하객들은 켄타우로스족을 쫓아내 버렸다.

또한 헤라클레스가 아내 데이아네이라를 데리고 에우에노스강을 건너려고 할 때, 켄타우로스인 네소스는 자신이 데이아네이라를 등에 태워 강을 건너게 해주겠다고 하고서는 그녀가 자신의 등에 타자, 얼마 못 가 겁탈하려고 했다. 이 모습을 보고 분노한 헤라클레스가 네소스에게 히드라의 독이 묻은 화살을 쏘자, 독화살에 맞고 죽어가던 네소스는 데이아네이라한테 자신이 흘린 피를 보관하고 있다가 헤라클레스와 사랑을 나눌 때 약으로 쓰라고 알려주고 숨을 거두었다. 하지만 이는 거짓말이었다. 네소스의 피에는 강렬한 독이 포함되어 있었다. 훗날 데이아네이라가 네소스의 말을 믿고 그 피를 헤라클레스가 입는 겉옷에 바르자, 그 옷을 입은 헤라클레스는 고통에 몸부림치다가 죽고 말았다.

물론 그리스 신화에 나오는 모든 켄타우로스가 사악하지는 않았다. 제우스의 아버지 크로노스는 바다의 요정 필리라(바다의 신 오케아노스의 딸)와 결혼하여 아들 케이론을 얻었다. 케이론은 켄타우로스의 모습을 하고 태어났지만 무척 지혜로운 성품을 타고났으며, 그리스 북부의 펠리온산에 살면서 의사인 아스클레피오스와 용사인 아킬레우스 등 수많은 그리스의 영웅을 가르친 스승이 되었다. 심지어 음악과 예언의 신 아폴론조차 케이론의 친구가 되어, 음악을 연주하고 예언을 하는 법을 가르쳐주기도 했다.

켄타우로스의 기원에 관해서는 여러 견해가 있다. 가장 대표적인 예로는 켄타우로스가 말을 타고 달리는 기마병을 은유적으로 표현한 것이라는 주장이다. 실제로 켄타우로스의 활동 지역인 테살리아는 고대 그리스에서 기병의 산지로 유명한 곳이었으니, 충분히 가능성이 있는 해석이다.

067 인류 최초의 로봇, 탈로스

　사람과 같은 모습이면서 그 덩치가 수십에서 수백 미터에 이르는 어마어마한 거구의 로봇들은 오늘날 수많은 만화와 게임, 영화 등 대중예술 작품에서 단골손님으로 등장한 지 오래다. 하지만 사람들의 상상력은 이미 고대 그리스 시대부터 로봇을 만들어냈다. 그리스 신화에 나오는 탈로스(Talos)가 바로 인류 최초의 로봇이다.

　탈로스는 대장장이의 신 헤파이스토스가 크레타섬의 왕 미노스한테 만들어준 선물이자 경비병이었다. 탈로스는 아무런 지각이 없이 그저 서 있기만 하는 인형이 아니었다. 신이 만든 로봇답게, 탈로스는 스스로 생각하고 판단하는 능력을 지녔다. 우선 탈로스는 하루에 3번씩 크레타섬을 돌면서, 바다를 건너 적이 쳐들어오지 않는지 감시하는 정찰 임무를 맡았다. 적이 나타나면, 커다란 바위를 두 손으로 들어서 던지며 섬 가까이에 오지 못하게 막았다. 그래도 적이 섬에 상륙하면, 그때는 자신의 몸을 뜨겁게 달궈서 적을 끌어안아 태워서 죽였다.

　이 밖에도 탈로스는 크레타섬 주민들이 미노스왕의 허락 없이 섬을 떠나지 못하게 막는 임무도 맡았다. 이런 이유로 크레타로 망명을 왔던 아테네 출신의 천재 기술자 다이달로스는 아들 이카로스와 함께 새들의 깃털을 붙여 만든 날개를 달고 섬을 날아서 빠져나가야만 했다. 육지와 바다를 모두 탈로스가 맡아서 감시하고 있는 탓에 오직 하늘로 나는 것만이 감시를 벗어나는 방법이었다.

요즘 말로 표현하자면, 탈로스는 상당한 수준의 인공지능을 갖추고 있었던 셈이다. 오늘날 만화나 영화에 등장하는 많은 로봇은 사람이 탑승하거나 리모컨으로 조종해야만 움직이는 데 반해, 수천 년 전 그리스인들이 상상한 탈로스는 그런 로봇들보다 훨씬 뛰어난 행동과 판단력을 지녔으니 놀라운 일이 아닐 수 없다. 게다가 탈로스는 자신의 임무에만 충실할 뿐이어서 현대 대중예술 작품에서 묘사하는 로봇과는 달리 인간에 대한 불평이나 반란은 시도조차 하지 않았다.

하지만 탈로스는 죽지 않는 불사신은 아니었다. 그에게도 약점이 있었다. 바로 목에서 발뒤꿈치까지 뻗은 핏줄의 끝에 박힌, 청동으로 만들어진 못이었다. 이 못을 뽑아버리면 피가 흘러나와 죽어버리고 만다.

놀랍게도 탈로스의 이런 약점을 크레타섬과 멀리 떨어져 있는 콜키스 왕국(현재 조지아 공화국)의 공주 메데이아가 알고 있었다. 그녀는 콜키스 왕국의 황금 양털을 가지러 온 영웅 이아손과 함께 아르고스호를 타고 크레타섬에 접근했을 때, 탈로스가 바위를 던져서 오지 못하게 위협하자 이렇게 제안했다.

"우리가 섬에 상륙하도록 허락해준다면, 내가 당신을 영원히 죽지 않는 불사신으로 만들어드리겠습니다."

죽음에 대한 두려움과 영생에 대한 갈망은 탈로스에게도 있었던지, 메데이아의 말을 듣고 탈로스는 태도를 바꿔 그녀와 이아손 일행이 크레타섬에 배를 대고 상륙하도록 허락했다. 메데이아는 땅에 발을 딛자 탈로스한테 다가가서는 그의 발뒤꿈치에 박힌 청동 못을 잽싸게 뽑아버렸다. 그러자 핏줄에서 피가 계속 뿜어져 나온 탈로스는 쓰러져 마침내 죽고 말았다.

이것이 그리스 신화의 묘사인데, 관점을 달리해서 본다면 탈로스의 몸에 흘렀던 피는 자동차나 비행기 같은 기계들을 움직이게 하는 연료 같은 것으로 볼 수 있지 않을까. 그래서 그 피가 다 빠져나가자 탈로스가 가동을 멈추고 정지해버린 것인지도 모른다.

내친 김에 헤파이스토스가 만든 다른 로봇도 살펴보자. 우선 헤파이스토스는 크레타섬에 세워진 제우스 신전을 지키는 용도로 황금 개 한 마리를 만들었고, 트로이 지역에 사는 파이아케스족(Phaiakes) 왕 알키노오스(Alkinoos)의 궁전을 지키는 용도로 황금과 은으로 개를 한 마리씩 만들었다. 황금과 은으로 만들어진 개들은 먹이를 먹지 않고도 하루 종일 신전과 궁전을 지켰다.

또한 헤파이스토스는 황금으로 두 명의 소녀를 만들어서 자신의 작업장에 배치하여, 절름발이인 자신을 부축하거나 이런저런 심부름을 하는 하인으로 삼았다. 소녀들은 스스로 생각하고 말할 수 있었는데, 웬만한 사람보다 훨씬 머리가 좋았으며, 무엇보다 로봇이라서 아무리 일을 많이 해도 전혀 지치지 않았다.

068 제우스도 감당할 수 없는 괴물, 티폰

그리스 신화에서 가장 강력한 괴물이라고 하면 티폰(Typhon)을 들 수 있다. 땅의 여신 가이아와 지하 세계의 신 타르타로스 사이에서 태어난 티폰은 한때 최고신 제우스를 패배시킬 만큼, 그 힘이 강력했다.

티폰이 탄생한 계기는 제우스였다. 제우스가 아버지 크로노스와의 전쟁(티타노마키아)에서 승리하여 크로노스를 비롯한 다른 티탄족을 지하 세계 타르타로스에 가둬버리자, 가이아는 화가 났다. 왜냐하면 크로노스와 티탄족은 따지고 보면 전부 가이아의 아이들이었기 때문이다. 가이아는 자신의 아이들이 어둡고 침침한 지하 세계에 영원히 갇혀 있는 것을 바라지 않았다.

가이아는 제우스의 오만함을 벌하기 위해, 자신과 우라노스(크로노스의 아버지) 사이에서 태어난 아이들인 거인족 기간테스를 부추겨 제우스를 비롯한 올림포스 신들한테 전쟁을 걸도록 하였다. 하지만 올림포스 신들과 기간테스의 전쟁인 기간토마키아가 인간 영웅인 헤라클레스의 참가로 올림포스 신들한테 유리하게 돌아가자, 가이아는 기간테스를 죽지 않게 해주는 약초를 찾아 나섰다. 그러나 제우스가 이를 알고 선수를 쳐서 약초를 없애버렸다. 그리하여 기간토마키아에서 기간테스는 모조리 올림포스 신들과 헤라클레스한테 죽임을 당하고 말았다.

기간테스가 실패하자 더욱 화가 난 가이아는 마지막 수단으로 자신의 아들이기도 한 타르타로스와 몸을 섞어 티폰을 낳았다. 티폰은 사람과 뱀의 모습이 반씩 섞인 괴물인데, 상반신은 사람이고 하반신은 두 다리 대신에 두 개의 꼬리가 길게 달렸다. 두 팔을 벌리면 왼쪽 팔은 서쪽 끝까지 뻗쳤고, 오른쪽 팔은 동쪽 끝까지 뻗쳤다. 또한 손가락은 모두 100마리 용으로 이루어져 있었고, 두 눈과 입에서는 불길이 뿜어져 나왔으며, 등에는 두 날개가 달려 하늘을 날아오를 수 있었다. 결정적으로 티폰은 가이아가 낳은 존재 중에서 가장 크고 강력했다.

이렇게 무시무시한 티폰이 올림포스 위 하늘의 신들을 향해 쳐들어오자, 제우스를 제외한 다른 신들은 모두 겁에 질려 이집트로 달아나 동물로 모습을 바꾸고 숨어 살았다. 다만 제우스는 그의 아버지 크로노스가 가졌던 아다마스로 만들어진 낫을 휘두르고 번개를 던지며 티폰에 맞서 싸웠다 (일설에 의하면 이때, 제우스의 딸 아테나도 아버지를 도와 함께 티폰에 맞서 싸웠다).

처음에는 제우스가 우세하여서 힘에서 밀린 티폰은 일단 시리아의 카시온(Kasion)산으로 달아났다. 제우스는 그런 티폰을 카시온산까지 쫓아갔고, 또 다시 제우스와 티폰의 싸움이 벌어졌다. 그런데 여기서 티폰은 자신의 뱀 꼬리로 제우스를 감아서 묶고, 그의 낫을 빼앗은 다음, 손과 발의 힘줄을 잘라서 붙잡았다. 그러고서 현재의 터키 남부인 킬리키아 지방의 코리키온(Korykion) 동굴 속에 제우스를 가두고, 제우스의 힘줄들을 곰의 가죽으로 싸고는 몸의 반은 사람, 몸의 반은 용인 델피네(Delphyne)한테 지키도록 했다.

하지만 제우스는 오랫동안 고초를 겪지는 않았다. 도둑의 신 헤르메스가 몸의 반은 사람이고 몸의 나머지는 염소인 판과 함께 델피네가 지키고 있던 제우스의 힘줄을 빼돌려서 그한테 다시 붙여주었기 때문이다. 그러자 제우스는 잃어버린 힘을 되찾았고, 날개 달린 말들이 끄는 전차를 몰고 니사(Nysa)산으로 향하던 티폰을 쫓아가서 벼락을 던졌다. 난데없는 제우스의 공격에 당황한 티폰은 니사산으로 달아났고, 그곳에서 운명의 여신들한테 "앞으로 내가 어떻게 해야 제우스를 이길 수 있겠는가?" 하고 물었다. 여신들이 티폰한테 "하루살이 열매들을 먹으라"라고 조언하자 티폰은 그대로 따랐다.

그러나 그것은 속임수였다. 하루살이 열매들은 인간들이 먹는 평범한 음식이어서, 그것을 먹은 티폰은 그만 힘이 약해지고 말았던 것이다. 운명의 여신들이 말한 하루살이란 곧 신들에 비해 아주 짧은 수명밖에 살지 못해서 하루살이라고 불리던 인간이었다.

그 틈을 노려 제우스가 다시 공격해왔고, 힘에서 밀린 티폰은 현재의 불가리아인 트라키아로 달아났다가, 하이모스(Haimos)산에서 제우스와 마지막으로 결전을 벌였다. 이때 티폰은 산을 뽑아서 제우스한테 던졌으나, 제우스는 벼락을 던져 산을 되돌려 티폰한테 향하도록 만들었다. 산에 맞은 티폰은 크게 다쳐 온몸에서 피를 흘렸다. 하이모스산의 이름은 그리스어로 피를 뜻하는 단어 하이마(Haima)에서 유래한 것이다.

결국 티폰은 이탈리아 남부의 시칠리아섬으로 도망쳤는데, 제우스는 계속 쫓아가서 시칠리아의 아이트네(Aitne)산을 뽑아 티폰한테 던졌다. 티폰은 아이트네산에 깔렸지만, 죽지 않고 살아 꿈틀거리면서 그의 숨결인 불을 뿜었다. 그것이 바로 에트나 화산이다.

069 에키드나와 티폰의 자손들

그리스 신화의 괴물 티폰은 신들에게 도전할 만큼 강력한 힘을 지니고 있었다. 비록 제우스에게 패배하고 시칠리아의 아이트네산에 깔렸으나, 그 이전에 다른 괴물 에키드나(Echidna)와의 사이에서 수많은 괴물 자녀를 낳아서, 세상을 계속 혼란과 공포에 빠뜨렸다.

헤시오도스의 《신통기》에 의하면 에키드나는 땅의 여신 가이아와 바다의 신 폰토스 사이에서 태어난 아들딸, 포르키스(Phorcys)와 케토(Ceto)가 낳은 딸이었다. 그녀는 사람과 뱀의 모습이 섞인 괴물이었는데, 상반신은 아름다운 소녀였지만 하반신은 뱀의 몸통과 꼬리였다.

에키드나는 현재 터키 동남부 지역인 킬리키아의 동굴 속에서 살다가 티폰과 만나서 몸을 섞었다. 그 결과 수많은 괴물이 그녀의 몸에서 태어났는데, 그들의 이름은 다음과 같다.

먼저 에키드나는 머리가 둘 달린 사나운 개 오르토스(Orthrus)를 낳았다. 이 개는 훗날 머리와 몸이 각각 3개 달린 거인 게리오네우스의 소 떼를 지키는 역할을 맡았다.

두 번째로 에키드나는 머리 셋에 뱀 꼬리가 달리고 등에는 50개(혹은 100개)의 뱀이 솟아난 사나운 개 케르베로스(Cerberus)를 낳았다. 케르베로스는 지하 세계의 신 하데스의 영토를 지키면서, 죽은 사람들의 영혼이 저승을 탈출하지 못하게 감시하는 경비견이 되었다.

세 번째로 에키드나가 낳은 괴물은 머리가 9개 달린 뱀 히드라(Hydra)였다. 히드라는 8개의 머리 중앙에 1개의 커다란 머리가 있었다. 8개의 머리는 잘리면 그 자리에서 새로운 머리 2개가 솟아났고, 1개의 커다란 머리는 죽지 않는 불사의 능력을 지니고 있었다. 아울러 히드라의 피는 불사신의 신들조차 그 고통을 두려워할 만큼 끔찍한 독이었다. 그래서 훗날 제우스의 아들이자 그리스 신화 최대의 영웅인 헤라클레스가 히드라를 물리쳤을 때, 그 피를 받아서 화살촉에 묻히자 태양의 신 헬리오스와 바다의 신 오케아노스조차 헤라클레스를 두려워하여 달아날 정도였다.

네 번째로 에키드나는 사자 머리에 염소 몸통, 그리고 뱀 꼬리가 달린 괴물인 키마이라(Chimera)를 낳았다. 키마이라는 커다란 덩치와 빠른 발로 움직이면서 입으로 불을 뿜어 사람과 가축을 해치는 괴물이었다.

다섯 번째로 에키드나는 자기가 낳은 자식인 오르토스와 몸을 섞어서 두 괴물 스핑크스(Sphinx)와 네메아(Nemea)의 사자를 낳았다. 스핑크스는 여자의 얼굴에 사자의 몸과 독수리의 날개를 가졌는데, 그리스 북쪽 테베의 산으로 가서는 지나가는 사람들한테 이런 수수께끼들을 냈다.

"1개의 목소리를 가졌고, 2개의 다리나 3개의 다리나 4개의 다리로 걸으면서, 다리의 개수가 가장 많을 때 나약한 동물은 무엇인가?"

"서로 교대로 낳고 낳는 두 명의 자매가 있는데, 그녀들의 이름은 무엇인가?"

그러고서 스핑크스는 수수께끼의 정답을 맞히지 못한 사람을 잡아먹었다. 이러한 스핑크스의 횡포는 오이디푸스가 나타나서 "네가 낸 수수께끼의 정답은 사람, 그리고 낮과 밤이다"라고 맞힐 때까지 계속되었다. 스핑크스는 오이디푸스의 대답에 화가 나서 스스로 목숨을 끊었다.

'네메아의 사자'는 그리스 펠로폰네소스반도 아르골리스의 네메아 계곡에 살아서 그런 이름이 붙었다. 이 사자는 칼과 화살, 몽둥이는 물론 어떠한 무기로도 죽일 수 없었다. 불에 태워도 죽거나 다치지 않는 그야말로 불사신에 가까운 괴물이었다. 네메아의 사자는 네메아의 동굴 속에 살면서 주민들을 닥치는 대로 잡아먹다가 헤라클레스의 목조르기를 당해내지 못하고 죽었다. 헤라클레스는 모든 공격을 막아주는 신비한 힘을 가진 네메아의 사자 가죽을 사자 발톱으로 벗겨서 자기 몸에 걸치고 다녔다.

그 밖에 황금 양털을 지키는 콜키스의 용, 제우스에게 반항한 죄로 캅카스산에 쇠사슬로 묶인 프로메테우스의 간을 쪼아 먹는 독수리, 그리고 황금 사과를 지키는 용 라돈(Ladon)도 모두 에키드나가 낳은 괴물로 간주되었다.

이렇게 수많은 괴물의 어미인 에키드나는 100개의 눈을 가진 거인 아르고스(Argos)에게 죽임을 당했다. 아르고스가 100개의 눈을 가져서 잠을 자지 않아도 되었던 반면, 그녀는 싸우다가 지쳐서 잠에 곯아떨어지는 바람에 아르고스한테 죽었던 것이다.

한편 흑해 연안에 살던 그리스인들은 에키드나가 헤라클레스와 몸을 섞어 세 아들 아가티르소스(Agathyrsus), 겔로노스(Gelonus), 스키테스(Scythes)를 낳았고, 이들이 유목민 스키타이족의 조상이 되었다는 전승을 믿었다.

070 새로 변신한 여자 괴물, 하피와 세이렌

그리스 신화에서 하피(Harpie)들은 여자의 얼굴을 하고 상반신이 새의 몸으로 된 괴물(혹은 정령이나 신들)이었다. 하피들의 아버지는 땅의 여신 가이아와 바다의 신 폰토스 사이에서 태어난 타우마스(Thaumas)였고, 하피들의 어머니는 폰토스의 자녀 세대이자 또 다른 바다의 신인 오케아노스와 테티스의 딸 엘렉트라(Electra)였다.

그리스 신화에서 하피들은 대부분 외모가 무척이나 추악하며, 사람들한테 해를 끼치는 흉악한 괴물로 여겨졌다. 사실 그리스 신화에서 하피들이 사람들한테 도움을 주거나 좋은 일을 해주었다는 내용은 찾아보기 힘들다. 오히려 오늘날 불가리아 지역인 트라케의 살미데수스(Salmydessus)를 다스리던 피네우스(Phineus)왕은 식사를 할 때마다 하피들이 날아와 식탁에 똥을 싸버리는 바람에 굶주려야 하는 지경에 이르렀다.

일설에 의하면 하피는 본래 죽음과 저승을 상징하는 음침한 괴물이었다. 로마의 시인 베르길리우스는 하피가 저승의 문을 지키는 괴물이라고 묘사했다. 또한 그리스나 로마의 전설에서도 하피는 어린아이들이나 사람들의 영혼을 날카로운 발톱으로 낚아채어 납치하는 약탈자나 저승사자로 그려졌다.

하지만 그렇다고 그리스 신화에서 하피가 사람들한테 죽임을 당하는 일도 없었다. 왜냐하면 그리스 신화에서 하피는 최고신 제우스를 섬기는 하녀로 나타나기 때문이다. 제우스의 노여움을 사서 천벌을 받을까 하는 두려움으로 어떤 영웅들도 하피를 죽이지 못했다.

세이렌(Seiren)은 바다의 섬(혹은 암초) 위에서 사는 소녀들이다. 기원전 2세기에 나온《신들에 대하여》에 의하면 그녀들은 허리 위로는 사람이지만 아래로는 새의 몸을 하고 있다. 하지만 기원전 7세기의《오디세이아》에는 이러한 묘사가 없다. 공통적인 내용은 그녀들이 들려주는 아름다운 노래에 배를 타고 지나가던 선원들이 정신을 잃고 바다에 빠져 죽는다는 것이다. 로마 시대의 전승에는 세이렌들이 그렇게 죽은 사람들의 시체를 먹는다는 묘사가 있지만, 그리스 시대에는 그런 내용이 보이지 않는다.

세이렌들이 처음 그리스 신화에 등장하는 것은《오디세이아》를 통해서다. 그녀들은 두 자매로, 섬에 살면서 지나가는 뱃사람들한테 노래를 들려주어 정신을 잃게 만들고 바다에 빠져 죽게 한다는 소문이 자자했다. 그래서 마녀 키르케는 오디세우스한테 "세이렌들이 사는 섬을 지나가려면, 밀랍으로 당신과 선원들의 귀를 단단히 막아서 그녀들의 노래를 듣지 말아야 합니다"라고 알려주었다.

하지만 정작 오디세우스는 도대체 세이렌들이 무슨 노래를 불러서 사람들을 매혹시키는지 궁금했다. 그래서 세이렌들이 사는 섬에 도착하기 전, 미리 선원들한테 "나는 귀에서 밀랍을 뺄 테니, 자네들은 나를 돛대에 밧줄로 단단히 묶어두게. 혹시 내가 세이렌들의 노래를 듣고 나를 풀어달라고 하거든, 오히려 더 많은 밧줄을 가져와서 단단히 묶어야 하네"라고 알려주었다.

이렇게 만반의 준비를 끝낸 후 오디세우스는 선원들과 함께 배를 타고 세이렌 자매가 사는 섬에 이르렀다. 그러자 세이렌 자매는 "어서 오세요,

오디세우스! 위대한 영웅이여! 우리는 그리스인들과 트로이인들이 트로이 전쟁에서 겪었던 모든 일을 알고 있습니다. 그러니 우리 말을 듣고 더 지혜로워져서 돌아가세요"라고 노래를 불렀다. 지혜의 영웅인 오디세우스한테 더 지혜로워지라는 말보다 유혹적인 소리는 없었다. 과연 그런 노래를 듣자 오디세우스는 세이렌들한테 더 많은 지식을 얻고 싶어서 자신을 풀어달라고 소리쳤으나, 선원들은 오디세우스가 미리 당부한 대로 그를 더 단단히 묶고는 재빨리 노를 저어 세이렌들이 사는 섬을 지나갔다.

여기서 엿보이듯이, 세이렌들은 사람의 마음속에 숨은 욕망을 정확히 파악하여 그것을 해결해주겠다고 유혹하는 능력을 지닌 듯하다.

《오디세이아》에서 세이렌은 두 자매였으나, 후대로 가면서 3명(피시노에, 아글라오페, 텔크시에페이아), 4명(텔레스, 라이드네, 몰페, 텔크시오페)으로 늘어났다.

한편 로마 시대의 시인 오비디우스는 그의 작품 《변신 이야기》에서 원래 세이렌들은 평범한 인간 소녀들로 곡식의 여신인 데메테르의 딸 페르세포네와 친구였는데, 페르세포네가 저승의 신 하데스한테 납치당하는 것을 막지 못한 벌로 데메테르가 세이렌들한테 몸의 절반이 새가 되는 저주를 내렸다고 주장했다.

071 사람을 집어삼키는 괴물, 스킬라와 카리브디스

스킬라(Skylla)는 그리스 신화에 나오는 괴물이다. 몸의 윗부분은 아름다운 여성이지만 아랫부분은 여섯 마리 사나운 개들로 이루어졌다. 스킬라가 왜 이렇게 기괴한 모습을 지녔는지는 로마의 시인 오비디우스가 그의 서사시 《변신 이야기》에서 흥미롭게 설명한 바 있다.

스킬라는 원래 아름다운 여성이었다. 바다의 신 포세이돈의 아들로서 바다의 신이기도 했던 글라우코스는 스킬라를 사랑하여, 마녀 키르케한테 찾아가서 "스킬라가 나를 보면 사랑을 느낄 수 있는 약을 만들어주시오"라고 부탁했다. 그러나 마녀 키르케는 글라우코스를 짝사랑하고 있었다. 그가 자신이 아닌 스킬라를 사랑한다는 말에 분노와 질투심을 느껴서 사랑의 묘약 대신 독약을 만들어 "이 약을 스킬라가 목욕하는 샘물에 타세요"라고 알려주었다.

글라우코스는 키르케가 준 독약을 스킬라가 목욕을 하는 샘물에 탔고, 스킬라는 끔찍하게도 몸의 아랫부분이 개의 머리 6개와 개의 발 12개로 변하고 말았다. 처음에 스킬라는 개들을 보고 놀라서 샘물에서 얼른 빠져나왔다가, 이윽고 그것이 자신의 모습이라는 사실을 깨닫고는 절망하여 깊은 동굴로 숨어들었고, 굶주림을 견디지 못해 지나가는 사람들을 습격해 잡아먹는 괴물이 되었다.

다만 스킬라가 원래 소녀였다가 키르케의 독약으로 괴물이 되었다는 이야기는 로마 시대에 만들어진 《변신 이야기》에만 나오는 설정이며, 정통 그리스 신화에는 나오지 않는다.

스킬라의 부모가 누구인지도 그리스 신화의 전승에 따라서 조금씩 다르다. 기원전 2세기에 나온 《신들에 대하여》를 보면, 스킬라가 크라타이이스나 트리에노스 혹은 바다 괴물들의 신 포르키스의 딸이라고 한다. 그러나 다른 전승들에 의하면 스킬라는 지하 세계와 마법의 여신인 헤카테가 포르키스와의 사이에서 낳은 딸이거나 제우스한테 도전한 괴물인 티폰이 반인반사의 뱀 에키드나와의 사이에서 낳은 딸이다.

여하튼 스킬라는 그리스 신화에서 트로이전쟁의 영웅 오디세우스가 배를 타고 이탈리아 연안의 메시나해협을 지나갈 때, 그 해협의 동굴 속에 숨어 있다가 재빨리 덮쳐서 오디세우스의 동료 6명을 잡아먹었다.

그 뒤로 스킬라는 헤라클레스가 스페인에서 게리오네우스의 소들을 데리고 그리스 남부 이타케로 돌아오는 모습을 보고는 소 몇 마리를 잡아먹었는데, 분노한 헤라클레스의 공격으로 죽임을 당했다가 그녀의 아버지 포르키스의 마법으로 다시 살아났다고 전해진다.

스킬라보다 유명하지는 않지만 카리브디스(Charybdis)도 그리스 신화에서 빼놓을 수 없는 바다 괴물이다. 카리브디스는 바다의 신 포세이돈과 땅의 여신 가이아 사이에서 태어났는데, 원래는 사람이었으나 지나치게 음식을 탐하여 스킬라처럼 헤라클레스의 소 떼 중 몇 마리를 습격해 잡아먹었다가 제우스가 내리친 벼락에 맞아 바다로 떨어지고는 괴물이 되었다.

또 카리브디스는 스킬라와 함께 이탈리아의 메시나해협에 살면서, 하루에 세 번 주위의 바닷물을 모두 빨아들여 선원들이 탄 배마저 모조리 집어삼켰다. 이러한 카리브디스는 신들에게조차 두려움의 대상이었던지, 마녀

키르케는 오디세우스한테 "결코 카리브디스의 곁에 가지 말고, 그녀의 습격으로 동료들이 죽어도 반격하지 말고 곧바로 그 자리를 빠져나오십시오. 카리브디스가 당신을 집어삼키면 신조차 당신을 도와줄 수 없습니다"라고 알려주었다.

키르케의 말에 따라 오디세우스는 메시나해협을 통과할 때 카리브디스를 피해갔다. 하지만 그의 부하들이 지루함과 배고픔을 견디지 못해 태양신 헬리오스가 키우는 소들을 잡아먹은 벌로 배가 가라앉는 바람에 바다에 떠돌던 오디세우스는 하마터면 카리브디스의 입속으로 빨려 들어갈 뻔했으나, 카리브디스 주위의 동굴 입구에 솟아난 무화과나무를 붙잡고 버틴 끝에 겨우 살아남을 수 있었다.

그리스 신화의 카리브디스는 실제로 메시나해협의 거친 소용돌이가 의인화된 것이라고 여겨진다. 이 소용돌이에 휩쓸려 수많은 그리스인의 배가 침몰하면서 무시무시한 괴물로 인식된 것이다.

072 시대와 지역을 넘나드는 늑대인간

홉혈귀 뱀파이어와 더불어 유럽의 판타지 세계에서 가장 유명한 괴물이라면 단연 늑대인간(Werewolf)을 들 수 있다. 사람이 늑대 혹은 늑대의 모습이 섞인 반인반수로 변한다는 늑대인간 전설은 그 기원이 고대 그리스 시대로 올라갈 만큼 매우 오래되었다.

고대 그리스의 역사가 헤로도토스는 그의 책 《역사》에서 현재 우크라이나에 살았던 이란계 유목 민족인 스키타이인의 동북쪽에 사는 네우로이인(Neuri)이 1년에 한 번 며칠 동안 늑대로 변신했다가 다시 사람의 모습으로 돌아온다고 서술했다. 네우로이인은 현재 동유럽의 슬라브족이나 발트해의 주민을 가리키는 것으로 추정된다. 다시 말해서 고대 그리스 시대부터 슬라브나 발트해 지역에는 늑대인간에 관한 전승이 있었던 것이다.

그리스 신화에도 늑대인간의 흔적이 드러난다. 그리스 신화에는 아르카디아의 왕 리카온(Lycaon)이 자신의 아들을 죽여서 최고신 제우스한테 제물로 바치자, 분노한 제우스가 리카온에게 저주를 내려 그를 늑대로 변하게 했다는 이야기가 있다.

또한 로마의 학자 가이우스 플리니우스 세쿤두스(Gaius Plinius Secundus)는 아르카디아의 호수를 건너 늑대로 변신한 남자 이야기를 소개하고 있다.

그 남자는 9년 동안 어떤 사람도 공격하지 않으면 다시 사람이 될 수 있었으나 참지 못하고 그만 어린이를 죽이고 창자를 먹는 바람에 10년이나 지나고 나서야 사람으로 돌아왔다고 한다.

로마의 작가 페트로니우스가 쓴 소설《사티리콘(Satyricon)》에도 늑대인간 이야기가 언급된다. 소설의 등장인물인 니케로스(Niceros)는 "친구를 찾았는데, 길가에 옷이 쌓여 있는 모습을 보았다. 그는 자신의 옷을 벗어버린 후, 늑대로 변하고는 울부짖으며 숲으로 도망갔다"라고 말했다.

로마 시대가 끝나고 중세가 시작되자, 늑대인간은 유럽 각지를 침략하여 사람들을 공포에 떨게 만들었던 바이킹들에 의해 다시 각광을 받았다. 전쟁터에서의 용맹함을 최고의 미덕으로 여겼던 바이킹들은 늑대를 딱히 부정적으로 여기지 않았다. 오히려 늑대를 용감하게 싸우는 동물로 여기고 본받으려는 인식까지 있었다.

실제로 노르웨이의 국왕 하랄드 1세(Harald I)는 주변 사람들로부터 몸에 늑대 가죽이 덮였다는 소리를 듣기도 했다. 북유럽 신화의 최고신이자 전쟁의 신인 오딘을 숭배하는 바이킹 전사들은 늑대 가죽을 입고 전쟁터에 나갔는데, 그래야 늑대의 영혼이 자신들의 몸속에 들어와 두려움을 모르고 용감하게 싸운다는 믿음이 있었기 때문이다.

비슷한 시기의 동유럽에서도 늑대인간에 관한 전설은 널리 퍼졌다. 그중 하나가 11세기 벨로루시(백러시아)의 브세슬라프 왕자 (Vseslav)에 대한 전설로, 왕자는 낮에는 사람들을 재판하고 마을을 다스렸지만, 밤이 되면 늑대로 변신해서 벌판을 뛰어다닌다는 내용이다.

그러다가 마녀사냥이 시작되는 15세기 말엽으로 접어들자, 늑대인간의 이미지는 좋은 부분이 완전히 사라지고 오직 나쁜 부분만 남아 그야말로 악마가 되어버렸다. 지금 사람들이 늑대인간에 관해 떠올리는 이미지, 즉 "평소에는 멀쩡하다가 보름달이 뜨면 늑대로 변신하여 사람들을 닥치는 대로 잡아먹거나 죽인다. 오직 은으로 만든 총탄으로 쏴야 늑대인간을 죽일 수 있다. 늑대인간한테 물리는 사람은 늑대인간이 된다"라는 식의 인식은 대부분 이때 생긴 것들이다.

1589년 자신을 늑대인간으로 믿은 독일의 농민 페터 슈툼프(Peter Stumpp)는 사람들을 죽이고 그 살점을 먹어치워 연쇄 살인과 식인 혐의로 처형당했다. 또한 16세기 프랑스에서는 늑대인간들이 사람들을 습격했다는 보고가 수없이 올라와서 법원에서 재판으로 다루기도 했다. 1598년 프랑스 앙주에서는 늑대인간이 발견되었고, 1603년에는 10대 소년이 자신을 늑대인간이라고 주장하여 종신형을 선고받았다.

1764~1767년 사이 프랑스 남부의 로제르(Lozère)에서는 이른바 '제보당의 괴수' 사건이 발생하여 80명의 남자가 죽임을 당했다. 일설에 의하면 이 사건은 변형된 늑대인간의 인간 습격 사례였다.

독일에서는 1650년 이후에도 늑대인간들에 관한 사람들의 관심이 매우 높았다. 오스트리아와 바이에른 지역에서는 18세기까지도 늑대인간의 존재에 관해서 사람들이 매우 진지하게 믿고 있었다.

슬라브족의 터전인 동유럽에서는 늑대인간을 마법사나 흡혈귀(뱀파이어)와 같은 족속이라고 여겼다. 동유럽의 민담에서는 살아 있을 때 늑대로 변신한 마법사는 죽어서 흡혈귀가 되며, 흡혈귀도 특정 기간이 되면 늑대로 변신한다는 믿음이 전해지고 있다.

073 흡혈귀(뱀파이어)를 물리치는 방법

　고대 그리스 시대부터 유럽에서는 라미아 같은 흡혈귀에 대한 인식이 있었으나, 흡혈귀 관련 전승이나 민담이 가장 많이 나온 것은 중세의 루마니아나 세르비아 같은 동유럽이었다. 애초에 뱀파이어(Vampire)도 흡혈귀를 뜻하는 세르비아어 밤피어(вампир)에서 유래한 단어다.

　유럽의 민담을 보면 뱀파이어는 얼핏 사람과 비슷하게 생겼으나 자세히 보면 살아 있는 사람과는 다르다. 우선 피부가 유난히 창백하고, 입과 코에서 피가 새어 나오며, 입에는 날카로운 송곳니가 드러난다. 또 이미 죽어서 관 속에 들어간 경우에도 머리카락과 이빨, 손톱이 계속 자란다. 그래서 시체가 거의 썩지 않고 마치 살아 있는 사람처럼 건강해 보이면 뱀파이어로 간주되었다. 어떤 민담에는 마을 사람들이 무덤을 파헤치고 관의 뚜껑을 열었는데, 관 속에 누운 시체의 얼굴 전체에 피가 흥건하게 묻어 있었다는 내용도 있다.

　동유럽의 슬라브족에게는 개나 고양이가 뛰어넘은 시체가 뱀파이어가 된다는 믿음이 있었다. 또한 러시아에는 사악한 주술을 부리는 마녀나 살아 있을 때 러시아 정교회로부터 파문당한 사람들이 죽어서 뱀파이어가 된다는 민담이 전한다.

뱀파이어한테 습격을 당할까 봐 두려워한 사람들은 여러 가지 조치를 취했다. 시체를 거꾸로 관 속에 넣거나, 시체가 묻힌 무덤 근처에 낫을 놓아두거나, 시체의 입에다 동전을 넣는 등의 일이었다. 이러한 조치들은 나름대로 이유가 있었다. 거꾸로 관 속에 들어간 시체는 일어나지 못해서 뱀파이어가 되지 못하며, 낫은 악령을 쫓아내는 쇠의 기운으로 뱀파이어가 접근하지 못하도록 막는다고 믿었다. 아울러 시체의 입속에 동전을 넣어두면 시체에 들어가려던 악령들이 돈을 보고 만족하여 시체를 뱀파이어로 만들지 않는다고 생각했다.

무덤 주위에 여러 개의 구멍이 뚫려 있으면, 그 무덤에 묻힌 시체는 뱀파이어가 된 것으로 간주했다. 이런 무덤에는 양귀비 씨앗이나 곡물인 기장을 뿌렸다. 유럽의 민담에서 뱀파이어는 유독 결벽증이 심한데, 자신의 주위에 양귀비나 기타 곡물의 씨앗이 떨어져 있으면 그것들을 일일이 다 세어보거나 줍는다는 다소 우스꽝스러운 인식이 널리 퍼진 것이다. 이 장면은 과거 우리나라에서도 방영되어 인기를 끌었던 미국 드라마 〈X-파일〉에도 나왔다. 주인공 멀더가 수사를 나갔다가 뱀파이어의 습격을 받자 다급한 와중에 살아남기 위해서 해바라기 씨앗을 방바닥에 뿌렸는데, 뱀파이어는 결벽증 때문에 그걸 일일이 줍느라 멀더를 가만히 내버려두는 우스운 장면이었다.

뱀파이어의 위협으로부터 무사하려면 몇 가지 도구가 있어야 했다. 가장 흔한 것이 마늘이다. 여기에 야생 장미나 겨자씨도 뱀파이어가 싫어하는 것들로 꼽혔다. 또 가톨릭의 상징인 십자가나 묵주, 성수가 있으면 뱀파이어의 습격을 피할 수 있다고 믿었다. 한편 유럽의 민담에서 뱀파이어 같은 흡혈귀들은 영혼이 없는 존재라서 그 모습이 거울에 비치지 않는다고 여겨졌는데, 이런 점을 이용해 문 앞에 거울을 두면 뱀파이어가 들어오지 못한다고 생각하기도 했다.

일부 전승에는 집주인이 미리 초대하지 않는 한, 뱀파이어는 집 안으로 들어갈 수 없다는 내용도 있다. 하지만 만약 집주인이 뱀파이어들을 불러들이면, 이후에는 마음대로 집을 들락날락거릴 수 있었다. 오늘날 뱀파이어를 다룬 영화나 드라마 같은 대중예술 작품에서는 햇빛을 본 뱀파이어들이 살이 타서 죽는 식으로 묘사되지만, 원래 유럽의 민담에서는 뱀파이어들이 햇빛을 보면 죽는다는 인식이 없었다.

뱀파이어를 해치우는 방법도 여러 가지였다. 남부 슬라브 문화권에서는 참나무나 산사나무로 만든 말뚝을 심장에 박으면 뱀파이어를 죽일 수 있다고 믿었다. 반면 독일이나 서부 슬라브 문화권에서는 뱀파이어의 목을 잘라버리는 것을 선호했다. 이탈리아의 베니스에서는 뱀파이어의 입에 벽돌을 넣으면 죽는다고 믿었다.

그 밖의 방법으로는 무덤 위에 끓는 물을 쏟거나, 관에 불을 질러 뱀파이어로 의심되는 시체를 완전히 불태우는 것 등이 있었다. 발칸반도에서는 기독교 성직자의 축복을 받은 은으로 만든 총탄으로 뱀파이어를 쏘거나 성수를 뿌리면 뱀파이어가 죽는다고 여겼다. 루마니아와 독일의 작센 지역에서는 각각 뱀파이어의 입안에 마늘이나 레몬을 넣었다.

그런가 하면 1989년 루마니아의 독재자였던 니콜라이 차우세스쿠는 루마니아 민중에게 악독한 뱀파이어로 간주되었다. 그가 죽자 루마니아의 아파트들에 마늘로 만들어진 긴 띠가 걸렸다고 한다.

074 바실리스크와 코카트리스

바실리스크(Basilisk)는 유럽의 전설에 등장하는 괴물로, 수탉과 뱀이 합쳐진 모습을 하고 있다. 한 예로 중세 유럽의 스페인에서는 바실리스크가 수탉의 두 다리와 부리에 뱀의 몸과 꼬리를 한 모습이라고 믿었다.

바실리스크라는 이름은 왕을 뜻하는 그리스어 바실레우스(basileus)에서 유래했다. 바실리스크의 머리에 왕관 모양의 볏이 달려 있어서 '모든 파충류의 왕'이라는 의미로 붙여진 말이다.

바실리스크에 관한 가장 오래된 기록은 서기 79년 로마의 학자 가이우스 플리니우스 세쿤두스(Gaius Plinius Secundus)가 남긴 책 《자연사(Natural History)》에 나온다. 이 책에서 플리니우스는 바실리스크를 이렇게 서술했다.

"바실리스크는 길이가 손가락 12개만 한 뱀인데, 북아프리카의 키레네(Cyrene, 현재의 리비아 동부)에서 살고 있다. 모든 뱀의 우두머리로 머리에 하얀 반점이 있다. 온몸에 독을 품고 있어서 이 뱀의 숨결만 닿아도 모든 풀과 나무가 불에 타고 돌조차 부서져버린다. 심지어 말을 탄 병사가 긴 창으로 바실리스크를 찔러 죽여도 독이 창을 타고 퍼져서 말과 병사 모두 죽어버린다. 다만 이렇게 무시무시한 바실리스크도 족제비를 만나면 겁을 먹고 목숨을 잃는다."

로마 시대에는 바실리스크가 그리스 신화의 괴물 메두사의 피가 아프리카의 사막에 떨어져서 태어난 것으로 믿었다. 그러다가 로마 시대가 끝나고 중세가 시작되자, 바실리스크의 탄생 이야기는 더욱 기괴해졌다. 즉 바실리스크는 뱀의 알을 수탉이 품고 있다가 부화한 탓에 수탉과 뱀의 모습을 모두 가졌다는 것이다.

바실리스크가 메두사의 피에서 태어났다는 로마 시대의 설정은 중세까지 계속 이어졌으며, 여기에 두 눈으로 사람을 보기만 해도 목숨을 앗을 수 있는 무서운 힘까지 있다는 전승이 더해졌다. 이는 그리스 신화에서 메두사가 두 눈으로 사람을 보기만 해도 사람이 돌로 변해 죽고 만다는 이야기를 그대로 이어받은 흔적이다.

1476년 영국의 작가 제프리 초서(Geoffrey Chaucer)는 《캔터베리 이야기(Canterbury Tales)》에 바실리스크는 수탉의 울음소리를 듣거나 거울을 통해 자신을 보면 죽는다고 적었다. 이는 바실리스크의 특성을 다소 우스꽝스럽게 비꼰 것이다. 수탉에 의해 태어났으니 수탉의 울음소리에 약하고, 뭐든지 두 눈으로 보기만 하면 죽으니 그 자신을 바라보면 죽지 않겠느냐는 조롱이 담긴 묘사였다. 실제로 폴란드 바르샤바에서는 한 남자가 거울을 들고 와서 바실리스크의 얼굴을 비추자, 거울에 비친 자신의 모습을 본 바실리스크가 죽고 말았다는 전설도 있다.

그런가 하면 중세 유럽에서는 바실리스크의 피와 사람의 피에 식초를 섞고 여기에 구리를 집어넣으면, 구리가 황금으로 바뀐다는 주장도 있었다.

르네상스 시대 유럽의 천재 과학자였던 레오나르도 다빈치는 플리니우스의 견해를 재인용한 자리에 "족제비의 오줌이 바실리스크를 죽일 수 있다"라는 자신의 견해를 덧붙였다.

바실리스크의 존재를 두고 어떤 사람들은 이집트 사막에 사는 독사인 코

브라의 특성이 유럽에 잘못 전해져서 탄생한 것이라고 주장한다. 실제로 코브라는 똑바로 몸을 세워서 움직일 수 있으며, 킹코브라의 머리에는 왕관처럼 생긴 돌기가 솟아 있다. 또 코브라 중 일부는 독을 침처럼 멀리까지 뱉을 수 있으며, 머리에 눈동자처럼 생긴 하얀 반점이 그려져 있다. 코브라의 천적은 몽구스인데, 몽구스는 족제비과 동물이다. 이러한 점들은 사람들이 묘사하는 바실리스크의 특성들과 일치한다.

중세 유럽에서 바실리스크는 사악한 괴물로 여겨졌으나, 일부에서는 오히려 그런 특성에 주목하여 바실리스크를 내세워 재앙을 막으려는 시도도 있었다. 그래서 스위스의 도시 바젤(Basel)에서는 바실리스크를 도시의 상징으로 삼았다.

바실리스크와 매우 비슷하여 구분하기가 힘든 괴물로 코카트리스(Cockatrice)가 있다. 코카트리스도 바실리스크처럼 뱀의 알을 수탉이나 두꺼비가 품어서 부화한 괴물로, 수탉의 머리와 두 다리에 뱀의 몸과 꼬리를 한 기괴한 형태를 지녔다. 코카트리스는 바실리스크처럼 두 눈에 독을 품고 있어서 사람이나 동물을 보기만 해도 죽일 수 있는 능력이 있었다. 그런데 코카트리스는 수탉의 울음소리를 듣자마자 죽었고, 코카트리스의 사악한 눈길에 유일하게 면역을 지닌 동물은 족제비로 여겨졌다. 결정적으로 코카트리스는 거울에 비친 자신의 모습을 보면, 두 눈의 독기를 견디지 못하고 죽었다고 한다. 이런 코카트리스의 정체는 무엇일까. 정답은 이집트의 나일 악어다. 유럽인들이 이 동물을 잘못 보고 멋대로 상상한 것이다.

075 유니콘

중세 유럽의 전설에서 유니콘(Unicorn)은 이마에 커다란 뿔 하나가 솟아 있는 하얀 말이었다. 당연히 이런 말은 실존하는 동물이 아니며, 전설 속에서 상상으로만 있는 환상종이다.

유니콘의 기원은 유럽이 아니었다. 고대 아케메네스 왕조가 다스리던 페르시아 제국의 수도 수사(Susa)에서 유니콘을 묘사한 벽화가 발견되었다. 수사의 벽화에 묘사된 유니콘은 새의 날개가 달려서, 새의 날개가 달려 있지 않은 중세 유럽의 유니콘과는 약간 달랐다.

페르시아 황제 아르타크세르크세스 2세를 치료했던 그리스인 의사 크테시아스(Ctesias)는 《인디카(Indika)》라는 책에서 "인도에는 이마에 뿔이 달린 말이 태어난다"라고 기록했는데 이 문장이 역사상 최초로 유니콘을 다룬 내용이다. 실제로 인도의 인더스 계곡에서는 유니콘의 모습이 들어간 인장이 유물로 발견되었다.

서기 6세기에 이집트의 항구도시 알렉산드리아에 살았던 상인은 인도로 항해하고 나서 유니콘에 관해 이런 기록을 남겼다. "이 사나운 짐승을 산 채로 잡는 것은 불가능하다. 왜냐하면 사람들에게 쫓기면 스스로 절벽에서 떨어져 죽기 때문이다. 이 짐승의 모든 힘은 뿔 속에 있다."

기독교가 사회를 지배한 중세 시대에 이르자, 유니콘은 그리스 로마 시대보다 더 유명해졌다. 중세 유럽에서 유니콘은 숲속에 사는 사나운 야생 동물이지만 순결한 처녀를 보면 곧바로 다가가서 무릎에 머리를 올려 잠들어버린다고 알려졌다. 이러한 유니콘의 특성이 기독교의 교리와 잘 맞아떨어졌다. 순결한 처녀는 성모 마리아에 비유되었고, 유니콘의 행동은 인간이 사나운 죄의 본성을 억누르고 신에게 복종해야 한다는 기독교의 가르침과 일치했기 때문이다. 기독교 교리를 선전하던 작가들은 유니콘이 처녀 앞에서 복종한다는 인식이 예수 그리스도가 당한 수난과도 통한다고 주장했다. 또한 순결한 처녀한테 유니콘이 끌린다는 설정은 중세 유럽인들한테 순결한 사랑과 결혼 생활의 충실이라는 인식을 심어주기도 했다.

　유니콘은 중세 유럽 귀족들의 문장(紋章)에 자주 들어갈 만큼 인기가 많았던 소재다. 중세 유럽에서 유니콘은 염소의 발굽과 턱수염에 사자의 꼬리, 그리고 이마에 날씬한 나선형 뿔이 달린 하얀 말로 그려졌다.

　지금은 영국의 일부지만, 불과 1700년대 초반까지 스코틀랜드는 남쪽의 잉글랜드와 별개인 독립국이었다. 스코틀랜드는 특별히 유니콘을 국가를 상징하는 문장에 넣었다. 스코틀랜드인은 잉글랜드로부터 침략과 압박에 시달렸다. 인구가 적고 가난한 상황에 놓여 있었으나 잉글랜드와 치열하게 싸워 독립을 지켜냈다. 그래서 스코틀랜드인들은 "우리가 잉글랜드의 노예가 되어서도 자유와 주권을 잃지 않으려고 맞서 싸우는 것처럼, 자부심이 강한 짐승인 유니콘이야말로 스코틀랜드의 상징에 어울린다"라는 뜻에서 유니콘을 국가 문장에 넣었던 것이다. 잉글랜드의 상징으로 국가 문장에 들어간 동물은 사자였는데, 중세 유럽에서는 유니콘이 사자의 천적으로 여겨졌기 때문에 잉글랜드와 대적하던 스코틀랜드로서는 더더욱 국가의 상징으로 적합했다.

　유니콘이 중세 유럽에서 인기를 얻은 이유는 또 있다. 그것은 유니콘의 이마에 난 뿔 알리콘(alicorn)이 이른바 모든 병을 치료하는 만병통치약으로 여겨졌기 때문이다. 알리콘은 독이 들어간 물에서 독을 없애준다고 믿어지기도 했다. 그래서 중세 유럽에서는 알리콘이나 알리콘의 가루가 왕족과 귀족들 사이에서 굉장히 인기가 많은 상품이었다. 한 예로 덴마크 왕들이 앉는 왕좌는 알리콘으로 장식이 되었을 정도였다. 아울러 덴마크 왕실에는 알리콘으로 만들어진 컵이 있어서 포도주나 물을 따라서 마시는 용도로 쓰였다.

애초 유니콘 자체가 현실에 없는 가상의 동물이니, 마찬가지로 유니콘의 뿔이란 것도 진짜로 있을 리 없다. 그렇다면 유니콘의 뿔 알리콘은 대체 무엇이었을까? 그것은 북극해나 북대서양에서 살던 일각고래나 해마의 엄니, 혹은 아프리카 코끼리의 상아나 그것들을 갈아서 만든 가루였다. 즉 중세 유럽에서 말하는 알리콘이나 알리콘 가루는 모두 거짓인 셈이다.

076 바다 주교와 바다 수도승, 바다뱀

바다 주교(Sea bishop) 혹은 주교 물고기(Bishop-fish)는 그 생김새가 천주교 성직자인 주교를 닮아서 붙여진 물고기의 이름이다. 바다 주교는 16세기부터 유럽 사회에 알려진 괴물이다.

전설에 의하면 폴란드의 왕이 바다 주교를 보고 싶어 해서, 어부들이 바다 주교를 잡아 왕한테 가져갔다. 그래서 왕과 천주교 주교들이 바다 주교를 보았는데, 바다 주교는 마치 바다로 돌아가고 싶다는 몸짓을 했고, 왕은 이를 불쌍히 여겨 도로 바다에 풀어주라고 명령하였다. 바다에 돌아가기 직전, 바다 주교는 자신을 풀어주는 사람들을 향해 손으로 십자가 표식을 그어 고맙다는 인사를 했다고 한다.

1531년 독일 북해 인근에서는 또 다른 바다 주교가 잡혔다. 이 바다 주교는 사람들의 손에 붙잡히자, 음식을 주어도 먹기를 거부하다가 사흘 후에 죽었다고 한다. 이와 관련된 내용은 스위스의 박물학자 콘라트 게스너(Conrad Gesner, 1516~1565)가 1551년에 출간한 책《동물들의 역사(Historiae animalium)》제4권에 묘사되어 있다.

바다 주교와 비슷한 생물인 바다 수도사(Sea monk)는 1546년 덴마크의 동쪽 바닷가에서 발견되었다. 그 생김새가 기독교의 수도사를 연상시킨다고 하여 바다 수도사라는 이름이 붙여졌다. 프랑스의 시인 기욤 드 살뤼스트 뒤 바르타(Guillaume de Saluste du Bartas, 1544~1590)는 그가 쓴 시《일주일(La Sepmaine)》에서 바다 수도사에 대해 이렇게 묘사했다.

> "바다 안에는 태양, 달, 별들이 있다네.
> 더 희귀하고 이상한 것은
> 바다에 사는 물고기들이지.
> 주교관을 쓴 주교 그리고 두건이 달린 기도하는 사람
> 그들은 누구인가?
> 노르웨이인들과 폴란드인들의 왕자가 그들을 보았네."

그렇다면 주교나 수도사처럼 생긴 물고기들의 정체는 대체 무엇일까? 이 질문에 관하여 현대의 연구가들은 저마다 답변을 내놓는데, 유럽인들이 큰 오징어나 물개 혹은 전자리상어를 보고서 주교나 수도사처럼 생긴 괴상한 물고기라고 착각했다는 것이다. 실제로 인어는 유럽의 선원들이 듀공을 잘못 본 것이라는 견해도 있으니, 그럴 듯하다.

바다에 사는 괴물 중에서 바다 주교나 바다 수도사보다 더욱 유명한 것은 시 서펜트(Sea serpent), 즉 바다뱀이다. 그리스인 지리학자 스트라본(Strabon)은 동부 지중해에서 죽은 채로 발견된 커다란 바다뱀에 대해서 이렇게 묘사했다.

"30미터 길이의 커다란 용의 시체를 많은 사람이 보았다. 용의 턱은 말을 탄 남자를 통째로 삼킬 만큼 컸으며, 용의 시체 앞뒤에 선 기마병들이 서로의 얼굴을 보지 못할 정도로 덩치가 컸다."

서기 1028년 노르웨이의 국왕 올라프 2세(Olaf II, 995~1030)는 노르웨이 서남부 발달(Valldal)만에서 바다뱀을 죽인 것으로 알려졌다. 또한 스웨

덴의 교회 성직자 올라우스 마그누스(Olaus Magnus, 1490~1557)가 남긴 지도인 〈카르타 마리나(Carta marina)〉에는 바다뱀을 비롯한 다양한 모습의 바다 괴물이 보인다. 마그누스는 1555년에 쓴 《북부 민족의 역사(History of the Northern Peoples)》에서 노르웨이의 바다뱀에 대해 이렇게 설명하고 있다.

"노르웨이의 해안을 따라 항해하는 사람들은 베르겐(Bergen) 외곽의 동굴에서 길이 60미터에 굵기 6미터인 무시무시한 뱀을 보았다고 말한다. 이 뱀은 송아지와 양과 돼지, 그리고 바다에서는 게나 다른 생선을 잡아먹는다. 목에는 긴 머리카락이 달렸고 비늘은 검고 날카로우며, 두 눈은 불타는 것처럼 붉다."

1639년 미국 매사추세츠의 앤곶에서도 바다뱀이 목격되었는데, 이것이 신대륙에서 나타난 최초의 바다뱀이었다.

그린란드의 성자 한스 에지드(Hans Egede)는 1734년 7월 6일, 배를 타고 그린란드 연안을 항해하던 도중에 바다뱀을 보았다. 그는 바다뱀이 자신이 탄 배보다 길었으며, 자신뿐만 아니라 선원들도 바다뱀의 꼬리를 보았다고 주장했다.

덴마크의 주교 에릭 폰토피단(Erik Pontoppidan, 1698~1764)은 1755년 《노르웨이의 자연사(Natural History of Norway)》에서 바다 위로 머리를 치켜들고 있는 바다뱀에 대한 기록을 남겼다. 당시 선원들은 바다뱀이 나타나자 너무나 놀라서 총을 쏘았지만, 바다뱀은 전혀 다치지 않고 바다로 들어갔다고 한다.

077 로키의 자식들, 요르문간드와 펜리르

북유럽 신화에서 거짓과 재앙의 신 로키는 시긴이라는 아내가 있음에도 불구하고 여자 거인 앙그르보다(Angrboda)와의 사이에서 세 아이를 얻었다. 그들은 늑대 펜리르(Fenrir)와 뱀 요르문간드(Jormungand), 그리고 마녀 헬(Hel)이었다.

로키의 세 아이들이 태어나자 운명을 관장하는 세 여신인 울드, 베르단디, 스쿨드는 "이들은 장차 신들한테 큰 해를 끼칠 것입니다"라는 예언을 남겼다. 최고신 오딘을 비롯한 신들은 그 예언을 듣고 로키의 세 아이들한테 두려움을 느꼈다. 신들은 세 아이들을 각각 멀리 떨어뜨리고 가둬서 자신들한테 해를 끼칠 수 없도록 하자고 의견을 모았다.

우선 오딘은 헬을 지하 세계이자 저승인 니플헤임으로 쫓아내어 그곳에서 살도록 하였다. 즉 헬을 저승을 다스리는 여신으로 임명한 것이었다. 헬은 오딘이 맡긴 역할에 만족하여 잘 수행했으므로, 신들한테 전혀 위협을 끼치지 않았다.

다음으로 오딘은 요르문간드를 바닷속으로 내던졌다. 하지만 요르문간드는 바다에서 온갖 물고기들을 잡아먹으며 하루가 다르게 덩치가 커졌고, 급기야는 몸으로 인간 세상의 땅 전체를 감싸고도 모자라서 자신의 입으로 꼬리를 물 지경에 이르렀다. 바이킹들은 요르문간드가 움직이면, 땅이 바다 밑으로 가라앉는다고 믿었다.

이제 남은 것은 펜리르였다. 일단 신들 중에서 가장 용감한 전쟁의 신 티르(Tyr)만이 펜리르한테 직접 먹이를 주며 친하게 지낼 수 있었다. 하지만 펜리르의 덩치는 날이 갈수록 커져갔고, 신들은 그런 펜리르를 보며 불안에 떨었다. 급기야 운명의 세 여신은 "언젠가 펜리르가 오딘을 잡아먹을 날이 올 것입니다"라는 불길한 예언을 남겼고, 그 예언을 들은 신들은 펜리르를 단단히 묶어두어 신들을 해치지 못하게 해야겠다고 마음을 먹었다.

일단 신들은 라에딩(Laeding)이라는 쇠사슬을 만들어서 펜리르한테 가져간 다음, "네가 이 쇠사슬을 끊을 만큼 힘이 세다면, 너의 이름이 널리 알려질 것이다"라고 부추겼다. 그러자 펜리르는 신들에게 자신의 몸에 라에딩을 묶어보라고 했고, 신들이 그렇게 하자 온몸에 힘을 줘서 라에딩을 끊어버렸다.

그러자 신들은 라에딩보다 두 배는 더 크고 무거우며 고리 하나하나가 배의 닻보다 더 큰 쇠사슬인 드로미(Dromi)를 만들어서 펜리르한테 가져와서는 이것도 끊어보라고 부추겼다. 펜리르는 처음엔 약간 망설였으나 "내가 더 큰 일을 해야 유명해질 수 있다"라면서 드로미를 온몸에 묶었다. 펜리르가 근육이 온통 드로미와 닿을 때까지 묶고 나서 힘을 주자, 드로미는 썩은 실타래처럼 힘없이 끊어져버렸다. 펜리르는 자신의 승리를 기뻐하며 크게 울부짖은 반면 신들은 펜리르의 엄청난 힘에 더 큰 두려움을 느꼈다.

무슨 수를 써서라도 펜리르를 묶어서 무력하게 만들고 싶었던 오딘은 프레이의 하인 스키르니르를 드워프(난쟁이)들이 사는 세계인 스바르트알브헤임으로 보내어, 펜리르를 묶을 수 있는 끈을 만들어서 가져오라고 지시했다. 스키르니르로부터 그런 주문을 받은 드워프들은 고양이가 걸을 때 내는 소리, 여자의 수염, 산의 뿌리, 곰의 힘줄, 물고기의 숨, 새의 침 같은 재료들로 글레이프니르(Gleipnir)라는 아주 부드럽고 가느다란 끈을 만들었다. 그러고는 글레이프니르가 세상의 모든 물건을 묶을 수 있다고 자신하면서 스키르니르한테 바쳤다.

스키르니르가 글레이프니르를 아스가르드로 가져와서 설명하자, 신들은 반신반의하면서 그것을 펜리르 앞에 가져갔다. 그리고 이 끈을 몸에 묶었다가 끊어버린다면 명성이 더 높아질 것이라고 부추겼다.

이때 펜리르는 글레이프니르가 지나치게 얇고 가늘다면서 혹시 여기에 무슨 마법을 걸어서 자신을 묶어두려는 것이 아니냐고 의문을 제기했다. 그러자 티르가 나서서 자신의 오른팔을 펜리르의 입속에 집어넣을 테니, 만약 신들이 마법을 건 끈으로 속임수를 쓴다면 오른팔을 물어뜯으라고 보증을 섰다.

티르의 보증을 믿은 펜리르는 글레이프니르를 온몸에 묶고 끊어보려고 힘을 썼다. 그러나 그 끈은 아무리 힘을 써도 결코 끊어지지 않았다. 화가 난 펜리르는 티르의 오른팔을 물어뜯어 삼켰고, 티르는 팔 한쪽을 잃었다.

펜리르를 묶는 데 성공하자, 신들은 펜리르를 링비(Lingvi)섬으로 끌고 가서 골(Gjoll)과 티비티(Thivity)라는 바위로 꽉 눌러 땅 밑으로 들어가게 했다. 그리하여 펜리르는 세상의 종말인 라그나뢰크 때까지 링비섬에 갇히는 신세가 되었다.

일설에 의하면 글레이프니르의 정체는 중국에서 전파된 비단인데, 바이킹들이 비단의 정체를 몰라서 세상에 결코 없는 것들로 만들어졌다고 착각했다고 한다.

078 탐욕스럽고 멍청한 트롤과 오거

트롤(Troll)은 북유럽 스칸디나비아반도의 전설에 등장하는 괴물이다. 옛 노르웨이어에서 트롤은 도깨비나 요괴, 늑대인간이나 거인 같은 온갖 괴물을 모두 합쳐서 부르는 호칭이었다.

노르웨이의 전설에서 트롤은 거인족(요툰Jotunn)의 한 분파인 서리 거인(투르스Thurs)에 속하는 종족으로, 산과 바위, 동굴 안에서 가족들끼리 모여서 살았다. 거인족처럼 트롤도 대개 인간에게 우호적이지 않으며 도움을 주지도 않는다. 또한 거의 모든 트롤은 전체적인 겉모습이 인간과 비슷하지만 인간보다 훨씬 추악하게 생겼으며, 지능 또한 인간보다 훨씬 낮다.

그러나 트롤이 인간보다 뒤떨어진 나약한 족속은 아니다. 트롤은 인간보다 수명이 훨씬 길며, 힘도 인간보다 훨씬 강하여 보통 사람들의 순수한 육체적 능력만으로는 도저히 트롤을 이길 수가 없다. 더구나 많은 트롤이 사람을 보면 즉시 달려들어 잡아먹으려고 한다.

다만 트롤한테는 치명적인 약점이 있는데, 햇빛을 받으면 곧바로 돌로 변하여 죽고 만다는 것이다. 이러한 설정은 북유럽 신화에서 드워프(난쟁이)들이 햇빛을 받으면 돌이 된다는 내용에서 유래했다. 그렇다면 트롤은 드워프보다 훨씬 나중에 생겨난, 드워프의 성질을 물려받은 족속인지도 모른다.

모든 트롤은 사람보다 훨씬 게걸스러운 식욕을 갖고 있다. 보통은 그들이 살고 있는 산속에서 야생동물을 잡아먹지만, 도저히 식욕을 달랠 수 없으면 산 아래로 내려와 사람들의 농장을 습격하여 먹을 것을 빼앗거나 가축들을 잡아가 먹어치우기도 한다.

햇빛 말고 트롤이 두려워하는 것이 또 하나 있는데, 바로 천둥 번개다. 모든 트롤은 천둥소리가 울리면 깜짝 놀라서 달아난다. 이는 트롤의 먼 조상인 서리 거인이 북유럽 신화에서 천둥의 신 토르가 휘두르는 천둥 망치 묠니르에 맞아 죽었던 기억 때문이다.

그런 이유로 트롤은 천둥이 치는 소리와 비슷한 교회의 종소리를 싫어하며, 교회가 들어서는 것을 보면 커다란 돌을 던져 부숴버리려고 한다.

트롤과 비슷한 속성을 지녔으나 전혀 다른 기원을 가진 괴물이 있는데, 바로 오거(Ogre)다. 오거는 남성형이고, 여성형으로는 오거스(Ogress)라고 하지만, 중세 유럽의 전설에서 오거스는 거의 등장하지 않는다.

오거는 사람과 비슷하게 생겼지만, 사람보다 덩치가 훨씬 크고 머리가 몸보다 지나치게 크며 길게 늘어뜨린 머리카락과 탐욕스러운 식욕, 그리고 강인한 힘을 지녔다. 오거는 북유럽 신화에 등장하는 거인들의 속성을 트롤보다 더 진하게 물려받았다. 오거는 사람을 잡아먹는 포악한 성질을 가졌으나, 트롤처럼 머리가 굉장히 나빠서 그 점을 잘 이용하면 평범한 사람도 오거를 속임수나 함정에 빠뜨려 해치우는 것이 가능했다.

오거라는 이름의 기원에 대해서는 여러 주장이 엇갈리고 있다. 이탈리아 북부에 살았던 고대 민족 에트루리아인이 인간의 살을 제물로 바친 신 오르쿠스(Orcus), 그리스 신화에서 영웅 오르페우스의 아버지이자 강의 신인 오이아그로스(Oiagros), 혹은 구약성경에서 현재 요르단 인근인 바산 주변의 성 60개를 지배한 거인 왕 옥(Og) 등이 그 유래로 등장한다. 개인적인 추측을 덧붙이자면, 오르쿠스와 옥의 속성에 북유럽 거인족의 속성이 더해져서 중세 유럽의 민간전승에서 오거가 탄생하지 않았나 싶다.

12세기 영국의 서사시 〈퍼시발, 성배의 이야기(Perceval, the Story of the Grail)〉에 의하면, "오거들의 땅으로 알려진 로그레스(Logres)의 모든 영토에 그가 다시 돌아오면 창으로 그들을 파괴할 것이다"라는 문장이 실려 있다. 여기서 언급된 로그레스란 중세 브리튼의 영웅 아서왕이 다스린 땅, 즉 현재 영국을 가리킨다. 그러니까 퍼시발의 기록대로라면 영국은 원래 사람들이 살기 전에 오거들이 살던 땅이라는 말이다. 그렇다면 오거는 현생인류 이전에 살았던 원시인인 네안데르탈인 등을 가리키는 말이라고 보아도 무방하지 않을까?

079 판타지 속 '약방의 감초' 크라켄

북유럽 스칸디나비아반도의 전설에 등장하는 괴물 중에서 가장 유명한 것이 바로 크라켄(Kraken)이다. 각종 판타지 작품에서 크라켄은 가히 약방의 감초처럼 셀 수 없이 등장하여, 판타지를 잘 모르는 사람도 그 이름을 한 번쯤은 들어보았을 정도로 친숙하다.

대부분의 판타지 작품에서 크라켄은 문어나 대왕오징어같이 여러 개의 촉수가 달린 두족류로 묘사된다. 2006년에 개봉한 영화 〈캐리비안의 해적: 망자의 함〉에서도 크라켄은 커다란 촉수들을 사용하여 배를 침몰시키는 두족류로 등장했다.

하지만 원래부터 크라켄이 두족류의 모습을 한 것은 아니었다. 13세기 말엽에 아이슬란드어로 작성된 문헌 〈포르날다르사가(fornaldarsaga)〉를 보면, 그린란드 인근 바다를 항해하면서 하프구파(Hafgufa)라는 이름을 가진 커다란 바다 괴물을 보았다는 내용이 있다. 〈포르날다르사가〉에 의하면, 하프구파는 며칠 동안 바다 밑에 잠수해 있으면서 사람과 배는 물론 고래와 그 밖의 모든 것을 삼켜버리는, 바다에서 가장 사나운 괴물이다. 하프구파는 머리와 콧구멍 사이로 배가 지나갈 만큼, 어마어마하게 커다란 덩치도 갖고 있다.

또한 1250년 무렵, 그린란드에서 노르웨이로 돌아온 익명의 작가가 쓴 문헌 〈코눙스 스쿠그시야(Konungs skuggsja)〉는 하프구파의 신체적 특성과 행동을 자세하게 설명했다.

"이 물고기, 하프구파는 고래와 비슷한 모습이며 항상 그린란드의 바다에서 목격된다. 하프구파는 크기가 놀랄 만큼 커서 보통 사람들은 그 존재를 잘 모르고 이야기하지도 않는다. 하프구파의 목구멍은 매우 커서 한번 입을 열어놓으면, 바다의 모든 물고기가 들어갈 수 있다. 입을 닫고 주둥이 안에 든 것들을 삼켜버리면 하프구파의 목구멍 안으로 빨려 들어간 어떤 물고기도 다시는 빠져나올 수 없다."

북유럽의 문헌들에서 언급된 거대한 물고기 하프구파는 다른 말로 크라켄으로 번역된다. 즉 원래 크라켄은 문어나 오징어 같은 모습이 아니라 고래와 비슷한 모습이었던 것이다.

1752년 베르겐의 주교 에릭 폰토피단(Erik Pontoppidan)이 쓴 문헌 〈노르웨이의 자연사에 대한 첫 번째 시도〉에서는 하프구파라는 이름이 크라켄으로 바뀌었다. 그리고 크라켄에 대해 "이 생물체는 섬으로 착각할 만큼 매우 거대하다. 노르웨이의 어부들은 종종 생선을 지나치게 많이 잡으면, 크라켄과 연관이 있다는 말을 서로 주고받는다"라는 설명이 덧붙여졌다.

그런가 하면 1781년 스웨덴의 작가 야콥 발렌베리(Jacob Wallenberg)는 〈갤리선의 내 아들〉이라는 문헌에서 크라켄에 대해 좀 더 상세하게 묘사했다.

"크라켄의 크기는 대략 16킬로미터 미만이다. 크라켄은 바다의 밑바닥에 머무르면서 자기가 잡아먹는 무수히 많은 작은 물고기에 둘러싸여 있다. 크라켄은 한번 식사를 시작하면 3개월 동안 잡아먹는 것을 멈추지 않으며, 먹어치우고 남은 것을 쏟아낸 배설물이 다른 물고기들의 먹이가 되기 때문에, 크라켄의 주위에는 배설물을 먹으러 오는 물고기들이 끊이지 않는다. 이러한 특성 때문에 고기를 잡는 어부들은 크라켄이 있는 곳을 따라다닌다. 크라켄이 구약성경의 〈욥기〉에서 신이 말한 거대한 바다생물인 레비아탄과 같다는 것은 의심할 여지가 없다."

그러다가 1802년 프랑스의 학자 피에르 드니 드 몽포르(Pierre Denys de Montfort)가 백과사전의 연체동물 항목을 작성할 때 크라켄을 가리켜 "거대한 문어와도 같은 이 생물이 1782년 9월 하룻밤 사이에 뉴펀들랜드 인근 바다에서 10척의 영국 전함을 공격하여 침몰시켰다. 크라켄은 아프리카 앙골라 연안에서 항해 중이던 생말로(Saint-Malo)호도 공격했다"라고 기술했는데, 이때부터 크라켄은 문어나 오징어 같은 거대한 두족류의 이미지로 인식된 것이다. 다만 뉴펀들랜드 인근 바다에서 하룻밤 사이에 침몰한 10척의 영국 전함은 실제로는 강력한 바람인 허리케인에 휩쓸려 변을 당한 것이었다.

080 흙으로 빚은 인조인간, 골렘

　골렘(Golem)은 중세 시대 유럽에서 살았던 유대인들의 전설에 나오는 괴물이다. 다만 자연적으로 발생한 생명체는 아니고, 유대인들이 찰흙이나 진흙으로 몸을 만들고 거기에 마법을 걸어 움직이게 만든 일종의 로봇이나 인형이다.

　골렘은 구약성경의 〈시편〉 139장 16절에 골미(Golmi)라는 단어로 한 번 언급되었다. 골미는 고대 히브리어로 '미완성된 인간'을 뜻한다. 반면 현대 히브리어에서 골렘은 벙어리나 무기력을 가리키는 단어로 쓰인다. 비슷한 맥락에서 골렘은 누군가에게 통제를 받고 그를 섬기는 상황에서 다른 사람들에게 적대적으로 행동하는 경우를 가리키는 말로도 쓰인다. 이러한 골렘의 개념은 이슬람교에도 전해져서 이슬람에서는 무력하거나 무자비한 사람을 고릴렘(Goylem)이라고 불렀다.

　유대인들의 구비 문학인 《탈무드(Talmud)》에 의하면, 율법학자들은 먼지를 모아서 진흙 인간 골렘을 만들었다고 한다. 최초의 인간인 아담도 처음에 먼지였다가 신에 의해 창조되었으니, 다시 말해서 골렘은 인간이 신의 창조를 모방한 것이다.

　대부분의 골렘은 말을 할 수가 없다. 이는 골렘이 스스로 생각을 하는 능력이 없으며, 오직 만든 사람의 명령만을 따르는 태생적 한계 때문이다. 하지만 유대인들의 민간전승에 의하면 골렘은 히브리어 알파벳의 문자를 이용하여 생명을 부여할 수 있다고 믿어졌다. 가령 진흙이나 찰흙으로 몸을 만든 다음, 그 입이나 이마에 신의 여러 이름 중 하나인 셈(Shem)이 적힌 작은 종이를 집어넣으면, 곧바로 살아서 움직인다고 인식되었다.

일부 전승에서는 골렘의 이마나 목에 히브리어로 '진리'라는 뜻인 단어 에메트(emet)를 새긴 다음, 목적을 이루고서 에메트라는 글자에서 e를 지워 메트(met)로 고치면 골렘이 바로 죽는다고 믿었다. 메트는 히브리어에서 죽음을 뜻하는 단어다. 이를 두고 랍비 야콥 벤 샬롬(Jacob Ben Shalom)은 1325년 "파멸의 법칙은 창조의 법칙을 뒤집은 것이다"라고 언급했다.

1630~1650년 폴란드의 카발리스트(Kabbalist, 유대교 신비주의자)들은 랍비 엘리야후(Eliyahu)가 "골렘을 만들어서 목에 에메트라는 글자를 새긴 다음, 목적을 다 이루자 에메트에서 e를 지웠고 그러자 골렘이 곧바로 제거되었다"라고 기록했다.

골렘과 관련한 가장 잘 알려진 기록은 16세기 후반 체코 프라하에 살았던 랍비 유다 로우 벤 베잘렐(Judah Loew ben Bezalel)의 것이다. 그는 체코의 블타바강 유역에서 가져온 찰흙으로 골렘을 만들었다. 그가 골렘을 만든 이유는 당시 프라하의 빈민가에 살던 유대인들한테 체코인들이 폭력을 휘둘렀기 때문이다. 참고로 중세 유럽에는 "유대인은 신의 아들이자 구세주인 예수 그리스도를 모함하여 죽게 만든 사악한 족속이니, 그들은 기독교도로부터 박해를 받아 마땅하다"라는 반유대주의가 사회 전반에 널리 퍼져 있었다. 그래서 유대인은 언제나 기독교도로부터 살인이나 약탈 같은 박해에 시달렸다. 골렘도 바로 그러한 박해에서 보호를 받고자 했던 유대인의 염원이 반영된 흔적이었다.

아무튼 그렇게 해서 베잘렐이 만든 골렘에는 요셉(Josef)이나 요셀레

(Yossele)라는 이름이 붙여졌다. 베잘렐은 유대교의 율법에 따라 모든 일을 멈추고 쉬어야 하는 안식일(토요일)이 시작되기 전인 금요일 저녁에 미리 요셉을 비활성화시켰다. 베잘렐은 유대교의 예배당인 시나고그(Synagogue) 앞에 요셉을 멈추게 하였는데, 이는 요셉으로 하여금 유대인들을 해치러 오는 폭도들을 막고 시나고그를 지키는 경비원으로 쓰려는 것이었다.

훗날 베잘렐은 죽기 전에 미리 골렘 요셉을 시나고그의 다락방에 넣어두었다. 만약 후세에 동포 유대인이 누군가로부터 피해를 입으면, 요셉을 부활시켜 사용하기 위해서였다. 전설에 따르면 제2차 세계대전 때, 나치 독일군이 골렘 요셉의 이야기를 듣고서 시나고그의 다락방으로 쳐들어가 훔쳐내려고 했지만, 오히려 다락방에 잠들어 있던 요셉이 깨어나 나치 독일군을 죽였다고 한다.

081 《반지의 제왕》에 나오는 괴물들

　1954년 영국의 소설가 톨킨이 발표한 판타지 소설 《반지의 제왕》에는 온갖 종류의 다양한 괴물이 등장한다. 이번 항목에서는 《반지의 제왕》에 나오는 괴물들을 간략히 소개해보기로 한다.

　먼저 《반지의 제왕》의 판타지 세계를 대표하는 괴물이라면 오크(Orc)를 들 수 있다. 오크는 돼지의 머리에 사람의 몸을 가졌는데, 사람보다 키가 약간 작지만 힘은 훨씬 강하며, 머리가 나쁘지만 사납고 난폭한 성질에 수적인 우세로 밀어붙이기 때문에 결코 얕잡아 볼 상대가 아니다.

　《반지의 제왕》에서 오크들은 햇빛을 싫어해서 해가 뜨면 동굴이나 산속에 숨어 있다가, 해가 지는 밤이 되면 나와서 활동을 한다. 영화 〈반지의 제왕〉에서도 이런 설정이 엿보인다. 오크들의 주인인 악의 제왕 사우론은 깨어나자마자 하늘을 온통 검은 먹구름으로 뒤덮어서 오크들이 활동하기에 편하게 만든다.

　우르크 하이(Uruk-hai)는 사악한 마법사 사루만이 마법을 써서 만들어낸 오크의 변종이다. 햇빛을 싫어하는 오크의 약점을 없애서 해가 뜨는 낮에도 자유롭게 활동할 수 있으며, 오크보다 체격이 더 크고 힘도 훨씬 세다.

　와르그(Warg)는 《반지의 제왕》에서 오크들이 말 대신 타고 다니는 늑대다. 다만 와르그는 현실의 늑대보다 훨씬 덩치가 크고 더욱 사납다는 점이 다르다. 하지만 《반지의 제왕》에서 와르그들은 주인공인 아라곤 일행한테 쉽게 죽고 마는 하찮은 졸개에 그친다.

펠 비스트(Fell Beast, 무서운 짐승)는 사우론을 따르는 아홉 악령인 나즈굴(Nazgul)을 태우고 하늘을 날아다니는 괴물로, 용처럼 생겼으나 두 팔 대신 날개가 달렸다. 다만 서양 판타지의 용들처럼 불을 뿜지는 못하며, 하늘에서 땅으로 내려와서 날카로운 이빨과 발톱을 사용하여 사람들을 해치는 정도에 그친다. 물론 펠 비스트의 덩치가 워낙 커서 그런 공격도 충분히 위협적이다.

운골리안트(Ungoliant)는 《반지의 제왕》의 전편인 소설 《실마릴리온》에 등장하는 커다란 거미 괴물이다. 운골리안트는 신들에 의해 창조된 생물이 아니라, 창조되기 이전부터 세상의 바깥인 어둠 속에서 존재했다. 《실마릴리온》에서 운골리안트는 암컷으로 묘사되며, 지나치게 탐욕스러워서 악의 제왕 사우론이 주는 온갖 보석과 먹이들을 다 먹고도 배가 고파 사우론까지 잡아먹으려 덤볐다가, 사우론의 부하들인 발로그들이 몰려와서 공격하는 바람에 아픔을 견디지 못하고 어둠의 계곡 속으로 도망쳤다. 그리고 그 계곡에서 수많은 새끼 거미를 낳았는데, 그 거미 중 하나가 쉴로브(Shelob)로 영화 〈반지의 제왕〉 3편에 나와서 주인공 프로도를 잡아먹으려 했다.

발로그(Balrog)는 소설 《실마릴리온》과 《반지의 제왕》 그리고 영화 〈반지의 제왕〉 1편 후반부에 나오는 괴물이다. 온몸이 불로 싸여 있고, 덩치도 무척 크며, 불길이 타오르는 칼과 채찍을 무기로 사용한다. 발로그는 사우론의 부하이지만, 그 힘과 위압감은 매우 강렬하여 《반지의 제왕》에서 주인공을 돕는 강력한 마법사 간달프마저 발로그가 나타나자 두려움에 떨었고, 결투를 벌이다가 발로그와 함께 절벽 아래로 추락하고 만다.

스마우그(Smaug)는 소설 《호빗》에 나오는 용인데, 온몸이 붉은 황금빛이며 두 팔 대신 날개가 달렸다. 펠 비스트와 달리 진짜 용이기 때문에 입에서 불을 내뿜는 공격도 가능하다. 황금과 보석에 대한 탐욕이 강하여, 누군가가 훔쳐가지 못하게 하려고 자신이 직접 금은보화 더미를 몸으로 감싸고 잠들어 있다.

엔트(Ent)는 소설 《반지의 제왕》과 영화에 모두 등장하는데, 살아서 움직이는 커다란 나무들이다. 이들의 나이는 족히 수천 년이나 되며, 나무이기 때문에 쇠나 불에는 약하지만, 웬만한 오크들은 발로 밟아서 죽일 만큼 강한 힘을 지녔다. 엔트들은 선량하기 때문에 주인공인 호빗 일행을 도와 사우론 일당에 맞서 싸운다.

호빗(Hobbit)은 소설 《반지의 제왕》의 주인공에 해당하는 종족으로 사람보다 키가 작은 난쟁이들이다. 이들은 하루에 다섯 번 끼니를 먹을 만큼 식욕이 왕성하고 발에 털이 났으며 작은 집에서 산다. 성품이 매우 선량하고 평화를 좋아한다.

다만 호빗 중에서 사우론이 만든 절대반지가 주는 탐욕에 마음을 빼앗긴 골룸(Gollum)은 굉장히 사악하다. 골룸은 거의 다 벗겨진 머리에 왜소한 키를 지녔고 생선을 날로 뜯어먹는다. 무엇보다 골룸은 절대반지에 대한 집착이 매우 강해서 거짓말과 살인조차 서슴지 않는다.

6

요정과 정령들

082 그리스·북유럽 신화의 요정, 님프와 엘프

님프(Nymph)는 그리스 신화에 나오는 요정들로, 자연 속에서 살아간다. 이들은 인간보다 훨씬 오래 살기는 하지만, 그렇다고 신들처럼 불사신은 아니다.

님프는 모두 젊고 아름다운 여자들로 묘사된다. 그런 이유로 그리스 신화에서는 남자 신들과 님프들의 연애 이야기가 끊이지 않는다. 대표적인 예로 태양신 헬리오스의 사랑을 받아서 아들 파에톤을 낳은 클리메네(Clymene)는 바다의 신 오케아노스의 딸 중 한 명이자 바다의 요정인 오케아니데스(Oceanids)였다.

일반적으로 님프는 자연의 정령으로 간주되지만, 기원전 7세기 그리스의 시인 헤시오도스가 쓴 《신통기》에 의하면 인류 최초의 역사인 황금시대를 살다가 죽은 사람들의 영혼이 님프가 되었다고 한다.

서기 5세기로 접어들자 그리스인들은 전통 신앙을 버리고 새로운 종교인 기독교로 개종하였으나, 그리스의 시골에서는 20세기까지 님프들이 실제로 존재한다는 믿음이 널리 퍼져 있었다. 아래는 그리스 신화에 나오는 님프의 종족과 그녀들이 속한 장소들이다.

아우라(Aurae, 산들바람)

아스테리아(Asteriae, 별들)

아울로니아데스(Auloniades, 계곡과 목초지)

나파에아(Napaeae, 작은 골짜기)

오레아스(Oread, 산과 동굴)

안토우사이(Anthousai, 꽃들)

드리아데스(Dryades, 나무들)

네레이스(Nereid, 네레우스의 딸 50명, 지중해에 사는 요정들)

림나데스(Limnades, 호수들)

포타메이데스(Potameides, 강들)

오케아니데스(Oceanids, 오케아노스의 딸들)

람파데스(Lampades, 지하 세계)

한편 북유럽 신화에도 그리스 신화의 님프처럼 요정이 있으니, 바로 엘프(Elf)다. 엘프는 고대 스칸디나비아어로 알브(Alf)라고 부르는데, '하얗다'라는 뜻이다. 그처럼 북유럽 신화의 엘프는 매우 하얗게 빛나는 외모를 지녔다.

북유럽 신화에서 엘프는 크게 두 종류다. 첫째는 하늘 세상 알브헤임(Alfheimr)에 사는 료스알프(Ljosalf)인데, 이들은 큰 키에 하얀 피부, 금발 머리와 파란 눈을 가진 아름다운 종족으로 흔히 말하는 엘프다. 둘째는 땅속 스바르트알바헤임(Svartalfaheimr)에 사는 도크알프(dokkalfar)로 작은 키에 검은 피부, 긴 머리카락과 수염을 지닌 못생긴 종족이며, 다른 이름으로는 드워프(dwarf), 즉 난쟁이들이라고 불린다.

그리스 신화의 님프가 모두 여자인 것과는 달리, 북유럽 신화의 엘프는 남자와 여자가 모두 있다. 다만 북유럽 신화에서는 엘프의 비중이 그리 높지 않다. 풍요의 신 프레이가 알브헤임을 다스리며, 신들을 젊게 해주는 황금 사과를 가진 여신 이둔이 사실은 엘프 출신이라는 언급이 전부다.

오히려 북유럽 신화 이후 중세 유럽의 민담에서 엘프의 존재감이 커졌다. 스코틀랜드와 아일랜드에서는 엘프가 쏜 화살에 맞은 사람들은 몸이 아프고 병에 걸린다고 믿었으며, 잉글랜드와 웨일스에서는 풀밭에 하얀 원이 그려진 곳은 엘프가 춤을 추는 곳이어서, 만약 거기에 사람이 들어가면 엘프의 세계로 끌려들어 가서 영원히 춤만 추게 된다고 여겼다. 또한 영국에서는 성게의 화석이 엘프가 먹는 빵이라고 생각했다.

북유럽 신화의 본고장 스칸디나비아에서도 엘프에 대한 믿음은 강하게 남아 있었다. 한 예로 스웨덴 동쪽의 고틀란트섬에서는 토르스피에스카(Thorspjaska, 천둥 소녀)라고 불리는 엘프에 관한 믿음이 있었다. 토르스피에스카는 몸의 앞쪽은 매우 아름다우나 몸의 뒤가 텅 비어 있는 것이 특징이다. 그리고 토르스피에스카는 번개나 비가 오면 사람들이 사는 집 안으로 들어오는데, 만약 사람들이 그녀를 잡으면 번개로 변한다. 개인적인 추측으로는 토르스피에스카가 북유럽 신화의 천둥 신 토르와 그 가족을 섬기던 정령이 아니었나 싶다.

판타지를 주제로 한 현대의 대중예술 작품에서 엘프는 뾰족한 귀와 하얀 피부를 가지고 활을 잘 쏘는 모습으로 등장하는데, 이러한 설정은 1950년대 영국의 작가 톨킨이 쓴 소설《반지의 제왕》에서 다분히 영향을 받은 것이다.

083 어둠의 요정과 땅의 정령, 드워프와 그놈

드워프(Dwarf)는 북유럽 신화에 등장하는 난쟁이 종족이다. 이들은 태초의 거인 이미르의 시체에서 태어나 꿈틀거리던 구더기였는데, 오딘을 비롯한 신들이 자신들의 모습과 지혜를 주어서 변화시켰다.

드워프는 '어둠의 요정'이란 뜻으로 다크알프(Dark elf)로도 불리며, 땅속 세상인 스바르트알바헤임(Svartalfaheimr)에 살고 있어서 작은 키에 검은 피부, 긴 머리카락과 수염을 지닌 못생긴 외모를 지녔으며, 햇빛을 받으면 돌로 변해버린다.

이러한 설정은 영국의 작가 톨킨이 1954년에 발표한 장편 판타지 소설 《반지의 제왕》에서 트롤한테 적용하였다. 톨킨이 무슨 생각으로 그랬는지는 알 수 없으나 드워프인 김리가 동료인 프로도나 레골라스와 함께 원정을 떠난다는 설정을 감안하여 일부러 드워프의 특성을 적대 진영에 속한 트롤한테 반영한 것이 아닌가 싶다. 주인공인 프로도와 레골라스 일행이 햇빛을 피해 깜깜한 밤에만 움직여야 한다면 분명 어색했을 것이다.

드워프는 뛰어난 손재주를 지녔기에 신들이 가진 천둥 망치 묠니르와 창 궁니르 등 온갖 보물을 만든 천재적인 기술자들이기도 했다. 특히 토르가 사용하는 묠니르는 신들과 인간들을 포악한 거인들의 위험에서 지켜주는 무기로. 만약 드워프들이 묠니르를 만들지 않았다면 북유럽 신화에서 세계의 종말인 라그나뢰크는 훨씬 빨리 왔을 것이다.

또한 북유럽 신화에서 위대한 왕이나 영웅들은 드워프나 그들한테 기술을 배운 대장장이가 만든 칼과 갑옷 같은 장비를 반드시 갖추고 있었다. 이는 북유럽인에게 드워프들이야말로 최고의 장비를 만드는 명인이라는 인식이 있었음을 드러낸다.

다만 훌륭한 기술에 비해 드워프는 북유럽 신화에서 그리 도덕적인 존재로는 그려지지 않았다. 두 드워프 피알라르(Fjalar)와 갈라르(Galar)는 신들이 만든 인간인 크바시르가 자신들보다 더 지혜롭다는 말을 듣고 질투심을 느껴 크바시르를 죽여버렸다. 또한 4명의 드워프인 알프리가(Alfrigga), 드발린(Dvalin), 베를링(Berling), 그레르(Grerr)는 그들이 만든 아름다운 목걸이 브리싱가멘(Brisingamen)을 갖고 싶어 하는 여신 프레이야한테 "이 목걸이를 얻으려면 당신이 우리와 각각 하룻밤을 같이 보내야 합니다"라고 요구하였다. 결국 목걸이를 얻으려는 탐욕에 눈이 먼 프레이야는 작고 못생긴 드워프 4명과 동침했다는 것이 《에다》의 기록이다.

오늘날 유럽의 판타지 세계를 다룬 수많은 대중예술 작품이 드워프가 빛의 요정 엘프와 적대 관계에 있다고 설정하는 것 또한 1950년대 영국의 작가 톨킨의 소설 《반지의 제왕》으로부터 영향을 받았기 때문이다. 다만 이는 톨킨 본인의 순수한 창작이며, 정작 드워프가 등장하는 원전인 북유럽 신화에서는 드워프가 딱히 엘프와 사이가 나쁘다거나 적대 관계에 있다는 내용이 전혀 언급되지 않는다.

아울러 현대의 판타지 문학이나 장르에서 드워프는 뛰어난 대장장이일 뿐만 아니라 전쟁터에 나아가 용감히 싸우는 전사로도 묘사된다. 하지만 원래의 북유럽 신화에서 드워프는 햇빛에 노출되면 언제 돌이 되어 죽을지 몰랐기에, 땅속에서만 숨어 사는 두려움이 많은 종족으로 묘사되었다. 드워프가 용감한 전사라는 이야기는《반지의 제왕》에서 처음 나오는, 다분히 독창적인 설정이다.

드워프와 비슷한 땅의 정령인 그놈(Gnom)은 16세기 르네상스 시대에 스위스의 연금술사 파라켈수스(Paracelsus, 1493~1541)가 죽은 지 25년이 지난 1566년에 출간된 그의 노트에 적힌 라틴어 그노무스(gnomus)에서 유래했다.

그놈은 땅속에 사는 작은 난쟁이 종족인데, 파라켈수스는 그놈이 고대 그리스의 난쟁이 종족인 피그미(Pygmæi)와 같다고 여겨서 그들을 땅의 원소이자 정령으로 서술했다.

파라켈수스의 노트에서 그놈은 사람들과 같이 살기를 꺼려하고, 행여나 사람들한테 피해를 입을까 봐 일부러 땅속에 숨어서 광산에서 귀중한 보석들을 캐내는 광부로 묘사되었다.

오늘날 많은 판타지 소설이나 영화, 만화에서 드워프는 광부이면서 각종 무기를 만드는 뛰어난 대장장이로 묘사된다. 이러한 설정은 원래의 드워프와 그놈이 합쳐진 것이다.

084 브라우니, 고블린, 레프리컨

브라우니(Brownie)는 중세 시대, 스코틀랜드와 잉글랜드 북부 지역에서 믿은 가정의 정령이다. 브라우니가 집에서 하인으로 일하다가 죽은 사람의 유령이라는 민담도 있다.

영국의 민담에 의하면 브라우니는 집주인이 잠들어 있는 밤에 나타나서는 주인 대신 여러 가지 집안일이나 농장 일을 해준다. 그렇기 때문에 브라우니는 언제나 밤에만 활동하고, 낮에는 그 모습을 드러내지 않는다.

브라우니가 나타나면 일단 그 집의 사람들은 즐거워한다. 영국의 민담에서 브라우니의 존재는 곧 가정의 번영을 보장해주는 징표이기 때문이다. 이 때문에 브라우니가 나타난 집의 가족들은 작은 그릇에다 크림이나 죽, 작은 케이크 등 브라우니들을 위한 음식을 담아서 난로 위에 올려놓는다. 브라우니가 밤중에 일을 하다가 배가 고프면 그것들을 먹고 기운을 차리라는 격려이자, 사람들 대신 집안일을 해주는 데 대한 감사의 표시다.

다만 브라우니는 근본이 요정인지라, 심한 장난기는 어쩔 수가 없다. 브라우니가 나타난 집에 살고 있는 하인들이 게으르면, 브라우니는 자고 있는 하인들을 때리거나 괴롭힌다. 또한 브라우니는 일만 하는 것이 아니다. 주변의 물건들을 부수거나 뒤집어놓는 식의 장난도 저지르며, 때로는 그저 재미 삼아서 밤에 시끄러운 소리를 내기도 한다.

브라우니는 거의 혼자서 일하며, 같은 집에 둘 이상의 브라우니가 나타나는 경우는 거의 없다. 보통은 브라우니가 나타나는 민가의 주위에 있는 동굴이나 바위, 연못이 브라우니가 사는 진짜 집이다.

브라우니의 외모는 작은 키에 갈색 털이 솟아 있는 피부, 짧은 곱슬머리, 주름진 얼굴을 하고 있다. 브라우니는 대부분 남자지만, 가끔씩 여자 브라우니가 나타나기도 한다. 그녀들은 보는 사람들한테 두려움이나 불안감을 심어줄 만큼 외모가 무척 추악한 것으로 알려졌다.

비록 브라우니가 집안일을 도와주기는 하지만 어디까지나 기분 내키는 대로 행동하는 것이기에, 기분이 나빠지거나 사람들한테 이용당했다는 생각이 들면 곧바로 집을 빠져나가 다시는 돌아오지 않는다. 또한 극단적인 경우지만 브라우니가 화가 나면 사악한 요정 보가트(Boggarts)로 변하기도 한다. 이 밖에도 사람들이 브라우니를 관찰하거나 비난하거나 비웃으면 브라우니는 불쾌감을 느낀다. 어떤 사람이 브라우니가 곡식을 제대로 치우지 못한다고 비웃자, 화가 난 브라우니가 그 집의 모든 곡식을 3킬로미터 밖에 있는 절벽 아래로 떨어뜨렸다고 한다.

만약 브라우니가 계속 집에 나타나는 것이 거추장스럽게 느껴지면, 적당한 방법으로 브라우니를 쫓아낼 수도 있다. 첫째는 브라우니한테 이름을 지어주면 된다. 만약 사람이 멋대로 브라우니한테 이름을 지어서 부르면, 브라우니는 "저들이 내 이름을 부른다!"라며 겁에 질려 영원히 사라져버린다. 이는 고대 중동과 서양에서 어떤 존재의 이름을 부르면, 그 존재를 지배할 수 있다는 믿음이 반영된 흔적이다. 둘째는 브라우니한테 옷을 선물해주는 것인데, 이 방법을 써도 브라우니는 영원히 그 집을 떠나버린다.

고블린(Goblin)도 브라우니처럼 중세 영국의 민담에 나온 요정이다. 브라우니가 다소 제멋대로라고 해도 가정에 나타나 사람들을 도와주는 것과는 달리, 고블린은 사람한테 도움이 되지 않고 철저하게 악의적인 욕심쟁이로만 그려진다. 고블린들은 황금과 보석에 대한 탐욕으로 가득 차 있으며, 그들의 키는 작고 외모는 무척이나 추악하다.

현대의 판타지 창작물에서 고블린은 사람보다 작은 체구에 힘이 약하지만, 수가 많고 교활한 잔꾀를 부리는 악역으로 등장한다. 이런 설정은 톨킨의 판타지 소설 《반지의 제왕》에서 처음 창작된 것이다.

레프리컨(Leprechaun)은 아일랜드 전설에 나오는 요정으로 붉은색 모자와 외투를 입고 붉은색 턱수염을 길렀으며, 두 발에는 구두를 신었다. 레프리컨은 혼자 살며, 구두를 만드는 기술자로 일한다. 또한 레프리컨은 금화가 가득한 항아리를 무지개가 피어나는 끝 지점에 숨기고 있는데, 만약 레프리컨을 붙잡아서 항아리의 위치를 말하라고 윽박지르면 겁에 질려 사실대로 털어놓는다. 그래서 아일랜드인들은 레프리컨이 부를 주는 풍요의 상징이라며 긍정적으로 보았다.

20세기 들어 서구권의 각종 저작물에서는 레프리컨이 아일랜드 출신 요정이라는 이유로 아일랜드의 상징이기도 한 초록색 이미지를 씌웠고, 지금처럼 녹색 옷과 모자를 쓴 외모로 바뀌었다.

085 산의 정령들, 베르크묀치와 코볼드

베르크묀치(Bergmönch)는 독일의 전설에 나오는 산의 정령이다. 그는 주로 광산에서 일하는 광부들의 입에 오르내리며 그 존재가 알려졌다.

베르크묀치는 보통의 사람보다 체구가 훨씬 크다. 그는 하얗게 샌 머리카락을 지녔으며, 두 눈은 불처럼 타오르는데 그 크기가 접시보다 더 크다고 한다. 베르크묀치는 그를 본 사람들한테 '산의 수도사'라는 별명으로 불리는데, 베르크묀치가 마치 수도사처럼 두건이 달린 검은 옷을 입고 있어서다.

하지만 베르크묀치가 항상 수도사의 옷만 입는 것은 아니다. 그는 광부들이 입는 옷을 입고, 마치 광부처럼 꾸며서 나타날 수도 있다. 그래서 독일의 광산에서 일하는 광부들은 베르크묀치를 가리켜 마이스터 하메링(Meister Hammerling)이라고 부른다. 베르크묀치는 또 목이 길고 무서운 눈빛을 가진 말의 모습으로 변신할 수 있으며, 유사시에는 자신의 모습을 숨길 수도 있다.

베르크묀치는 산속의 광산이나 구덩이 속에서 산다. 그러다가 거주지에서 나와 깊은 계곡에서 활동하는데, 금요일에 가장 바쁘게 움직인다. 베르크묀치는 직접 캐낸 광석을 한 양동이에서 다른 양동이로 옮겨서 가득 채운다. 만약 이때 누군가가 베르크뮌치를 꾸짖으려 한다면 매우 위험하다. 그는 자신에게 나쁜 말을 하는 사람을 무척이나 미워하여 해를 끼치기 때문이다.

산의 수도사라는 별명을 믿고 자칫 베르크뮌치를 우습게 여기거나 안전하다고 여기는 사람은 큰 낭패를 당할 수 있다. 베르크뮌치의 숨결에는 독이 있어 그 숨결을 들이마시면 한 번에 12명의 사람이 죽어나가기 때문이다. 베르크뮌치는 때때로 팔다리가 부러질 정도의 강한 힘으로 광부를 움켜쥐고 다른 곳으로 데려가는 고약한 습성도 가지고 있다. 아울러 누군가가 자신한테 거짓말을 하거나 짓궂은 농담을 걸어오는 것도 싫어하며, 그렇게 굴었던 사람들한테 반드시 보복을 한다.

하지만 베르크뮌치가 사람들한테 나쁘게 대하기만 하는 것은 아니다. 베르크뮌치는 사납고 까칠한 성격만큼이나 공정한 성격도 갖고 있기 때문이다. 그는 정직하고 성실하게 일하는 광부들을 지켜주고, 불성실하며 거짓을 일삼는 나쁜 광부를 처벌하는 일도 좋아한다.

한번은 베르크뮌치가 어느 광부의 머리를 무릎으로 힘차게 쳐서 죽게 한 일이 있었다. 광부가 자신이 캔 광석을 빼돌리고 양을 속여서 말하는 사기를 저질렀기 때문이다. 베르크뮌치는 거짓과 사기를 매우 싫어하기 때문에, 광부를 사악한 자로 여겨 처벌한 것이다.

또한 베르크뮌치는 광산 깊숙이 들어가서 일하는 광부들을 지키려고, 그들이 들고 다니는 램프에 기름을 가득 채워주어 불꽃이 계속 타오르도록 도와주는 일도 한다. 베르크뮌치가 램프에 채워주는 기름은 보통 기름과는 달리 신비한 마법의 힘을 가졌기 때문에, 아무리 오랫동안 램프의 불꽃이 타올라도 줄어들거나 없어지지 않는다. 다만 베르크뮌치는 자신이 인간들을 도와준다는 사실이 널리 알려지는 것을 싫어하기 때문에, 베르크뮌치의 도움을 받아서 기름이 계속 가득 차 있다는 사실을 광부들이 알아차리고 다른 사람들한테 알리면 그 즉시 램프에 채워진 마법 기름은 사라져버린다.

아울러 베르크뮌치는 정직하고 성실한 광부를 만나면, 그들을 도와주기 위해 자신이 직접 곡괭이를 들고 광석을 채굴하기도 한다. 이때 베르크뮌치는 아무리 힘이 센 광부도 일주일은 걸려야 채굴할 수 있는 양의 광석을 겨우 1시간 만에, 그보다 더 많이 채굴하는 놀라운 능력을 보여준다.

또한 베르크뮌치는 자신이 좋아하는 광부한테 황금과 은이 묻힌 곳을 알려준다. 그러면 광부는 서둘러 황금과 은이 묻힌 곳에 자신의 곡괭이나 다른 도구를 던져야 한다. 만약 그러지 않으면, 베르크뮌치가 알려준 황금과 은이 묻힌 곳은 금방 사라져버려 사람의 눈에 보이지 않게 되기 때문이다.

베르크뮌치 이외에도 독일의 전설에 나오는 산의 정령으로는 코볼트(kobold)가 있다. 코볼트는 사람의 모습을 하고 있으나, 키는 어린아이처럼 매우 작다. 이들은 사람의 집이나 배에 살기도 하지만, 광산 같은 땅속에서 활동하기도 한다. 광산에 사는 코볼트는 추악한 모습에 사나운 성질을 지니고 있다. 코볼트는 지하에서 사는 다른 정령들인 드워프나 그놈과도 비슷하다.

중세 독일의 광부들은 그들이 힘들게 캐낸 광석의 독 성분이 코볼트의 장난 때문이라고 믿었다. 그래서 그들은 자신들한테 때때로 도움을 준다고 믿었던 베르크뮌치와는 달리, 코볼트는 나쁜 일만 저지른다면서 매우 싫어했다. 하지만 코볼트는 그 이름이 길이 남게 되었다. 화학 원소 코발트의 이름이 바로 이 코볼트에서 유래했기 때문이다.

086 해적 떼로 변하는 바다 정령, 블루맨

영국 북부 스코틀랜드에는 '파란색 사람' 정령인 블루맨(The blue men)에 대한 전설이 있다. 이들은 턱수염이 난 노인인데, 블루맨이라는 이름처럼 온몸이 파란색을 띠고 있다.

블루맨은 스코틀랜드를 둘러싼 북해의 차가운 바닷속에서 살고 있다. 그들은 바람이 잔잔하고 햇빛이 비치는 좋은 날씨면, 바닷물의 표면 아래에서 조용히 잠을 잔다. 그러나 바람이 세차게 불고 폭풍우가 불어닥치면, 잠에서 깨어나 본격적으로 활동한다. 그들은 바다 위로 올라와서는 지나가는 배를 붙잡으며, 쇼니(Shony)라고 불리는 블루맨들의 지도자가 그 배의 선장을 향해 두 줄의 시를 외치면서 이렇게 강요한다.

"방금 전 내가 지은 시의 뒷말을 당신이 지어내서 화답하라! 만약 그럴 듯한 시를 지어서 답한다면, 우리는 그냥 바닷속으로 돌아가겠다. 하지만 시를 지어내는 데 실패하면, 그때부터는 우리가 당신의 배로 쳐들어가 모조리 노략질한 다음, 배를 뒤집어서 당신을 포함한 모든 선원을 바다에 빠뜨려 죽게 할 테다!"

그러면 선장은 자신을 포함한 선원들의 생명과 화물을 지키기 위해서 쇼니가 부른 시에 화답하는데, 그 내용은 대략 이렇다.

쇼니: 너 머리 검은 짐승아 한번 말해보아라

　　　 네 잘난 배가 소금물 가르는구나

선장: 내 빠른 배야 가장 빠른 길로 가거라

　　　 나는 너를 한 줄 한 줄 따라간다

쇼니: 내 부하들은 열망하고, 내 부하들은 준비한다

　　　 널 이 파도 밑으로 끌고 갈 준비 말이다

선장: 내 배는 빠르고, 내 배는 튼튼하다

　　　 배가 침몰한다면, 너희들 소굴은 부서질 것이다.

이처럼 쇼니를 포함한 블루맨들이 약탈과 살육의 열망을 담아 외치는 시에 대해 선장이 능수능란하게 반박하는 시를 지어 대구하면, 블루맨들은 그 배를 손상시킬 수 없다고 판단하여 그들이 사는 해저 동굴로 돌아가서 배가 자유롭게 항해하도록 허락한다. 하지만 만약 선장이 시를 짓는 재주가 없어서 대답을 못하면, 블루맨들은 즉시 잔인한 해적 떼로 돌변하여 배를 모두 약탈하고 뒤집어서 선원들을 몽땅 바다에 빠뜨려 죽인다.

블루맨은 다분히 해적에 대한 공포가 만들어낸 존재다. 실제로 스코틀랜드는 서기 8세기 무렵부터 지금의 노르웨이나 덴마크에서 쳐들어온 해적인 바이킹한테 줄곧 약탈을 당한 역사가 있다. 어쩌면 블루맨은 스코틀랜드 주민들이 바이킹을 보고 받은 정신적 충격에서 비롯되지 않았을까?

이러한 추정은 어느 정도 근거가 있다. 서기 859년 비요른과 헤스테인이라는 이름을 가진 바이킹 지도자 두 명이 부하들을 이끌고 지금의 북아프리카 도시 나도르(Nador)를 습격하여 '파란 사람들'과 '검은 사람들'을 납치해서 노예로 부려먹었다는 기록이 있다. 학자들의 주장에 의하면, 바이킹들이 납치해온 파란 사람들은 북아프리카의 원주민 투아레그(Tuareg) 부족이고, 검은 사람들은 흑인이다. 그러니까 검은색 피부를 가진 투아레그 부족과 흑인을 처음 본 스코틀랜드 원주민들이 그들을 마치 바닷속에서 사는 무서운 정령인 블루맨이라고 생각했다는 것이다.

물론 이와 반대되는 주장도 있다. 블루맨은 바이킹이 데려온 투아레그족이나 흑인에서 유래한 것이 아니라, 스코틀랜드의 원주민인 픽트족(Picts)이라는 의견이다. 픽트족은 온몸에 파란 염료를 칠하는 풍습이 있었다. 그래서 픽트족이 배를 타고 남쪽의 잉글랜드 지역을 약탈하는 모습을 본 사람들이 그들을 블루맨으로 여겼다는 주장이다.

한편 스코틀랜드의 민간 어원에 의하면, 블루맨이라는 단어의 진정한 뜻은 '두려운 사람'이라고 한다. 확실히 폭풍이 몰아치는 어두운 밤에 바다에서 불쑥 솟아나서 배를 약탈할 기회를 노리는 블루맨들은 옛날 뱃사람들한테 공포 그 자체였을 것이다.

087 여행자에게
노래를 불러주는 제나

    제나(Xana)는 스페인 북부 아스투리아스 지방의 전설에 등장하는 요정이다. 제나들은 분수와 강, 폭포 같은 물속이나 숲이 우거진 지역과 동굴에서 살아간다. 모든 제나는 금색이나 연한 갈색을 띤 길고 가느다란 곱슬머리를 가진 아름다운 여자의 모습을 하고 있다. 그녀들의 머리카락은 태양이나 달에서 짜냈다고 표현할 만큼 섬세하다.

    제나는 지나가는 목마른 여행자들한테 나타나서 물을 주며 갈증을 풀어준다. 또한 친절한 사람이 앞에 나타나면 그들한테 황금이나 은을 선물로 준다. 아울러 순수한 영혼을 갖고 있는 사람들은 봄여름 밤에 제나들이 부르는 노래를 들을 수 있는데, 제나들의 노래는 사람한테 최면술을 거는 것과 같은 효과를 내어, 그 노래를 듣는 사람들은 마음이 평온해지고 따뜻한 사랑을 느낀다. 반면 순수하지 못한 더러운 영혼을 갖고 있는 사람들이 제나들의 노래를 들으면 숨이 막히는 것 같은 고통을 받는다고 한다.

    이러한 제나의 특성은 고대 그리스 신화의 요정 사이렌한테서 유래한 듯하다. 바다의 요정 사이렌들은 지나가는 뱃사람들에게 아름다운 노래를 들려주는데, 그 노래는 너무나 아름답고 매혹적이라 뱃사람들은 정신이 혼란해지고 분별력을 잃고 바다로 뛰어든다. 이러한 사이렌의 특성이 스페인으로 전해지면서, 사악함은 줄어들고 아름다운 부분이 증폭된 것이 제나의 노래가 아닌가 싶다.

실제로 신화를 연구하는 학자들은 제나가 고대 로마 신화의 사냥의 여신 디아나에서 이름이 유래했다고 보기도 한다. 다만 이런 주장에 대한 반론도 있는데, 제나라는 이름이 디아나와는 다르고, 그 유래를 따질 수가 없기 때문이다.

모든 제나가 선량하게만 구는 것은 아니다. 제나는 사람한테 나쁜 일도 저지른다. 일부 제나들은 분수나 동굴 속에 숨어 있다가, 지나가는 사람들을 덮치고 그들이 갖고 있는 음식들을 훔쳐서 달아난다. 성질이 짓궂은 제나들은 사람한테 접근하여 "내가 당신들한테 보물을 주겠어요"라고 약속하고, 그 말을 믿은 사람을 마비시킨 다음, "이 한심한 바보야! 그 말을 믿었냐? 너는 정말이지 어리석구나!" 하고 비웃으면서 달아나기도 한다.

이보다 더 못된 제나들의 장난도 있는데, 바로 체인질링(Changeling)이라 불리는 요정들 특유의 악질적인 해코지로 자신들의 아이와 사람들의 아이를 바꿔치기하는 것이다.

제나들은 제니노스(xaninos)라 불리는 아이들을 낳는다. 다만 모두 여자인 그녀들이 어떻게 해서 아이를 낳는지는 알 수가 없다. 여하튼 제나들이 아이를 낳으면, 곧바로 자신들의 아이를 안고 갓난아이를 낳은 사람들의 집으로 몰래 들어가서는 아이를 바꿔치기한다. 아스투리아스의 전설에 의하면 제나들은 아기한테 먹일 젖이 나오지 않아서, 아기를 낳은 인간 여자의 젖으로 자신들의 아기를 키우려고 그런다고 한다.

그렇다면 제나들이 훔쳐온 사람의 아기는 어떻게 될까. 좀 잔인하지만, 아스투리아스의 전설에서는 제나들이 사람의 아기를 훔쳐서는 잡아먹는다고 전해진다. 그런 이유로 아스투리아스 지방에서는 제나들을 위험하고 사악한 속성이 많은 존재라며 불길하게 여겼다.

하지만 그렇다고 아기를 빼앗긴 어머니들이 자신의 아기를 영원히 찾지 못하는 것은 아니다. 물론 겉으로 보기에 제니노스와 사람의 아기는 완전히 똑같아서 구분할 수가 없다. 그러나 아스투리아스의 전설에 의하면, 둘을 쉽게 가려낼 수 있는 방법이 있다. 일단 아기를 낳은 어머니가 달걀 껍데기 몇 개를 불 속에 넣거나 껍데기 안에 뜨거운 물을 넣으면, 제니노스가 "나는 100년 전에 태어났지만, 달걀 껍데기를 불에 태우는 이런 황당한 일은 전혀 알지 못했다!" 하고 말하며 자신의 정체를 드러낸다. 그러면 제니노스를 낳은 제나가 곧바로 자신이 훔쳐간 사람 아기를 어머니한테 돌려주고 자기 아이를 데려간다고 한다.

이러한 설정은 북유럽의 요정(혹은 거인)인 트롤이 사람들을 상대로 자신의 아기를 바꿔치기한다는 내용과 같다. 아마 트롤의 이야기가 스페인 쪽으로 전해지면서 이런 설정이 만들어진 듯하다.

088 슬라브 신화 속 정령들

　레쉬(Leshy)는 슬라브 신화에서 숲의 정령이다. 그는 긴 머리카락과 수염을 지닌 노인의 모습으로 나타나며, 자신의 키를 마음대로 줄이거나 늘릴 수 있다. 레쉬는 때때로 늑대와 곰의 무리에 둘러싸여 있기도 하다. 일부 전승에 의하면 레쉬한테는 레쉬아치카(Leshachikha)라는 아내와 레쉬온키(leshonki)라는 아들이 있다. 레쉬는 나쁜 사람들이 숲에 들어오면 심술을 부려 길을 잃게 만들지만, 선량한 사람들이 숲에 들어오면 길을 안내해주어 숲을 무사히 빠져나가도록 도와준다.

　쉬쉬가(Shishiga)는 러시아 민담에서 여자의 모습을 한 작은 정령인데, 숲이나 늪지에 산다. 쉬쉬가는 헝클어진 머리카락을 가진 하얀 알몸이며, 술에 취한 사람들을 괴롭히거나 불행을 안겨준다.

　샤탄(Shatans)은 벨로루시(백러시아)의 민담에 나오는 정령이다. 샤탄은 하루 종일 아무런 일도 하지 않고, 아무런 목적도 없이 사방을 돌아다니며, 다른 사람들한테도 그런 성향을 전파하려 든다. 그래서 벨로루시인들은 샤탄을 게으름의 상징으로 인식한다. 벨로루시의 민담에서는 화가 난 마녀가 샤탄을 괴롭힌다거나 심지어 악령이 샤탄을 죽인다는 내용도 있다.

　오빈니크(Ovinnik)는 슬라브 신화에서 타작하는 집에 사는 사악한 정령이다. 그는 곡식에 불을 질러 탈곡장을 날려버리는 못된 장난을 저지르기 좋아한다. 그래서 농부들은 그를 달래기 위해서 수탉을 제물로 바쳤다. 슬라브족의 풍습에서는 새해 전날 밤에 오빈니크가 집안사람들을 냉담하게 대하면 한 해 동안 불운이 찾아오지만, 집안사람들을 부드럽게 만지면 한 해 동안 그 집안에 풍족한 재산과 행운이 찾아온다는 믿음이 있었다.

반니크(Bannik)는 반냐(banya), 즉 러시아식 전통 사우나 안에 사는 정령이다. 반니크는 사람들처럼 사우나에서 목욕하기를 좋아하는데 만약 사람이 들어와서 목욕하는 것을 방해하면, 화가 나서 그 사람한테 끓는 물을 뿌리거나 목을 졸라 죽였다. 반니크는 미래를 예측할 능력을 지녔기 때문에 그가 밤중에 반냐에서 처녀의 등이나 엉덩이를 부드럽게 만지면 행운이 찾아온다고 여겨졌다.

도모보이(Domovoy)는 슬라브족의 전설에서 죽은 조상들의 영혼이 변한 정령으로 집안의 아이들과 동물들을 항상 보호해주었다. 또한 그들은 자신들의 친족을 보호하거나 키우기 위해 서로 간에 싸움을 벌이기도 했으며, 그 싸움에서 이긴 도모보이들은 싸움에서 진 도모보이들의 집을 빼앗았다. 도모보이들은 집안 식구들한테 죽음과 재앙 같은 일이 닥칠 것을 경고하는 능력도 있었다. 만약 그 집안의 가족들이 나쁜 말과 행동으로 도모보이를 화나게 하면, 도모보이는 그들한테 질병이나 다른 재앙에 걸리는 저주를 내리고 집을 나갔다.

드보로보이(Dvorovoi)는 집의 안뜰에 사는 정령이다. 도모보이와 비슷하지만, 사람들한테 덜 호의적일 뿐만 아니라 농장과 가축 창고에 해를 끼치는 존재였다.

폴레비크(Polevik)는 추수한 곡식 더미 뒤에 숨어 있는 작은 정령이다. 정오나 해가 질 때 나타나며, 검은색이나 하얀색 옷을 입고 있다. 슬라브족의 민담에 의하면 폴레비크는 길을 잃고 방황하는 사람들한테 길을 안내해주지만, 심술이 나면 사람들이 병에 걸리게 했으며 술에 취해서 잠든 사람을 죽이기도 했다. 다만 아무도 보는 사람이 없을 때, 도랑 안에 두 마리 수탉과 두꺼비, 까마귀를 던져넣으면 폴레비크의 화를 달래어 해를 입지 않았다.

러시아의 북부 지역에는 폴레비크의 여성형인 폴루드니사(Poludnisa)도 있다. 그녀는 하얀색 옷을 입은 크고 아름다운 여자의 모습으로, 정오에 일하는 농부들의 머리카락을 잡아당기는 일을 즐겼다. 폴루드니사는 어린이들이 곡식밭에서 길을 잃으면 길을 찾도록 도와주었다.

보드야노이(Vodyanoy)는 개구리 얼굴에 긴 머리카락과 턱수염을 가진 물의 정령이다. 보드야노이의 몸은 미역 같은 해조류로 덮여 있었고, 날카로운 손톱과 물고기의 꼬리에 뜨거운 석탄처럼 붉게 타오르는 눈을 지녔다. 보드야노이는 강물 위에 떠 있는 반쯤 가라앉은 통나무를 타고 나타난다. 화가 나면 사람과 동물을 물에 빠뜨려 죽이는데, 어부와 벌목꾼들은 그를 달래기 위해서 제물을 바쳤다. 러시아 북부에서는 보드야노이들을 다스리는 왕, 차르 보디아니크(Tsar Vodyanik)의 존재를 믿었다. 그는 하늘로 올라가 검은 구름 위에 앉아서 새로운 강과 호수를 만들 수 있었는데, 곤봉을 손에 쥔 노인의 모습이었다.

7

유령들

089 북유럽의 좀비, 드라우그

　죽은 사람이 몸을 움직이고 돌아다니면서 살아 있는 사람들을 해치는 것을 판타지 세계에서는 좀비(Zombi)라고 부른다. 한국에서도 2016년 개봉한 영화 〈부산행〉에 좀비가 등장한 것을 계기로 〈창궐〉이나 〈킹덤〉 등 좀비들이 출현하는 영화나 드라마가 잇따라 개봉되어 큰 인기를 얻었다.

　좀비들은 중남미 카리브해로 끌려온 아프리카 흑인들의 전통 신앙에서 비롯된 환상의 종족이다. 하지만 북유럽의 노르웨이와 아이슬란드에도 좀비와 같은 언데드(Undead)인 드라우그(draug)가 있었다.

　드라우그는 옛 노르웨이어로 '망령'이라는 뜻인데, 이미 죽어서 무덤에 묻힌 사람의 시체가 알 수 없는 이유로 다시 움직이고 돌아다니면서 사람을 해칠 때 쓰이는 말이다. 드라우그라고 해서 불사신은 아니며, 불에 타거나 칼과 도끼 같은 무기로 목이 잘리면 완전히 파괴되어 더 이상 움직이지 못한다.

　노르웨이의 오래된 전설에 의하면, 드라우그에도 종류가 있으며 땅에 사는 드라우그와 바다에 사는 드라우그가 따로 있다. 하지만 대부분의 드라우그들은 무덤에 묻혔다가 부활한 시체이기 때문에 땅의 무덤에서 산다. 그들 중 일부는 무덤에 묻힌 보물을 지키고 있다.

어떠한 드라우그이든지 그들은 살아 있는 사람들한테 두려운 존재다. 왜냐하면 드라우그는 보통 사람보다 훨씬 강력하고 초인적인 힘을 지니고 있기 때문이다. 더구나 드라우그는 기본적으로 죽은 시체이기 때문에 몸이 창백하게 부풀어 있거나 검게 썩어 있는 모습이라서 보기에 무척 끔찍하다.

다만 드라우그는 대중문화에서 흔히 다루어진 좀비들과는 다른 점도 있는데, 좀비처럼 그저 움직이기만 하는 시체에 그치지 않고, 살아 있을 때의 지능 중 일부를 갖고 있다는 것이다.

물론 드라우그가 좀비와 갖고 있는 공통된 특징도 있다. 드라우그도 좀비처럼 살아 있는 사람을 괴롭히거나 공격하여 죽인다는 점이다. 이는 드라우그가 본능적으로 살아 있는 사람을 질투하기 때문이라고 한다. 달리 해석하자면, 드라우그가 자신이 이미 죽은 몸이라는 사실을 알고, 살아 있는 사람을 미워하여 죽이는 것이라고 볼 수 있다.

드라우그는 자신의 의지에 따라 몸의 크기와 무게를 늘릴 수 있다. 그래서 고대 아이슬란드의 전설에서는 드라우그가 황소처럼 몸이 커졌다는 내용이 등장한다. 또한 드라우그는 물을 두려워하는 일반적인 좀비와는 달리, 물속에 들어가 수영을 하는 능력도 갖고 있다.

노르웨이와 아이슬란드의 전설에서 드라우그는 자신이 노린 사람을 물거나 피를 빨아먹거나 심지어 잡아먹는 등 여러 방법으로 죽인다. 그리고 드라우그의 무덤 근처에서 살고 있는 동물들은 드라우그의 지배를 받게 되어, 드라우그가 조종하는 대로 사람을 해치려 달려들 수도 있다.

드라우그는 사람만 해치는 것이 아니라, 동물을 습격하여 죽이기도 한다. 그래서 노르웨이와 아이슬란드에서 가축을 돌보는 소치기와 양치기들은 한밤중에 들판에서 드라우그가 가축을 습격하지 않도록 지켜야 했다.

서양에서 마녀나 마법사 들이 모습을 바꾸는 능력을 갖고 있는 것처럼,

드라우그도 그런 능력을 발휘할 수 있다. 아이슬란드의 고대 전설에는 드라우그가 사람의 모습에서 커다란 황소나 고양이, 그리고 귀나 꼬리가 없는 회색 말로 변신할 수 있다는 내용도 나온다.

또한 마녀들이 마을에 전염병을 퍼뜨리는 등의 마법을 부렸던 것처럼, 드라우그도 자신이 활동하는 인근 마을에 전염병을 일으키거나 낮을 캄캄한 어둠으로 바꿔버릴 수 있다. 밤이면 사람들은 드라우그를 더욱 두려워해야 한다. 왜냐하면 드라우그는 햇빛이 내리비치는 낮에는 힘이 약하지만, 해가 사라진 밤이나 어두운 날씨에는 힘이 강성해지기 때문이다.

그렇다고 드라우그가 약점이 없는 무적의 존재는 아니다. 대부분의 드라우그는 쇠에 약해서 칼이나 도끼로 드라우그의 목을 자르고 몸을 불에 태운 다음, 남은 재를 바다에 버리면 완전히 죽어서 사라진다. 다만 드라우그 중 일부는 칼이나 도끼 같은 무기로는 죽일 수 없다. 뛰어난 힘과 용기를 가진 영웅만이 그런 드라우그와 싸워 이길 수 있다.

죽어서 드라우그가 되는 사람들은 살아생전에 인색하고 탐욕스럽게 굴었거나, 이웃들한테 못된 행패를 부려 원성이 높았던 이들이다. 그래서 아이슬란드나 노르웨이에서는 평판이 나쁜 이웃을 드라우그라고 놀리는 일도 있었다.

090 죽음을 알리는 유령, 밴시와 듀라한

　밴시(banshee)는 아일랜드의 전설에 등장하는 여자 유령인데, 곧 죽을 운명을 가진 사람의 집에 나타나서 슬프게 울부짖어 "이 집안의 누군가가 얼마 후에 죽는다!" 하고 죽음을 알리는 역할을 맡고 있다. 그래서 아일랜드의 전설에서 밴시는 매우 불길한 존재로 여겨지는데, 그녀의 출현 자체가 사람의 죽음을 경고하는 것이기 때문이다.

　밴시의 외모가 어떻게 생겼는지는 여러 전승으로 전해져오는데, 그 내용을 종합해보면 대략 이렇다. 대부분의 밴시는 녹색 옷을 입고 그 위에 회색 망토를 둘렀으며, 머리카락은 산발을 하여 어깨 아래로 늘어질 만큼 길다. 또한 밴시의 눈은 울면 울수록 붉은색으로 변한다. 그런가 하면 일부 밴시는 마치 피처럼 붉은 머리카락에 하얀색 옷을 입었다고도 한다.

　밴시의 크기도 전승마다 제각각인데, 대부분의 전설에서 밴시는 작으면 30센티미터, 크면 120센티미터라고 한다. 아무리 봐도 사람보다 작은 키이지만, 일부 전승에서는 그녀들의 키가 사람보다 훨씬 크다고 하니, 밴시마다 체격에 차이가 있는 모양이다. 하긴 그녀들은 이미 죽은 유령이니, 키따위는 별로 중요하지 않을지도 모른다.

　이승에 나타나는 밴시는 대개 늙은 노파들이지만, 간혹 젊은 처녀 모습을 하기도 한다. 또한 밴시라고 해서 항상 죽을 사람이 있는 집에만 출현하는 것은 아니며, 달이 뜬 밤의 나무 아래에서 얼굴로 가리고 한탄하거나 지나가는 사람들을 보고 비웃는 행동을 보이기도 한다.

밴시의 울부짖는 소리는 세상의 어떤 소리나 노래보다 듣는 사람들로 하여금 강렬한 슬픔을 느끼게 한다. 아울러 밴시는 마치 찢어지는 듯한 목소리로 날카롭게 비명을 지르기도 하는데, 밴시가 외치는 비명을 듣는 사람들한테는 반드시 불행이나 재앙 같은 나쁜 일이 일어난다고 아일랜드의 전승은 전하고 있다.

아일랜드 전설에서는 가족 한 사람마다 담당을 맡은 고유한 밴시가 있다는 이야기도 있다. 또한 밴시가 한 가정에 한 명씩만 나타나는 것은 아니고, 여러 명이 한꺼번에 나타나기도 한다. 그런 일은 위대하거나 거룩한 사람이 죽는 일을 미리 알려주는 징조로 해석된다.

밴시는 유령이기 때문에 기본적으로 죽은 사람들의 영혼이 변한 모습이다. 밴시에 관련된 전설에 의하면 죽임을 당한 여자나 아이를 낳다가 죽은 어머니들이 밴시가 된다. 그런가 하면 요정 중 일부가 밴시가 된다는 이야기도 있다.

아일랜드 일부 지역에 전하는 바로는, 밴시가 울면 하늘에서 우박이 떨어지는데 그 우박은 유리를 깨뜨릴 만큼 강렬하다고 한다. 또한 밴시는 우는 것 이외에도 곧 죽을 사람들의 피가 묻은 옷을 빠는 환영을 보여주기도 한다.

밴시처럼 사람의 죽음을 알리는 아일랜드 전설의 유령이 하나 더 있으니, 바로 둘라한(Dullahan) 또는 듀라한이다. 듀라한은 아일랜드어로 '머리가 없는'이라는 뜻인데, 그처럼 듀라한은 머리가 없는 채로 말을 타는 사람 혹은 자신의 잘려진 머리를 오른손으로 들고서 말을 탄 유령으로 묘사된다.

보통 듀라한은 남자의 모습이지만, 드물게 여자의 모습으로 나타나기도 한다. 듀라한은 입술의 끝이 귀에 닿을 정도로 찢어져 있으며, 그렇게 크고 긴 입으로 보는 사람들한테 섬뜩한 두려움을 주는 미소를 짓는다. 듀라한의 머리에 붙은 두 눈은 계속 움직이는데, 어두운 밤에도 훤히 사물을 볼수 있다. 또한 듀라한의 머리는 마치 썩은 치즈처럼 검푸르게 변한 색을 띠고 있다. 듀라한은 죽은 사람의 시체에서 뽑아낸 등뼈를 말을 모는 채찍으로 사용한다.

아일랜드인들은 듀라한이 말을 몰다가 누군가의 앞에서 멈추거나, 특정 사람의 이름을 부르면 그 사람이 죽는다고 믿었다. 그런 이유로 듀라한은 밴시와 마찬가지로 죽음을 알리는 불길한 전령으로 여겨졌다.

듀라한 전설은 아일랜드인들이 이민을 간 미국에도 전해졌고, 이른바 '머리가 없는 기병' 민담이 미국 각지에 나타났다. 특히 미국 독립전쟁 때 영국군의 용병으로 참전했다가 미국 독립군이 발사한 대포의 포탄에 머리가 날아가버린 이후로 유령이 되어 자신의 머리를 팔에 끼고 계속 말을 달린다는 헤센인(Hessian) 기병 전설은 미국의 동화나 소설에 자주 등장한다. 헤센인 기병 역시 원조인 듀라한처럼 죽음을 예고하는 불길한 존재로 남아 있다.

091 프랑스·영국의 저승사자, 안쿠

    안쿠(Ankou)는 프랑스 서부의 브르타뉴(Bretagne)반도, 영국 남부 콘월과 서부 웨일스 지역에 민담으로 전해지는 유령으로 우리말로 번역하면 저승사자가 되겠다. 보통 브르타뉴와 영국의 민담에서 안쿠는 뼈만 앙상하게 남은 네 마리 말이 끄는 수레를 모는데, 커다란 낫을 들고 사람들의 영혼을 납치해서 수레에 태우고는 지옥의 입구인 위엘고아의 구덩이로 데려간다.

    어느 민담에서 안쿠는 죽은 사람들의 영혼을 모으는 죽은 자들의 왕으로, 그들의 행렬이 지나가는 특별한 길을 안내한다. 또한 안쿠는 가장 마지막으로 죽을 사람이며, 길고 하얀 머리카락을 가진 큰 키와 까칠한 모습의 망령이고, 모든 방향에서 사물을 볼 수 있도록 머리가 360도로 돌아가는 유령이다. 안쿠는 수레를 몰고 가다가 곧 죽을 사람의 집 앞에서 수레를 멈추며, 그의 집 문을 두드려 죽음을 예고한다.

    19세기 프랑스의 시인 아나톨 르 브라즈(Anatole Le Braz, 1859~1926)는 그의 작품 〈죽음의 전설(La Légende de la mort)〉에서 안쿠에 대해 "안쿠는 죽음의 부하이며, 묘지를 감시하면서 잃어버린 영혼들을 끌어모은다. 한 해에 마지막으로 죽은 사람의 영혼은 새로운 안쿠로 변하며, 기존의 안쿠가 하던 일을 반복한다"라고 서술했다.

그 밖에도 안쿠는 후드가 달린 검은 외투를 입고서 낫을 휘두르는 해골 모습으로 민담에 등장한다. 안쿠가 낫을 가진 이유는 전통적으로 서양에서 저승사자는 농부가 낫을 휘둘러 곡식을 추수하는 것처럼 사람들의 영혼을 거두어들인다고 믿었기 때문이다. 어떤 민담에서는 안쿠가 실체가 없는 일종의 그림자 같은 망령으로 묘사되기도 한다.

켈트족의 민담에 의하면 안쿠는 세계 최초의 인류인 아담과 이브의 첫 번째 아이였다. 다른 민담에서는 안쿠가 한 해에 첫 번째로 죽은 사람의 영혼이며, 자신이 무사히 내세에 가려면 다른 사람의 영혼을 모아서 지옥으로 데려가야 하기 때문에 저승사자 역할을 한다고 알려졌다. 또한 안쿠를 돕는 다른 두 명의 유령이 그와 함께 네 마리 검은 말이 끄는 수레를 타고 다닌다는 민담도 전해진다.

한편 브르타뉴 지역에서는 안쿠에 얽힌 재미있는 민담이 전해져온다. 어느 날 밤, 세 청년이 술에 취해서 길을 걷다가 우연히 수레를 끌고 있는 안쿠를 만났다. 그러자 술에 취한 청년 둘이 안쿠를 상대로 장난을 치고 싶은 짓궂은 마음이 들어서, 그를 향해 돌을 던지면서 고함을 질렀다.

"이 멍청아! 어디 한번 우리를 붙잡아봐라! 너는 결코 우리를 지옥으로 끌고 가지 못할 것이다! 너는 당장 우리가 던지는 돌도 피하지 못하는 얼간이니까!"

그렇게 한참 안쿠를 놀려 먹던 청년들은 그들이 던진 돌 하나가 안쿠가 모는 수레의 바퀴에 맞아 차축이 부러지자, "불쌍한 안쿠는 이제 저승사자 노릇도 못하겠네. 수레바퀴가 부러졌으니, 수레도 몰지 못하고 앞으로 실업자 신세나 되려나?" 하고 비웃고는 도망쳤다.

남아 있던 청년 하나는 못된 친구들한테 모욕을 당한 안쿠를 불쌍하게 여겼다. 그래서 안쿠가 모는 수레의 부러진 차축을 바꿔주려고 나뭇가지를 주워서 안쿠한테 주었고, 안쿠가 그걸 받아서 남은 바퀴에 연결하려고 하자 자신의 구두끈을 풀어 건네주며 도움을 베풀었다. 그러고서 청년은 조용히 자리를 떠나 집으로 돌아왔다.

다음 날 아침, 마을에는 한바탕 소동이 벌어졌다. 안쿠한테 돌을 던지며 놀렸던 두 청년은 아무런 병이나 상처도 없이 죽은 시체로 발견되었으나 안쿠를 도와준 마음씨 고운 청년은 머리카락이 온통 새하얗게 변해버린 것이다. 원래 안쿠는 세 청년을 모두 죽이기 위해 왔으나, 선량한 청년은 살려주는 대신 머리카락을 하얗게 변하게 하는 수준에서 그친 것이었다. 하룻밤 사이에 백발이 된 청년은 "안쿠가 내 친구들에 대한 복수로 그들을 지옥으로 데려간 것이 틀림없어!" 하며 두려워했다.

안쿠에 대한 흥미로운 민담이 하나 더 있다. 옛날에 어느 잔인한 왕자가 사냥을 하러 갔다가 '죽음'을 만났는데, 누가 먼저 흑사병을 없앨 수 있는지를 놓고 내기를 했다는 것이다. 결과적으로 죽음이 이겼고 왕자는 세상의 구석구석까지 떠도는 안쿠가 되는 저주를 받았다고 한다.

드물지만 여자 안쿠에 대한 이야기도 있다. 영국 서남부 데번주에 살던 하워드 부인(1596~1671)은 결혼을 네 차례 했는데 남편들이 모두 죽었다. 이웃들은 하워드 부인을 가리켜 "죽은 남편들의 두개골로 네 귀퉁이를 장식한 마차를 머리가 없는 말들한테 몰게 했고, 그 마차 앞에서 눈이 하나밖에 없는 무서운 검은 개 한 마리가 길을 인도했다"라면서 그녀가 여자로 둔갑한 안쿠라고 주장했다.

296

092 실체가 없는
그림자와 같은 고스트

　일반적으로 영어 단어 고스트(Ghost)는 죽은 사람의 영혼인 귀신을 부르는 말이지만, 정확히는 유럽에서 유령을 부르는 표현이다. 고대 그리스 시절부터 유럽인들은 고스트에 관한 다양한 전승을 간직해왔다.

　기원전 8세기 무렵에 편찬된 음유시인 호메로스의 서사시 《오디세이아》에는 고대 그리스인이 생각하던 고스트의 모습이 묘사된다. 《오디세이아》에서 고스트는 실체가 없는 그림자와 같으며, 어두운 지하 세계인 저승에서 자기들끼리 모여서 지내고 있다. 다만 《오디세이아》의 고스트는 특별히 사람한테 해를 끼친다거나 하는 일이 없었다.

　그러다가 기원전 5세기로 접어들면서 그리스인들은 고스트가 악한 목적을 지니고 사람을 해치는 두려운 존재라고 여기기 시작했다. 기원전 458년에 공연된 그리스 비극 3부작 〈오레스테이아(Oresteia)〉에서 아들 오레스테스한테 살해당한 클리타임네스트라(Clytemnestra)는 죽어서 고스트가 되어 복수를 하려고 나타난다.

　이러한 인식은 로마 시대로 이어졌다. 로마 시민권을 가진 그리스인 작가 플루타르코스는 그의 책 《플루타르코스 영웅전》에서 기원전 1세기 무렵, 그리스 카이로네이아 출신의 다몬(Damon)이라는 청년이 조국의 자유를 되찾기 위해 로마군 대장을 죽이자, 로마의 보복을 두려워한 카이로네이아 시민들이 목욕탕에서 다몬을 죽였고, 그 후 목욕탕에 고스트가 된 다몬이 나타나 울부짖자 겁에 질린 시민들이 목욕탕의 문을 닫아버렸다고 기록했다.

또한 소피스트 철학자 아테노도루스(Athenodorus)는 아테네의 집을 한 채 샀는데, 밤만 되면 집 안에 온몸이 쇠사슬로 묶인 고스트가 나타나서 겁을 주었다. 하지만 그는 고스트의 방해를 이겨내고 계속 철학에 대한 글을 썼다. 나중에 아테노도루스가 집 주변을 파헤쳐보자, 족쇄에 묶인 인골이 발굴되었다고 한다.

기독교의 창시자 예수 그리스도는 살아생전에 물 위를 걷는 기적을 일으켰는데, 그의 제자들은 예수를 보고 고스트가 된 줄 알고 겁에 질렸다. 또한 부활한 예수는 자신을 본 제자들한테 "나는 고스트가 아니다"라고 설득해야 했다.

로마의 몰락 이후 기독교가 사회를 지배한 중세 유럽에서는 고스트가 살아 있을 때의 잘못이나 기억이 강하게 남은 사람들의 영혼이라고 여겼다. 가령 살아서 자신의 하인들한테 욕설을 퍼부었던 주인은 죽어서 혀가 찢어지고 그것을 삼키는 고문을 연옥(천국과 지옥의 중간)에서 받으며, 그 고통을 이승 사람들한테 호소하기 위해 고스트로 나타난다는 것이다.

또한 영국 케임브리지 근교의 완들베리(Wandlebury)에서는 밤이 되면 숲에서 죽은 고스트들끼리 전투를 벌인다는 민담이 전해져왔다. 그들은 살아생전에 군인이었는데, 죽어서도 전투를 벌이던 기억에 사로잡혀 계속 살아 있을 때의 일을 반복했다는 것이다.

16세기 들어 중세가 끝나고 이른바 르네상스 시대가 왔으나, 영혼과 사후 세계에 관한 사람들의 관심은 사라지지 않았다. 오히려 기독교의 엄격한 지배를 받던 중세 시대보다 자유로운 분위기의 르네상스 시대가 열리면서, 죽은 사람들의 영혼을 불러내는 이른바 심령술(Spiritualism)에 대한 사람들의 관심이 더욱 뜨거워졌다.

그리하여 심령술을 비롯한 각종 오컬트와 신비주의 문화는 르네상스 시대에 번창했으며, 이른바 이성과 과학의 시대라는 19세기가 되었어도 전혀 약해지지 않았다. 1840년대 미국에서는 심령술이 큰 인기를 끌었고, 1862년 영국 런던에서는 고스트를 연구하는 전문 조직인 고스트 클럽이 창설되었다. 고스트 클럽의 회원들은 고등 교육을 받고 상당한 재산을 갖춘 상류층과 중산층이었다.

심지어 20세기로 넘어온 제2차 세계대전 중에도 고스트 클럽은 계속 활동했는데, 회원에는 영국 공군대장 휴 다우딩(Hugh Dowding, 1882~1970)도 포함되어 있었다. 1940년 나치 독일이 영국 본토를 공격한 항공전에서 휴 다우딩은 놀랍게도 심령술을 사용하여 독일군의 공습에 맞서려고 했다. 즉 전사한 영국 공군 전투기 조종사들의 고스트들을 불러내어 그들한테서 독일군에 관한 정보를 얻어내려고 했던 것이었다. 그뿐만 아니라 휴 다우딩은 전사한 조종사들의 부인들한테 영매를 찾아가서 죽은 남편의 영혼을 불러내어 이야기해보라는 조언까지 남겼다.

아무리 과학과 이성이라는 껍질을 두르고 있어도, 그 안에 숨은 인간 내면의 본성은 나약함과 두려움을 벗어날 수 없는 것일까?

093 유럽 각지를 휩쓴 유령 군대

　유럽 각지에서는 한밤중에 거센 폭풍이 자주 불어닥친다. 이러한 현상을 '거친 사냥(Wild Hunts)' 혹은 '유령 군대의 사냥'이라고 부른다. 글자 그대로 해석하면, 한밤에 유령들이 군대 같은 조직을 이루고 사냥을 하러 몰려다닌다는 것이다.

　유럽의 민담에서 유령 군대는 검은색의 말과 염소, 사슴을 탄 유령들이 검은색 사냥개들을 몰고 허공을 날아다니는 모습으로 묘사되었다. 유령 군대는 보통 사람들에게 무척이나 두려운 존재였다. 유령 군대를 두 눈으로 직접 본 사람들은 그들에 의해 저승으로 납치당할 수 있다는 믿음이 널리 퍼져 있었기 때문이다. 또한 집에서 잠을 자다가 유령 군대에 의해 끌려가면 유령이 되어 그들과 함께 다니게 된다는 민담도 있다. 아울러 또 다른 민담에서는 유령 군대가 몰아닥치는 것은 가까운 시일 내에 반드시 전쟁이 일어날 불길한 징조라며 두려워한 내용도 찾아볼 수 있다.

　유령 군대에 주목하여 본격적으로 기록을 남긴 사람이 있었으니, 바로 독일의 전설과 민담을 수집하여 편찬한 그림 형제다. 그들은 유령 군대가 사실은 옛 북유럽(게르만) 신화의 최고신 오딘이 다른 신들을 이끌고 사냥을 하러 다닌 것에서 비롯되었다고 주장했다.

실제로 게르만족의 고향인 스칸디나비아반도, 그리고 그들이 대거 이주하여 북유럽 신화의 영향을 강하게 받은 독일과 영국에서는 유령 군대를 이끄는 지도자가 보탄(오딘의 독일식 이름)이나 오딘, 그리고 워든(앵글로색슨족이 오딘을 부른 이름)이라는 민담이 널리 퍼져 있었다.

아울러 그림 형제의 주장에 따르면, 유령 군대를 이끄는 지도자는 남자만이 아니었고, 오딘의 아내 프리그(독일식 이름은 프리가) 같은 여신들도 얼마든지 유령 군대를 이끄는 지도자로 지목될 수 있었다.

더군다나 유령 군대의 지도자가 꼭 오딘이나 프리그 같은 북유럽 신화의 신들인 것도 아니었다. 독일의 민담에는 안식일을 어긴 죄로 죽어서도 영원히 사냥을 하도록 저주를 받았다는 하켈베르크(Hackelberg) 백작이 유령 군대의 지도자로 등장한다. 영국에서는 워든 말고도 전설적인 영웅 아서왕이나 아라운(Arawn, 웨일스 전설의 영웅), 역사적 실존 인물로 유명한 해군 제독 프랜시스 드레이크가 유령 군대를 이끈다는 민담이 전해진다.

유령 군대의 지도자가 아서왕이라는 믿음은 프랑스의 브르타뉴반도에도 있다. 엄연히 다른 나라인 영국과 프랑스에서 왜 같은 민담이 발견되는 것일까. 브르타뉴반도는 서기 5세기에 독일 서북부의 앵글족과 색슨족이 바다를 건너 영국을 침범했을 때 그들을 피해 달아난 영국의 켈트족이 정착한 곳이기 때문이다. 아서왕은 앵글족과 색슨족에 맞서 저항한 켈트족의 지도자로, 훗날 켈트족의 전설에서 영웅으로 추앙받았다.

아일랜드에서는 유령 군대의 지도자로 아일랜드 전설의 영웅 핀마쿨(Fionn mac Cumhaill)과 그가 이끄는 피아난 기사단, 혹은 아일랜드 신화에서 하늘과 전쟁의 신이던 누아다라고 한다.

이탈리아 북부 롬바르디아 지역에서는 동고트 왕국의 테오도리쿠스왕(Theodoricus, 454~526)이 유령 군대의 지도자로 알려져 있다. 실제로 게르만 계통의 동고트족이던 테오도리쿠스왕은 죽어서 오딘의 말 슬레이프니르를 타고 북유럽 신화의 천국인 발할라로 올라갔다는 전설이 전해진다.

브르타뉴반도를 제외한 프랑스의 다른 영토에서는 유령 군대의 지도자가 프랑크 왕국의 군주 샤를마뉴 대제이며, 그를 따르는 기사들이 유령 군대에도 포함되었다고 믿었다.

그런가 하면 다소 무서운 이야기지만 영국 데본주에서는 유령 군대가 사실은 죄를 저지른 사람들을 끌고 가기 위해 지옥에서 뛰쳐나온 지옥의 개들과 그들을 몰고 다니는 악마들의 무리라는 전승도 남아 있다. 특히 지옥의 개를 본 사람들은 그 개들한테 물려 지옥으로 끌려간다고 한다.

예상치 못한 상황에서 유령 군대를 만났을 경우, 살아남을 방법이 하나 있기는 하다. 땅바닥에 바싹 엎드려서 두 팔을 크게 벌리고 십자가 모양을 만드는 것이다. 이는 다분히 기독교의 영향을 받아서 만들어진 민담인데, 아마 기독교 성직자들이 주민들에게 가르치지 않았나 싶다.

8

사후 세계와 신비한 장소들

094 그리스 신화의 낙원,
엘리시온

엘리시온(Elysion)은 '축복받은 섬' 혹은 '행운의 섬'이라고도 불리는 곳으로 그리스 신화의 낙원이다. 이 섬에 관한 이야기는 기원전 7~8세기경에 작성된 그리스 신화의 원전 《오디세이아》에 처음 등장한다.

《오디세이아》에 의하면, 제우스의 딸 헬레네와 결혼한 스파르타의 왕 메넬라오스는 트로이의 왕자 파리스한테 빼앗긴 아내를 되찾기 위해 10년 동안 트로이전쟁에 참가했다가 승리하고 조국으로 돌아가던 도중에 예언을 하는 바다의 신 프로테우스를 만나 자신의 앞날에 관한 이야기를 듣는다. 프로테우스는 메넬라오스한테 이런 이야기를 들려주었다.

"당신은 결코 죽지 않을 것이오. 영원히 살아가는 신들께서 당신을 엘리시온의 들판으로 데려가실 것이기 때문이오. 엘리시온은 최고신 제우스와 에우로페의 아들 라다만티스가 있는 곳으로, 살아가기에 가장 좋고 편안한 곳이오. 엘리시온은 땅의 서쪽 끝이자 세상을 감싼 거대한 강 오케아노스 (Oceanus)의 옆에 있어서 차가운 눈과 비, 거친 폭풍이 전혀 오지 않고, 항상 시원한 산들바람이 불어온다오. 엘리시온은 죽음이나 늙음 없이 영원히 젊음을 누리는 사람들이 사는 곳인데, 당신같이 신들에 의해 선택을 받은 소수의 사람들만이 갈 수 있는 곳이오. 왜냐하면 당신은 제우스의 딸 헬레네와 결혼해 제우스의 사위가 되었기 때문이오."

엘리시온에 대해 설명한 위의 본문에서 오케아노스는 본래 고대 그리스인들에게 세상을 감싼 거대한 강이자 그 강의 신이기도 했다. 그러다가 세월이 흘러 로마 시대에 이르러 대서양의 존재가 알려지자, 오케아노스는 곧 대서양이 되었다. 그런 이유로 오케아노스의 옆에 있다는 엘리시온도 대서양 어딘가에 있는 섬으로 여겨졌고, 수많은 사람이 그 섬을 찾아 나서거나 관련된 글을 남겼다.

그리스가 로마에 정복당한 로마 시대에 이르면, 엘리시온은 세 번의 환생을 거쳐 순수한 영혼을 가졌다고 신들에 의해 판단된 소수의 사람들만 들어가는 곳이라는 설정이 추가되었다.

로마 시대의 그리스인 작가 플루타르코스(Plutarch, 46~120)는 그의 저서 《플루타르코스 영웅전》에서 로마의 장군 퀸투스 세르토리우스(Quintus Sertorius, 기원전 123~기원전 72)를 소개하면서, 그가 히스파니아(현재의 스페인)로 파견되었다가, 대서양의 어느 섬에서 왔다는 선원 몇 명을 만나서 들은 이야기를 기록으로 남겼다.

"저희가 보고 온 섬은 부드러운 비가 내리면서 항상 부드러운 산들바람이 불어 이슬을 맺고, 땅은 비옥해서 농사를 짓기에 좋으며, 들판과 산에는 보기에 좋고 맛있는 과일이 무수히 열려 그것들만 먹어도 배가 부르기에 그 섬에 사는 사람들은 굳이 농사를 지을 필요가 없습니다.

게다가 1년 내내 따뜻한 날씨가 계속되며, 하늘은 언제나 맑습니다. 섬의 바깥에서 북풍과 동풍이 불어 가끔 소낙비도 내리는데 이 비로 땅이 더욱 비옥해집니다. 섬에는 각종 식물이 잘 자라서 사람들은 이 섬이야말로 죽어서 축복을 누리는 사람들이 사는 낙원이자 《오디세이아》에서 말한 엘리시온이라고 말합니다."

당시 세르토리우스는 오랫동안 계속되던 로마의 내전에 지쳐 있었기에,

엘리시온으로 떠나 평화롭고 조용히 남은 인생을 보내고 싶어 했다. 그러나 약탈과 전쟁을 즐기던 그의 주변 사람들이 강력히 반대하는 바람에 어쩔 수 없이 히스파니아에 계속 남아 있기로 했다.

이 기록을 전한 플루타르코스는 선원들이 세르토리우스한테 말한 엘리시온의 위치가 지금의 북아프리카 서쪽에 있는 카나리아 제도라고 추정했다. 로마 시대의 그리스인 작가 플라비우스 필로스트라투스(Flavius Philostratus, 170~257)도 축복의 섬 엘리시온은 마우레타니아(현재의 모로코) 서쪽에 있다고 주장했다.

그러다가 후세로 접어들면서 엘리시온의 위치는 북대서양에 있는 포르투갈의 영토 마데이라(Madeira)섬이나 아조레스(Azores) 제도, 그리고 버뮤다 등으로 확대되었다.

지리적 위치나 설명이 비슷한 점에서, 그리스 신화의 엘리시온 이야기는 켈트족 신화에서 축복받은 섬으로 나오는 아발론이나 티르 나 노그에 영향을 끼친 것으로 보인다.

095 갑자기 사라진 문명, 아틀란티스

  '찬란한 번영을 누리다가 갑자기 사라져버린 신비한 고대 문명'의 대명사라면, 단연 아틀란티스(Atlantis)를 들 수 있다. 아틀란티스에 관한 문헌은 기원전 360년 고대 그리스의 철학자 플라톤이 제자들과 나눈 대화를 기록한 《티마에우스》와 《크리티아스》가 처음이다. 그 내용은 대략 이렇다.

  플라톤이 살던 시대로부터 9000년 전, 헤라클레스의 기둥(현재 스페인과 모로코의 지브롤터해협) 너머의 바다 한복판에 리비아와 아시아(현재 터키)를 합친 것만큼이나 거대한 섬이 있었다. 그 섬은 그리스 신화에서 바다의 신 포세이돈이 인간 여성 클레이토와의 사이에서 낳은 10명의 아들 중 첫째인 아틀라스(Atlas)가 다스리는 나라였는데, 그의 이름을 따서 아틀란티스라고 불렀다.

  아틀란티스는 아틀라스와 그의 형제 10명이 함께 왕이 되어 다스렸는데, 나머지 9명은 가데이로스(Gadeiros), 암페레스(Ampheres), 에우아이몬(Euaimon), 므네세아스(Mneseas), 아우토크톤(Autochthon), 엘라시포스(Elasippos), 메스토르(Mestor), 아자에스(Azaes), 그리고 디아프레페스(Diaprepes)였다.

  아틀란티스에서는 황금 다음으로 가치가 있다는 신비의 금속 오레이칼코스(Orichalcos)를 비롯하여 황금과 은과 주석 등 여러 광물이 풍부하게 생산되었다. 또한 아틀란티스에는 따뜻한 물과 차가운 물이 풍부했고 숲이 우거져서 많은 가축과 야생동물이 살아갈 수 있었는데, 특히 그리스 본토에서는 전혀 볼 수 없는 코끼리가 굉장히 많이 살았다. 그리고 온갖 종류의 과일과 콩, 곡식과 올리브 열매가 풍부해서, 많은 인구가 먹고살 수 있었다.

포세이돈의 후손이 세운 나라였던 만큼, 아틀란티스의 중심부인 아크로폴리스에는 포세이돈을 섬기는 신전이 건설되었다. 그 신전은 길이 177미터에 폭 88미터로 이루어졌으며 신전의 가장 높은 꼭대기는 황금으로, 나머지 바깥 부분은 모두 은으로 장식되었다. 신전의 안쪽 부분은 상아로 만들어진 천장에 황금과 은, 오레이칼코스로 마감되었으며, 신전의 바닥과 기둥과 벽은 모두 오레이칼코스로 만들어졌다. 신전 안에는 날개 달린 여섯 마리 말이 끄는 전차를 모는 포세이돈의 신상이 세워졌는데, 그 크기는 천장에 닿을 만큼 높고 거대했다. 포세이돈의 신상 주변에는 돌고래를 탄 바다의 요정 네레이스 100명의 신상이 세워졌다.

이렇게 부강한 나라인 아틀란티스는 코끼리와 전차가 포함된 100만 대군을 갖추고는 해외로 손을 뻗어 리비아와 이집트는 물론 유럽의 대부분을 점령했으며, 수많은 민족을 지배하여 노예로 부렸다.

그런 아틀란티스가 마지막으로 그리스의 아테네로 대군을 보내 정복하려고 했다. 하지만 아틀란티스의 군대가 아테네로 출발도 하기 전에, 갑자기 어마어마한 지진과 화산 폭발이 일어나 아틀란티스는 단 하루 만에 바다 밑으로 가라앉았고, 섬에 살던 사람들도 모두 바다에 빠져 죽고 말았다. 플라톤이 《티마에우스》와 《크리티아스》에서 말하는 아틀란티스 이야기는 여기서 끝난다.

플라톤은 아틀란티스가 천재지변으로 멸망한 원인을 신들의 분노 때문이라고 주장했다. 아틀란티스인들은 광활한 영토에서 생산되는 풍부한 식량과 금은보화를 가졌음에도 만족하지 못하고, 다른 나라들을 무자비하게 침략하여 노예로 삼았다. 그래서 그들의 잔인함과 탐욕이 포세이돈을 비롯한 신들의 진노를 불러일으켰고, 마침내 사악한 아틀란티스인들한테 심판이 내려졌다는 것이다.

플라톤의 아틀란티스 이야기는 그가 살아 있었을 때도 그 진위를 놓고 많은 의견이 제기되었다. 다만 플라톤은 자신보다 오래전에 살았던 그리스의 현자 솔론이 이집트의 수도 사이스에 갔을 때, 그곳 사제에게서 아틀란티스 이야기를 들었고 자신은 그 이야기대로 말하는 것이라며 결코 허무맹랑하게 꾸며낸 이야기가 아님을 강조했다.

사실이든 거짓이든 플라톤이 말한 아틀란티스 이야기는 그로부터 2000년이 넘도록 수많은 사람의 마음을 매혹시켰다. 고대 그리스의 지리학자 스트라본과 포세이도니오스는 플라톤의 말대로 아틀란티스가 실제로 지브롤터해협 너머의 대서양에 있었다고 믿었다. 또한 서기 4세기의 로마 역사가 암미아누스 마르켈루스는 갈리아(지금의 프랑스)에 살았던 켈트족의 드루이드(성직자)로부터 이런 이야기를 들었다고 기록했다.

"원래 켈트족은 아득히 먼 옛날, 먼 서쪽 바다의 섬에서 살았는데 섬이 지진으로 바다 밑에 가라앉아서 대부분의 사람들이 죽었고, 일부만 살아남아 갈리아로 도망쳐왔다."

21세기가 된 지금에도 아틀란티스라는 말은 여전히 사람들의 호기심과 환상을 자극하는 요소가 되어, 대중예술 작품의 단골 소재로 등장하고 있다.

096 최고신 오딘의 궁전, 발할라

　발할라(Valhalla)는 북유럽 신화에 나오는 장소로, 최고신 오딘의 궁전이다. 사람이 발할라에 들어가려면 전쟁터에서 용감하게 싸우다 죽어야만 했는데, 이는 전사(戰死)를 가장 훌륭한 죽음으로 보았던 바이킹들의 호전적인 심성이 반영된 흔적이다.

　설명을 좀 더 덧붙이자면 바이킹들은 전쟁터에서 싸우다 죽지 못하고 병에 걸리거나 늙어서 죽는 사람은 저승의 여신 헬(Hell)이 다스리는 음침하고 무서운 지하 세계로 간다고 믿었다. 그래서 바이킹들은 죽을 날이 가까워지면 발할라로 가기 위해서 가족들한테 일부러 자신의 목을 칼로 베어 죽여달라고 부탁하기도 했다.

　일단 죽어서 발할라로 들어온 사람들은 모두 '하나의 군대' 혹은 '혼자서 싸우는 자들'이라는 뜻의 에인헤랴르(Einherjar)라고 불린다. 그리고 에인헤랴르들은 매일 아침, 잠에서 깨어나면 발할라의 정원으로 나가서 다른 에인헤랴르들을 상대로 전투를 한다. 이때 서로를 죽인다고 해도 전혀 걱정할 필요가 없다. 왜냐하면 해가 지고 밤이 되면 죽은 에인헤랴르들이 다시 살아나서 말을 타고 발할라로 돌아오기 때문이다.

　이러한 에인헤랴르들을 위해서 발할라에 사는 요리사 안드흐림니르

(Andhrimnir)는 가마솥 엘드흐림니르(Eldhrimnir)에 수퇘지 사에흐림니르(Saehrimnir)를 삶아서 대접한다. 사에흐림니르는 도축을 당해도 저녁이면 다시 살아난다. 그래서 발할라의 잔치에는 삶은 돼지고기가 끊이지 않는다. 참고로 바이킹들은 삶은 돼지고기를 가장 맛있는 음식으로 여겼으니, 발할라는 그야말로 최상의 요리가 매일 나오는 낙원이었을 것이다.

반면 오딘은 자신의 두 발 옆에 엎드려 있는 늑대들 프레키(Freki)와 게리(Geri)한테는 돼지고기를 나누어주지만, 자신은 오직 포도주(전승에 따라서는 벌꿀술이나 맥주)만 마신다.

또한 발할라에는 염소 헤이드룬(heidrun)이 라에라드(Laerad)라는 나무의 잎을 뜯어 먹고, 젖에서 꿀술을 쏟아낸다. 그러면 오딘의 시녀 발키리들이 그릇을 가져와서 그 꿀술을 담아서 컵에 따라 에인헤랴르들한테 대접한다. 헤이드룬이 짜내는 꿀술도 사에흐림니르처럼 무한대로 나오기 때문에 에인헤랴르들은 결코 목이 마를 일이 없다.

발할라 밖에서는 수사슴 에이크튀르니르(Eikthyrnir)가 라에라드의 잎을 먹고 뿔에서 물을 쏟아내는데, 그 물은 전부 흐베르겔미르(Hvergelmir)로 흘러간다. 흐베르겔미르는 세상을 흐르는 모든 강의 근원이다.

발할라의 지붕은 방패로 이루어졌으며, 궁전을 떠받치는 기둥과 서까래는 모두 창이다. 또 발할라 안에 놓인 긴 의자는 전부 갑옷이다. 이렇게 발할라가 군사용 무기들로 만들어진 이유는 에인헤랴르들이 훗날 신들과 거인들이 싸워 세상이 멸망하는 최후의 전쟁 라그나뢰크에 참전할 전사들이기 때문이다. 오딘은 그들을 위해 무기로 발할라를 만들어놓은 것이다.

발할라에는 540개나 되는 문이 달렸고, 유사시에 문 하나를 통해 800명의 에인헤랴르가 나갈 수 있다. 그러니까 발할라로 오는 에인헤랴르의 총인원이 43만 2000명인 셈이다. 이렇게 문이 많이 달린 것도 에인헤랴르들이 재빨리 전쟁터로 나가도록 하기 위해서였다. 문이 하나밖에 없으면 에인혜랴르들이 줄을 서서 기다려야 하고, 그러면 시간이 지체되는 바람에 사기가 떨어져 전투에서 신들이 불리해질 수도 있으니 말이다.

그렇다면 발할라로 온 에인혜랴르들이 최후의 전쟁인 라그나뢰크에서 죽으면 어떻게 될까? 북유럽 신화에는 이런 의문에 답하는 내용이 없다. 다만 여러 정황으로 짐작하자면, 에인혜랴르들은 라그나뢰크에서 오딘을 비롯한 다른 신들과 함께 완전히 소멸하는 것으로 보인다.

097 거인들이 사는 나라, 요툰헤임

　북유럽 신화에서 천지창조나 신들의 탄생보다도 더 이전에 존재했던 거인족, 즉 요툰(Jotunn)들은 그들끼리 요툰헤임(Jotunheim)이라는 세계에 모여서 살아간다. 원래 거인들은 그들의 시조인 거인 이미르(Ymir)의 몸 위에서 살았으나, 최고신 오딘이 이미르와 다른 거인들을 죽이고 나서 살아남은 거인들을 요툰헤임이라는 세상에 몰아넣고 그 안에서만 살게 했다.

　요툰족은 크게 서리 거인 투르스(Thurs)와 산악 거인 베르그리시(Bergrisi) 두 분파로 나뉜다. 투르스는 갈증을 뜻하는 영어 단어 서스트(Thirst)와 같은 어원이니, 곧 물을 마셔대는 탐욕스러운 식탐을 가진 거인족의 이미지를 떠올리면 된다. 투르스 중에는 토르의 묠니르를 훔쳐갔다가 묠니르에 맞아 죽은 트림이 대표적이다. 베르그리시라는 이름은 산을 뜻하는 독일어 단어 베르크(Berg)와 거인을 뜻하는 단어 리제(Riese)에서 유래했다. 이들은 무거운 바위 방패와 숫돌을 가지고 토르에 맞서 싸운 흐룽그니르로 대표된다.

　《켈트 북구의 신들》이라는 책은 요툰헤임이 지옥이라는 견해를 펼치고 있다. 그러나 북유럽 신화에는 거인족이 악마라든지 요툰헤임이 지옥이라든지 하는 인식은 없었다. 10세기부터 북유럽에 기독교가 전파되면서 거인족과 요툰헤임이 기독교의 악마나 지옥과 동일시되면서 그런 인식이 생겨난 것이다. 독일의 신화학자 엘라르트 후고 마이어의 주장에 의하면, 북유럽 신화의 거인들은 거센 바람이나 혹독한 추위, 커다란 구름같이 인간의 힘으로 맞설 수 없는 강력한 자연의 힘이 인격화된 존재다.

오히려 북유럽 신화의 거인들은 그리스 신화의 거신족(巨神族) 티탄(Titan)처럼 신들에 앞서서 존재했던, 원초적인 자연의 힘을 가진 거신이라고 봐야 적합하다. 실제로 북유럽 신화의 거인들은 인간이나 드워프같이 신들이 창조한 종족이 아니며, 신들보다 훨씬 이전부터 이미 존재한 종족이었다. 노르웨이에서는 매년 12월 겨울을 기념하는 율(Yule) 축제 기간에 요툰헤임의 거인족 왕 우트가르드 로키한테 제물을 바쳤다. 이는 노르웨이인들이 우트가르드 로키를 신으로 섬겼다는 뜻이다.

다만 그리스 신화의 티탄족 및 기간테스(거인)족과 북유럽 신화의 요툰(거인)들은 본질적인 면에서 다르기도 하다. 티탄족과 기간테스족이 신들에 맞서 싸운 티타노마키아나 기간토마키아는 모두 신들이 승리했지만, 북유럽 신화에서 요툰들이 신들과 싸운 라그나뢰크는 신과 요툰 모두가 멸망하는 것으로 끝난다.

즉 그리스 신화에서 티탄과 기간테스는 강력하지만 어디까지나 신들에 정복당하는 약한 존재로 그려지는 데 반해, 북유럽 신화의 요툰은 신과 전쟁을 벌여 함께 멸망할 만큼, 신과 동등한 위치에 있는 존재라고 볼 수 있다.

또한 기간테스는 하늘의 신 우라노스와 땅의 여신 가이아 사이에서 태어난 데 반해, 요툰들은 최고신 오딘의 할아버지이자 최초의 신인 부리(Buri)가 태어나기 전부터 이미 살고 있었다. 다시 말해서 그리스 신화의 거인들은 신들에 의해 창조된 열등한 종족인 반면, 북유럽 신화의 거인들은 신들보다 그 역사가 오래된 종족인 것이다.

그 때문인지 북유럽 신화에서 거인들은 신들이 부러워하는 능력을 가진 종족으로 묘사된다. 그래서 최고신 오딘은 거인 흘레바르드(Hlebard)로부터 마법과 지혜를 빼앗았으며, 천둥의 신 토르가 여자 거인 야른삭사(Jarnsaxa)와의 사이에서 낳은 아들 마그니(Magni)는 아버지조차 들지 못했던 거인 흐룽그니르의 다리를 태어난 지 사흘 만에 가뿐히 들어 올리는 괴력을 발휘했다.

그렇다면 요툰들이 사는 세상인 요툰헤임의 위치는 대략 어디일까? 북유럽 신화를 다룬 문헌《에다》는 여기에 정확한 답을 주지 않는다. 다만 요툰헤임에 대해 항상 "아스가르드의 동쪽"이라고 표현하고 있어서, 북유럽 신화의 고향인 덴마크와 노르웨이와 스웨덴 등 스칸디나비아반도의 동쪽에 있을 것이라는 추정이 가능하다.

또한《에다》에서 묘사하는 요툰헤임의 모습은 "철의 숲", "험준한 계곡", "차가운 바닷가" 등인데, 이는 다분히 스칸디나비아반도 동쪽의 러시아 영토인 북극해 연안과 우랄산맥 서쪽 및 울창한 삼림 지역을 떠오르게 한다. 그래서 엘라르트 후고 마이어는 요툰헤임의 위치가 러시아 서북쪽의 항구도시 아르한겔스크라는 견해를 펴기도 했다.

어쩌면《에다》에 기록된 아스가르드의 신들과 요툰헤임의 거인족들이 벌인 전쟁은 고대와 중세에, 게르만족과 슬라브족 사이에 벌어진 투쟁을 신비스러운 문체로 묘사한 것이 아닐까? 실제로 제2차 세계대전 중에 독일이 소련과 벌인 독소전쟁의 막바지에 소련군이 독일군의 영토로 쳐들어오자, 독일인들 사이에서는 북유럽 신화의 라그나뢰크처럼 최후의 대전쟁이 일어난다는 소문이 떠돌았다.

098 니플헤임, 무스펠헤임, 헬헤임

북유럽 신화에는 누군가에 의해 창조되지 않고 태초부터 있었던 공간으로 니플헤임(Niflheim)과 무스펠헤임(Muspelheim)이 있으며, 여기에 죽은 사람들이 가는 저승인 헬헤임이 더해진다.

니플헤임은 세상의 북쪽 끝에 있는 공간인데 언제나 비가 내리고 폭풍이 휘몰아치며 두꺼운 얼음과 눈과 서리가 가득 찬 추운 곳이다. 이곳의 차가운 얼음이 무스펠헤임에서 날아온 불꽃의 열기에 녹아서 세계 최초의 생명체이자 모든 서리 거인과 산악 거인 들의 시조인 이미르가 태어났다.

니플헤임과 대칭되는 세상의 남쪽 끝에 있는 무스펠헤임은 온통 불로 가득 찬 뜨거운 공간이어서 외부에서 온 생명체는 살아갈 수가 없었다. 무스펠헤임에는 수르트와 그의 아내 신마라로 대표되는, 온몸이 불로 이루어진 불의 거인들만이 살아갔다. 북유럽 신화에서 불의 거인들은 단 한 번, 신들과 거인들이 싸워 세계가 멸망하는 최후의 전쟁인 라그나뢰크 때 등장하지만 그들의 존재감은 결코 가볍지 않다. 왜냐하면 수르트는 라그나뢰크에서 무스펠헤임에 사는 불의 거인들을 이끌고 거인들의 군대에 합류하여 신들에 맞서 싸우기 때문이다. 수르트는 불의 칼을 휘둘러 하늘과 땅에 불을 질러서 세상을 불바다로 만들어 멸망시키는 역할도 맡고 있다.

헬헤임(Helheim)은 니플헤임에 있는 공간인데, 가끔 니플헤임과 동일시되지만 사실은 별개의 곳이라고 봐야 적합하다. 헬헤임은 본래 거인이자 속임수의 신인 로키가 여자 거인 앙그르보다와의 사이에서 얻은 딸 헬이 최고신 오딘에 의해 추방되어 살아가는 지역이다.

북유럽 신화에서 헬은 죽은 자들이 가는 공간인 저승을 다스리는 여신으로 여겨졌으며, 그녀가 사는 헬헤임은 저승으로 간주되었다. 오늘날 영어에서 지옥을 뜻하는 단어인 헬(Hell)도 바로 북유럽 신화의 여신 헬에서 유래했다.

헬헤임에서 파멸로 떨어지는 구렁텅이인 가파른 바위 계곡 너머에 헬의 개인 저택 엘류드니르(Eljudnir)가 있다. 그 뜻은 '죽은 사람들의 집'이다. 말 그대로 엘류드니르는 생명이 다해 저승으로 오는 죽은 자들이 헬과 함께 지내는 곳이다. 엘류드니르에서 헬을 시중드는 하인과 하녀는 각각 강글라티(Ganglati)와 강글로트(Ganglot)라고 하는데, 그들의 행동은 매우 느려서 움직이지 않는 것처럼 보인다. 또한 헬이 음식을 담는 그릇은 굶주림이고 그녀가 음식을 자르는 칼은 흉년이며, 그녀가 자는 곳은 질병의 침대, 그리고 침대를 가리는 커튼은 음침한 불운이었다.

북유럽 신화의 세계에서는 용감히 싸우다 죽은 사람들만이 천국인 발할라에 갈 수 있으며, 병이나 늙어서 편하게 죽은 사람들은 모두 헬이 다스리는 헬헤임으로 간다. 다만 헬헤임에는 기독교의 지옥처럼 불에 타거나 하는 극심한 고통은 전혀 없다. 그렇다고 헬헤임이 켈트족 신화의 낙원인 '티르 나 노그'나 '아발론'처럼 즐거운 곳은 결코 아니다. 썩어가는 시체로 가득 찬 어둡고 음침한 공간이다.

그러면 북유럽 신화에서 기독교의 지옥과 비슷한, 고통으로 가득 찬 사후 세계가 전혀 없느냐 하면 그것도 아니다. 헬헤임에는 쇠로 만들어진 높은 대문이 세워진 나스트론드(Nastrond)라는 공간이 있는데, 이곳에는 거짓말을 하거나 유부녀와 간음하거나 사람을 죽인 범죄자들이 죽어서 간다. 이들은 날개 달린 거대한 용 니드호그(Nidhogg)와 늑대들에 의해서 잡아먹히거나 몸이 찢어지는 고통을 받는다.

북유럽 신화에서는 신도 인간처럼 죽기 때문에, 죽은 신은 저승인 헬헤임으로 간다. 대표적인 예로 최고신 오딘의 아들이자 빛의 신인 발데르는 로키의 꾀드김에 넘어간 호드의 손에 죽자, 헬이 있는 헬헤임으로 갔다. 물론 발데르는 다른 죽은 자들과는 달리, 높은 의자에 깨끗한 모습으로 앉아 있는 좋은 대우를 받았다.

니플헤임과 헬헤임은 살아 있는 생명체의 공간인 이승으로부터 9일 밤 동안 빠른 말을 타고 달려야 하는 깊고 어두운 골짜기로 둘러싸여 있다. 또한 이승에서 헬헤임으로 가려면 스볼(Svol), 군트라(Gunnthra), 표름(Fjorm), 핌불툴(Fimbulthul), 슬리드(Slidr), 흐리드(Hríd), 슬리그(Sylgr), 일그(Ylgr), 비드(Vid), 레입트(Leiptr), 골(Gjoll) 같은 11개의 강을 건너야 한다. 그리고 황금으로 가느다랗게 이어진 다리를 건너야 하는데, 다리는 모드구드(Modgud)라는 창백한 모습의 처녀가 지키고 있다. 다리를 건너려면 모드구드한테 자신의 이름과 집안의 내력을 말해야 한다.

헬헤임은 가룸(Garm)이라는 사나운 개 한 마리가 지키는데, 아마 그리스 신화의 케르베로스처럼 죽은 자들이 저승에서 이승으로 탈출하는 것을 막는 듯하다. 라그나뢰크가 오면, 저승에 사는 자들이 거인들의 군대에 합류하여 신들과 싸우다가 소멸한다고 전해진다.

099 아일랜드 신들의 낙원, 티르 나 노그

이번 항목에서는 아일랜드의 신화에서 자주 언급되는 환상적인 낙원인 티르 나 노그(Tir na nog)에 대해 살펴보자.

티르 나 노그는 땅속(혹은 아일랜드로부터 먼 서쪽 바다의 섬)에 있는 공간이다. 이곳은 영원히 젊음과 건강과 아름다움이 계속되며, 풍요와 기쁨이 넘치는 낙원이다. 이곳에 사는 주민들은 아일랜드의 신들인 투아하 데 다난(Tuatha De Danann)족이며, 티르 나 노그에는 죽음이 없기 때문에 그들은 죽음을 두려워하지 않고 영원히 먹고 춤추고 사랑하는 삶을 즐기며 살아간다.

또한 티르 나 노그에는 강에 물이 아니라 포도주가 흐르며, 길거리와 하늘에는 거위를 포함해서 온갖 새가 스스로 불에 구워지고 사람들의 입속으로 날아들어 음식이 되어준다. 티르 나 노그에 살고 있는 여자는 모두 아름다우며, 달마다 저절로 새로운 옷이 주민들한테 나누어진다. 또 영원한 젊음을 주는 샘물이 솟아오르고 있어서 이곳에 처음 온 노인들도 그 물에 몸을 담그면 즉시 젊어진다.

티르 나 노그와 관련하여 아일랜드 신화에서 가장 유명한 이야기는 영웅 핀마쿨의 아들이자 음유시인인 오이신(Oisin)이 티르 나 노그에서 온 여자 니암(Niamh)과 사랑에 빠져서 그곳으로 떠난 것이다. 그 내용은 이렇다.

어느 겨울 아침, 오이신은 아버지 핀마쿨과 그를 따르는 피아나 기사들과 함께 레네 호수로 사냥을 나갔다가, 은으로 만들어진 편자가 달린 말을 타고 나타난 아름다운 금발 머리 여인 니암을 만났다. 니암은 오이신을 보고 한눈에 반하여, 그한테 자신의 연인이 되어서 먼 서쪽 바다 건너편의 섬이자 지하 세계인 티르 나 노그로 함께 떠나자고 제안했다. 그러면서 티르 나 노그는 늙음과 죽음과 질병과 걱정에서 완전히 해방된 행복한 낙원이니, 그곳에 자신과 함께 간다면 영원한 즐거움만 있다고 설득했다. 그런데 티르 나 노그에 대해 칭송하는 니암의 말을 듣자, 핀마쿨과 함께 온 피아나 기사들은 모두 잠들어버리고 오직 오이신만 잠들지 않는 이상한 일이 벌어졌다. 니암이 마법의 힘으로 오이신을 제외한 나머지를 잠들게 했던 것이다.

니암은 행여 오이신이 마음에 들어 하지 않을까 봐, 자신을 따라서 티르 나 노그로 오면 바람보다 빨리 달리는 말 100마리와 사냥개 100마리, 그리고 사냥꾼 100명과 하녀 100명을 주겠다고 제안했다. 오이신은 좋은 조건에 혹하여 결국 니암을 따라 티르 나 노그로 가기로 결심했다. 이에 니암은 오이신을 자신의 말에 태우고, 햇빛과 안개 속으로 달려가 사라졌다.

한편 그들이 사라진 후 핀마쿨은 잠에서 깨어나 호수 주변에서 고기를 잡거나 농사를 짓는 사람들한테 오이신을 못 보았느냐고 물었으나, 그들 모두 어디에서도 오이신을 보지 못했다고 대답했다.

티르 나 노그에 도착한 오이신은 그곳 주민들이 바닷가에서부터 잔뜩 몰려와서 자신과 니암을 에워싸며 환영하는 모습을 보았다. 티르 나 노그의 땅에는 온갖 과일이 열리는 과일나무들이 보는 곳마다 잔뜩 심어져 있으며, 일하는 사람이 아무도 없는데도 들판에 익은 곡식이 가득했다. 오이신은 맑고 푸른 하늘에 햇빛이 꽃밭에 비치는 광경에 감탄했다.

오이신이 말에서 내리자 그의 머리카락은 금발이 되었고 입고 있던 거친 모직 옷은 부드럽고 얇은 비단 옷으로 변했으며, 그의 얼굴도 잔주름이 사라지고 젊고 건강한 모습으로 바뀌었다.

그런 오이신에게 니암은 티르 나 노그의 질서에 대해 가르쳐주었다. 이 곳은 왕이 다스리는 곳이지만, 7년에 한 번씩 누구든지 왕에게 도전하여 그 왕을 몰아내고 새로운 왕이 될 기회가 주어진다는 것이었다. 이 말을 듣고 오이신은 티르 나 노그의 왕에게 도전하여 싸워 이기고 그곳을 다스리는 새로운 왕이 되었다. 놀랍게도 티르 나 노그에 사는 모든 주민이 오이신을 왕으로 인정했다.

오이신은 니암과 더불어 10년 동안 티르 나 노그에서 행복한 삶을 누리며 살았다. 하지만 세월이 흐르자 오이신은 똑같은 광경이 반복되는 티르 나 노그의 삶이 지겨워졌다. 그래서 니암에게 잠시 고향에 다녀오고 싶다고 말하자, 니암은 결코 말에서 내려서 땅을 밟지 말라고 경고했다.

오이신은 니암이 준 말을 타고 티르 나 노그를 벗어나 고향인 아일랜드로 돌아갔다. 그런데 어찌 된 일인지 전혀 보지 못한 사람들만 잔뜩 있고, 아버지 핀마쿨과 그의 친구들을 찾아볼 수 없었다. 오이신이 사람들한테 핀마쿨을 아느냐고 묻자, 그들은 300년 전에 핀마쿨과 친구들이 죽었고 그들이 살던 성도 폐허가 되었다고 알려주었다. 그 말을 듣고 오이신은 놀라움과 슬픔에 젖었는데, 갑자기 말이 앞발을 드는 바람에 땅에 떨어졌고, 그 즉시 청년에서 죽을 날만 기다리는 노인으로 변하고 말았다. 티르 나 노그의 10년이 바깥세상의 300년이었던 것이다.

100 아서왕의 '불멸의 섬', 아발론

아발론(Avallon)은 중세 유럽, 영국의 신화적인 영웅인 아서(Arthur)왕의 전설에 나오는 신비한 섬이다. 아발론이라는 단어는 잉글랜드인 작가 몬머스의 제프리(Geoffrey of Monmouth, 1100~1155)가 쓴 책 《영국 왕의 역사(Historia Regum Britanniae)》에 처음 등장한다.

아발론이라는 단어의 기원은 두 가지로 추정된다. 하나는 영국 서부 지역인 웨일스의 언어로 사과나무를 뜻하는 아발렌(Avallen)에서 왔다는 것이다. 또 하나는 오래된 아일랜드어로 사과를 뜻하는 단어 아발(Aball)에서 유래했다는 가설이다. 실제로 몬머스의 제프리는 아발론을 "과일나무의 섬"으로 묘사했으며, 고대 영국과 아일랜드의 켈트족은 먼 서쪽 바다에 사과가 잔뜩 열리는 나무로 가득한 낙원인 '사과의 섬'이 있다고 믿었다.

몬머스의 제프리는 《영국 왕의 역사》에서 아발론은 아서왕이 가진 신비한 검 엑스칼리버(Excalibur)가 만들어진 곳이라고 주장했다. 또한 15세기 잉글랜드 작가 토머스 맬러리(Thomas Malory, 1415~1471)가 편찬한 《아서왕의 죽음(Le Morte d' Arthur)》에 의하면, 아서왕이 반역자 모드레드(Mordred)와 캄란(Camlann) 전투에서 싸우다 치명상을 입고서 상처를 치료하기 위해 배를 타고 아발론으로 떠났다고 한다.

《아서왕의 죽음》에서 아서왕이 아발론으로 떠나는 것을 묘사한 장면은 대략 이렇다. 아서왕은 자신을 따른 충실한 신하 베디비어(Bedivere)의 부축을 받아서 바닷가로 갔는데, 거기에는 이미 작은 배 한 척이 있었다. 그 배에는 검은 옷을 입고 검은 베일을 머리에 쓴 여러 명의 여왕과 귀부인들이 타고 있었으며, 그녀들은 모두 슬프게 울면서 아서왕을 맞아들였다. 놀랍게도 그들 중에는 오랫동안 아서왕을 괴롭히던 그의 누나이자 마녀인 모건 르 페이(Morgan le Fay)도 있었다. 모건은 자신의 무릎에 아서왕의 머리를 받치면서 "오, 내 동생. 왜 그렇게 오랫동안 나를 떠나 있었어? 네 머리에 난 상처가 싸늘하게 식었잖아?" 하고 부드러운 목소리로 말을 걸었다. 그러고서 모건은 다른 여왕 및 귀부인들과 힘을 합쳐서 노를 저어 배를 뭍에서 떼어내고, 바다로 나아갔다.

그 모습을 지켜보던 베디비어는 떠나는 배를 보면서 "아서왕이시여, 저만 혼자 내버려두고 떠나시면 앞으로 저는 어찌됩니까?" 하고 슬프게 울부짖었다. 그러자 아서왕은 "편하게 마음을 먹게. 이제는 그대 뜻대로 살게. 나는 상처를 치료하러 아발론으로 가네. 만약 내 소식을 들을 수 없다면, 내 영혼을 위해서 자네가 신에게 기도를 해주게"라고 부탁했다.

하지만 여왕들과 귀부인들은 크게 다친 아서왕을 보면서 울음소리를 그치지 않았고, 그 모습을 보고 있던 베디비어는 가슴이 찢어질 듯이 아팠다. 마침내 배가 수평선 멀리 사라져 보이지 않자, 베디비어는 슬프게 울면서 숲으로 걸어갔다.

아서왕의 전설은 이렇게 끝난다. 그런데 1168년 잉글랜드의 국왕 헨리 2세한테 아서왕이 보낸 편지가 도착했는데, 그 편지에는 아서왕 본인이 아발론에서 영원한 생명을 가진 님프(Nymph, 요정) 자매들에 의해 치료를 받아 불멸의 존재가 되었다는 내용이 적혀 있었다.

아서왕이 여왕과 귀부인 들의 간호를 받으며 배를 타고 떠난 아발론은 원래 켈트족의 신화에서 신들의 축복을 받은 사람들만이 가는 섬이다. 아발론섬의 중심부에는 황금 사과가 열리는 나무가 심어져 있고, 그래서 '사과의 섬'이라는 별명으로 불리기도 한다. 섬의 들판에는 일부러 사람들이 가꾸지 않아도 저절로 온갖 종류의 곡식과 포도가 열려, 이 섬에는 농부도 없고 쟁기질을 할 필요도 없다.

또한 아발론은 죽음이나 늙음 같은 현실의 고통에서 완전히 해방되어, 아름다움과 즐거움만 존재하는 낙원이기도 하다. 아발론에서는 선량한 남자와 여자 들이 이슬 맺힌 풀이 우거진 초원 위에서 서로 손을 잡고 춤을 추고, 황금색으로 빛나는 태양이 언제나 땅에 따뜻하게 내리쬐고 있다. 섬의 중심부에는 황금 사과가 열리는 나무 이외에도 신기한 것이 더 있는데, 마르지 않는 샘물과 시냇물이 흘러내려 이 물을 마시는 사람들은 활력을 얻고 지치지 않는다.

아울러 아발론의 초원에서 풀을 뜯는 소들은 큰 연못이 넘쳐흐를 만큼 가득히 우유를 생산하며, 아발론의 공중에는 투명한 유리 궁전이 떠 있어서 축복을 받은 영혼들은 그 궁전으로 초대를 받아 잔치를 벌이며 즐겁게 산다.

아발론은 같은 켈트족 신화에서 먼 바다 건너의 섬에 있다는 낙원 티르나 노그와도 거의 비슷한 곳이다. 이는 켈트족이 공통적으로 불멸의 낙원인 섬을 믿었다는 의미이기도 하다.

101 세상의 북쪽 끝, 툴레

툴레(Thule)는 고대 유럽에서 세상의 북쪽 끝에 있다는 전설적인 지역이다. 툴레라는 이름 자체는 기원전 320년, 고대 그리스의 선장이자 탐험가인 피테아스(Pytheas)가 배를 타고 현재의 영국인 브리튼과 그 인근 지역을 탐험한 후에 처음 언급하였다.

피테아스는 영국의 북쪽으로 6일 동안 항해했는데, 그가 항해를 마치고 한 말을 서기 77년 로마의 학자 플리니우스가 자신의 책 《자연사》에 인용하였다. 그 내용은 대략 이렇다.

"툴레는 세상에 알려진 모든 곳 중에서 가장 멀리 있는 지역이다. 툴레에는 봄과 가을이 없고 오직 여름과 겨울만 있는데, 두 계절은 각각 1년의 절반인 6개월을 차지한다. 또한 툴레에는 밤에도 해가 저물지 않아 온통 낮처럼 환하게 빛난다. 툴레의 평행선에는 스키티아(Scythia)가 있다."

피테아스가 언급한 '밤에도 해가 저물지 않는다'라는 구절은 오늘날 러시아나 스칸디나비아반도 같은 유럽의 북극권 지역에서 나타나는 백야 현상을 말하는 것으로 여겨진다. 실제로 백야가 되면 밤에도 해가 저물지 않아서 온통 낮처럼 환하다.

또한 스키티아는 현재의 우크라이나를 중심으로 활동했던 고대 동유럽의 백인 계통 유목 민족 스키타이족이 살던 지역을 가리키는데, 보통 그리스 로마 시대에 스키티아 지역은 세상의 동북쪽 끝을 가리키는 말로 쓰였다.

피테아스처럼 기원전 1세기 로도스섬의 그리스인 천문학자 게미누스(Geminus)도 툴레를 가리켜 "여름 동안 툴레의 밤은 고작 2시간밖에 지속되지 않으며" 그런 이유로 "태양이 쉬는 곳"이라고 지목했다.

그리스인 지리학자 스트라본(Strabo)은 그의 책 《지리학》(서기 30년 출간)에서 툴레는 브리튼의 북쪽으로 6일 동안 항해하면 갈 수 있는 곳이며, 주변의 바다는 얼어붙어 있다고 주장했다.

로마의 역사가 타키투스(Tacitus)는 그의 장인이자 장군인 아그리콜라(Agricola)가 함대를 이끌고 영국 해안을 따라 원정한 일을 기록하면서, 함대의 승무원들이 툴레를 직접 보았다고 기록했다. 타키투스가 말하는 툴레는 현재 영국 북부의 셰틀랜드 제도를 가리킨다는 의견도 있다.

4세기 로마의 문법학자 마우루스 세르비우스 호노라투스(Maurus Servius Honoratus)는 툴레가 지금의 아일랜드와 영국 북쪽의 오크니 제도로부터 가까운 곳에 있으며, 태양이 하늘의 게자리에 있으면 툴레에는 밤이 없는 영원한 낮이 계속된다고 믿었다.

서기 5세기 스페인의 신학자 오로시우스(Orosius)는 툴레가 아일랜드와 영국의 북서쪽에 있으며, 지금의 덴마크 서쪽인 페로 제도 너머에 있는 섬이라고 주장했다.

6세기 동로마의 역사가 프로코피우스(Procopius)는 툴레를 가리켜 25개 부족이 살고 있는 커다란 섬이며, 지금의 스웨덴에 살았던 고트족과 사미족 등 여러 부족이 툴레로 건너가서 정착했다고 기록했다.

12세기 동로마의 대주교인 테살로니카의 유스타티우스(Eustathius)는 툴레의 주민들이 난쟁이 종족인 드워프(dwarf)들과 전쟁 중이며, 그들의 키도 난쟁이만큼 매우 작다고 말했다.

이처럼 툴레의 위치에 대한 견해는 제각각인데, 오늘날에는 툴레가 대체로 아이슬란드를 가리킨다고 본다. 다만 그것도 확실한 사실은 아니며, 노르웨이나 발트해의 섬 혹은 아일랜드라는 의견도 있다.

개인적인 추측으로는, 아일랜드의 켈트족 신화에 나오는 신들인 투아하데 다난족이 원래 살던 곳이 바로 툴레가 아닐까 한다. 아일랜드의 전설에의하면 투아하 데 다난족은 세상의 북쪽 끝에 있는 섬에서 살았는데, 그 섬에는 고리아스(Gorias), 팔리아스(Falias), 핀디아스(Findias), 그리고 무리아스(Murias)라는 4개의 도시가 있었고, 투아하 데 다난족은 이 도시들에서 마법과 시를 배웠다.

네 도시에는 각각 4개의 보물이 보관되어 있었는데, 고리아스에는 태양신 루의 창, 팔리아스에는 아일랜드의 왕이 될 자를 알려주는 운명의 돌, 핀디아스에는 누아다의 칼, 무리아스에는 다그다의 솥 운드리(Undry)가 있었다. 투아하 데 다난족이 이 보물들을 가지고 바다를 건너 아일랜드로 이주했다는 것이 아일랜드의 켈트족 신화에서 말하는 침략 전설이다.

그 밖에도 아일랜드의 기독교 수도사들이 가죽으로 만든 배 코라클을 타고 신의 뜻에 운명을 맡기며 바다로 나갔는데, 바이킹보다 더 앞서서 아이슬란드에 도착해 살아가고 있었다는 설이 있다. 그런 의미에서 툴레는 의외로 켈트족과 관련이 있는 곳인지도 모른다.

9

신비한 보물들

102 북유럽 신화의 보물들

북유럽 신화에서 주신들인 오딘, 토르, 프레이가 사용하는 보물들은 모두 거짓과 속임수와 재앙의 신인 로키가 드워프(난쟁이)들한테 만들도록 주문한 것이다. 여기에 얽힌 내용은 대략 이렇다.

어느 날 로키는 토르의 아내인 시프 여신의 침실에 몰래 들어가, 그녀의 황금색 머리카락을 모조리 잘라 대머리로 만드는 장난을 쳤다. 다음 날 아침, 이 사실을 알게 된 시프와 토르는 충격을 받았다. 토르는 이런 장난을 저지를 자는 로키밖에 없다며 찾아가 시프의 머리카락을 원래대로 돌려놓지 않으면 죽이겠다고 엄포를 놓았다. 로키는 겁에 질려 꼭 시프의 머리카락을 가져오겠다고 약속하고는 드워프인 이발디(Ivaldi)의 아들들이 사는 동굴로 찾아가서 자초지종을 설명했다.

이발디의 두 아들은 용광로에 황금 덩어리를 넣고 불을 지펴서 실처럼 가느다란 황금 머리카락을 뽑아냈다. 하지만 불이 남아서 그냥 꺼버리기에는 아깝다는 생각이 든 그들은 황금으로 배를 짓고 창을 만들었다. 그 이름은 각각 스키드블라드니르(Skidbladnir)와 궁니르(Gungnir)이다. 스키드블라드니르는 모든 신이 무기를 지닌 채로 탈 만큼 컸고, 돛을 펼치면 언제나 순풍이 불어와서 빠른 속도로 항해할 수 있었으며, 쓸 일이 없으면 작게 접어서 주머니 속에 넣어 다닐 수도 있는 편리한 도구였다. 궁니르는 던지면 결코 목표물에서 빗나가지 않는 백발백중의 무기였다.

스키드블라드니르와 궁니르를 받아든 로키는 문득 더 좋은 보물을 드워프들한테서 가져온다면 토르를 비롯한 신들한테서 자신이 더욱 칭찬을 받고 위신도 올라가리라는 생각이 들었다. 그래서 로키는 다른 드워프들인 브로크(Brokk)와 에이트리(Eitri)가 사는 집을 찾아가서, "자네들은 이것보다 더 훌륭한 보물들을 만들 수 있는가? 그렇게 한다면 내가 머리를 내놓지"라고 경쟁심을 부추겼다.

로키의 부추김을 받은 브로크와 에이트리는 기술자로서의 자존심이 자극받아, "그것들보다 더 훌륭한 보물들을 만들 테니, 당신의 머리나 잘 씻어두시오!" 하고 외치면서 대장간으로 들어가 작업을 시작했다.

우선 에이트리는 황금과 돼지가죽을 불에 달구어서 황금색 털이 달린 멧돼지 굴린부르스티(Gullinbursti)를 만들었다. 그리고 황금 팔찌 드라우프니르(Draupnir)와 쇠망치 묠니르(Mjolnir)를 곧이어 만들어냈다.

굴린부르스티는 하늘과 땅과 바다를 모두 달릴 수 있었고, 어떤 말보다 빠른 속도를 냈으며, 항상 황금색으로 빛나는 털 때문에 아무리 어두운 곳에서도 길을 잃어버릴 염려가 없었다. 드라우프니르에서는 9일마다 같은 크기와 무게의 팔찌가 8개씩 저절로 생겨났다. 묠니르는 세상의 어떠한 거인이나 괴물도 맞추기만 하면 모조리 죽여버릴 수 있는 무적의 무기였으며, 아무리 먼 거리라도 던지면 반드시 주인의 손으로 돌아왔다.

브로크와 에이트리는 자신들이 만든 세 가지 보물을 가지고 로키와 함께 아스가르드로 갔다. 그리고 로키와 두 드워프는 신들한테 보물들의 성능을 소개하면서 황금 머리카락은 시프한테, 스키드블라드니르와 굴린부르스티는 프레이한테, 드라우프니르와 궁니르는 오딘한테, 묠니르는 토르한테 바쳤다. 그리고 셋은 신들한테 어느 보물이 가장 훌륭한지 결정해달라고 말했다. 신들은 서로 논의를 한 끝에 묠니르가 가장 훌륭하다고 판결했다.

브로크와 에이트리는 자신들이 이겼다며 로키한테 머리를 내놓으라고 했으나, 로키는 "내가 머리를 내놓겠다고 했지, 목을 내놓겠다고는 안 했어!" 하고 억지를 쓰며 거부했다. 이에 심통이 난 브로크는 로키의 입술을 송곳으로 뚫고서 거기에 실을 넣어 꿰매버렸다.

보물 이야기는 이렇게 끝이 난다. 아쉽게도 토르의 쇠장갑 야른그레이프(Iarngreipr)와 허리띠 메긴교르드(Megingjord)를 누가 만들었는지는 북유럽 신화에 나오지 않는다.

한편 드워프는 아니지만 뛰어난 대장장이였던 벨렌트(Velentr)는 니둥(Nidung)왕한테 미뭉(Mimung)이라는 칼을 만들어 바쳤다. 이 칼은 도금을 하여 황금색으로 빛이 났고, 그 날카로움은 물속의 양털을 자르고 갑옷과 투구를 착용한 사람의 몸을 손쉽게 둘로 토막을 내버릴 만큼 예리했다.

《신 에다》에는 스웨덴 웁살라를 다스리던 아딜스(Adils)왕한테 핀슬레이프(Finnsleif)라는 갑옷이 있었다는 내용이 나온다. 이 갑옷은 어떠한 무기로도 뚫을 수가 없었다. 또한 회그니(Hogni)왕한테는 드워프들이 만든 다인슬레이프(Dainsleif)라는 검이 있었는데, 이 검은 절대 빗나가지 않아서 휘두를 때마다 사람이 반드시 죽었으며, 이 검으로 생긴 상처는 결코 낫지 않았다.

드워프들인 두발린(Dvalinn)과 두린(Durinn)은 티르핑(Tyrfing)이라는 검을 만들었다. 티르핑은 칼날이 황금색으로 빛났고 돌과 쇠를 옷처럼 쉽게 잘랐으나, 주인한테 저주를 걸어 죽게 만드는 무서운 검이었다.

103 태양신 루의
보물들

　아일랜드 신화의 태양신 루는 수많은 보물을 지니고 있다. 이는 힘과 시의 신 오그마의 세 손자 브리안(Brian), 이우하르(Iuchar), 이우하르바(Iucharba)가 루의 아버지 키안을 죽인 죄를 씻기 위해 세상 각지를 돌며 보물들을 훔쳐와 루한테 갖다 바쳤기 때문이다.

　세 형제가 훔친 보물의 이름과 기능은 다음과 같다.

　첫 번째는 헤스페리데스(Hesperides)의 황금 사과다. 이 사과는 세상의 동쪽에 있는 헤스페리데스의 정원에서 자라는 과일인데, 태어난 지 한 달 된 아기의 머리와 같은 크기에 맛은 꿀과도 같으며, 계속 먹어도 그 양이 줄어들지 않고, 만약 적을 상대로 던지면 맞추고 나서 다시 주인의 손으로 돌아온다.

　두 번째는 그리스의 왕 투이스(Tuis)가 갖고 있는 돼지가죽이다. 이 가죽이 몸에 닿는 사람은 죽지 않은 한, 모든 병과 상처가 치료된다. 또한 이 돼지가죽이 개울에 들어가면 그 물은 9일 동안이나 포도주가 된다.

　세 번째는 페르시아의 왕 페자르(Pezar)가 갖고 있는 창이다. 이 창은 날에 독이 묻었고, 항상 뜨거운 불이 나오기 때문에 전투에 쓰지 않는 상태에서는 물에 담가두어야 하며, 갖고 있으면 언제나 적과 싸워서 승리한다.

네 번째는 이탈리아 남부 시칠리아섬의 왕 도바르(Dobhar)가 갖고 있는 두 마리 말이다. 이 말들은 땅은 물론 바다 위에서도 똑같이 빠르게 달릴 수 있다. 그래서 도바르는 이 말들한테 전차를 끌게 한다.

다섯 번째는 황금 기둥을 다스리는 왕 아살(Asal)이 갖고 있는 7마리 돼지다. 이 돼지들은 매일 도축해서 먹어도, 다음 날이 되면 모두 다시 살아난다. 또한 7마리 돼지의 고기를 먹으면, 모든 병을 예방할 수 있다.

여섯 번째 보물은 이로다(Iroda)왕이 가진 사냥개 파일리니스(Failinis)인데 모든 사냥감을 잡아버릴 만큼 빠른 속도로 달렸다.

이러한 보물들을 가져오기 위해서 브리안과 이우하르와 이우하르바는 세계 각지를 돌면서 모험을 했다. 우선 세 형제는 독수리로 변신해서 직접 헤스페리데스의 정원에 들어가서 황금 사과를 빼앗아서 달아났다.

두 번째로 투이스왕의 돼지가죽은 왕궁 안에 보관되어 있는 데다가 병사들이 지키고 있어서 쉽게 빼앗을 수가 없었다. 세 형제는 고민 끝에 멀리서 온 음유시인으로 행세하면서 투이스왕을 찾아가 노래를 부르고 싶다고 부탁했다. 원래 고대 그리스에는 시인을 환영하는 전통이 있었고, 그 덕분에 세 형제는 손쉽게 왕궁으로 들어가도록 허락을 받았다.

투이스왕을 만난 세 형제는 "왕께서는 세상의 모든 왕 중에서 가장 위대하신 분이신 데 반해 돼지가죽은 매우 하찮은 물건이니, 저희는 오직 그것만을 얻기를 원합니다"라고 왕을 찬양하는 노래를 불렀다. 투이스왕은 세 형제의 노래에는 만족했으나, 돼지가죽을 달라는 말에는 못마땅한 기색을 보이며 "가죽을 내어줄 수는 없고 그 대신 가죽에 황금을 3번 채워줄 테니 그거나 가져가라"라고 말했고 세 형제는 그 제안에 동의했다.

하지만 막상 왕이 부하들을 시켜 돼지가죽을 내오자, 세 형제는 칼을 꺼내서 왕과 그 부하들을 모두 죽이고 돼지가죽을 챙겨서 재빨리 달아났다.

그런 후에 세 형제는 세 번째 보물인 페자르왕의 창을 가지러 페르시아로 가서는 또 다시 음유시인 행세를 하며 페자르왕을 찬양하는 노래를 부르고 창을 달라고 부탁했다. 그러나 페자르왕이 창을 내어주지 않자, 브리안은 황금 사과를 왕의 얼굴에 던져 죽이고 다른 부하들도 죽인 다음에 창을 챙겨 시칠리아로 달아났다.

음유시인 행세도 두 번이나 했던 터라 혹시 시칠리아에서 소문이 났을지 몰라서 세 형제는 이번엔 돈을 받고 군대에서 복무하는 용병으로 행세했고 도바르왕은 그들을 고용했다. 하지만 세 형제는 한 달 2주일이 지나도록 바다 위를 달리는 두 말과 전차를 볼 수가 없자, 그것을 보여 달라고 간청했다. 도바르왕이 그들의 요구에 응해서 두 말과 전차를 끌고 와서 보여주자, 세 형제는 페자르의 창을 던져 도바르왕을 죽이고 두 말이 끄는 전차를 타고 재빨리 달아났다.

다섯 번째 보물인 아살왕의 7마리 돼지는 아살왕이 순순히 내주겠다고 했으나, 여섯 번째 보물인 파일리니스를 가진 아살왕의 사위 이로다왕은 자신이 가진 개를 순순히 내주기를 거부했다. 그래서 세 형제는 이로다왕의 전사를 모두 죽이고 왕을 사로잡은 다음, 목숨 값으로 파일리니스를 빼앗아 달아났다.

이로써 루는 가만히 앉아서 세상 곳곳의 값진 보물을 고스란히 차지할 수 있었다. 다만 세 형제는 끝내 루의 용서를 받지 못하고, 여행 중에 입은 상처가 악화되어 죽고 말았다.

104 황금 사과가 나오는 신화들

그리스 신화와 북유럽 신화, 켈트 신화에서는 황금빛을 띤 사과에 대한 재미있는 이야기들이 전해져온다. 그 내용은 이렇다.

먼저 그리스 신화에 나오는 두 가지 황금 사과 이야기부터 소개한다. 바다의 여신 테티스가 인간 영웅인 펠레우스와 결혼하는 자리에 모든 신이 초대를 받았으나, 불화의 여신 에리스만이 말썽을 일으킬 것을 우려하여 제외되었다.

자신이 초대받지 못한 것에 화가 난 에리스는 결혼식장 한복판에 황금 사과 하나를 던졌다. 다른 신들이 그 사과를 주워보니, '가장 아름다운 여신한테 바친다'라는 글귀가 적혀 있었다. 이 글귀를 읽고 제우스의 아내와 딸인 헤라와 아테나, 그리고 사랑의 여신 아프로디테가 서로 자기가 황금 사과를 가져야 한다며 다투다가, 제우스를 찾아가 누가 가장 아름다운 여신인지 결정을 내려달라고 부탁했다.

제우스는 세 여신의 부탁을 곧이곧대로 받아들였다가는 뒷감당을 할 수 없을 것 같아 고민하다가 "그대들은 트로이 이데산에서 양치기를 하고 있는 파리스한테 가서 심사를 해달라고 하시오"라고 책임을 떠넘겼다.

세 여신은 제우스의 말대로 파리스를 찾아가 누가 가장 아름다운 여신인지 판결을 내려달라고 말하면서, 각자가 파리스한테 큰 선물을 약속했다. 헤라는 자신을 선택하면 세계 최고의 권력을, 아테나는 세계 최고의 지혜를, 아프로디테는 세계에서 가장 아름다운 여인을 아내로 주겠다고 약속했다. 파리스는 아프로디테가 내건 조건이 마음에 들어 그녀가 가장 아름다운 여신이라고 선택했으며, 이에 아프로디테는 약속대로 세상에서 가장 아름다운 여인인 그리스 스파르타의 왕비 헬레나를 그의 아내가 되게 해주었다.

그런데 파리스는 원래 트로이 왕국의 왕자로, 장차 나라에 해를 끼칠 것이라는 예언 때문에 아버지 프리아모스왕이 일부러 양치기로 키운 것이었다. 심사에서 떨어진 헤라와 아테나는 불만을 품고, 스파르타를 비롯한 그리스인들을 선동하여 헬레나를 되찾는다는 명분을 내걸고 트로이를 침공하게 하니, 이것이 바로 트로이전쟁이다.

황금 사과에 관련된 그리스 신화의 두 번째 이야기는 영웅 헤라클레스의 12가지 과업 중 11번째로, 세상의 서쪽 끝에서 티탄 아틀라스가 지키고 있는 황금 사과를 가져와서 에우리스테스왕한테 바치는 일이었다. 원래 이 황금 사과는 땅의 여신 가이아가 제우스와 헤라의 결혼 선물로 주었는데, 헤라가 아틀라스의 정원에서 사는 100개의 머리가 달린 용 라돈과 아틀라스의 딸들한테 지키라고 명령한 것이었다.

헤라클레스는 북아프리카 서쪽 끝으로 갔고, 그곳에서 하늘을 떠받치고 있는 아틀라스를 만나서 "헤라 여신의 명령이니, 당신이 지키고 있는 황금 사과를 내가 가져가도록 허락해주십시오. 그러면 내가 잠시나마 당신이 들고 있는 하늘을 대신 떠받치고 있겠습니다"라고 부탁했다. 아틀라스는 이 제안을 흔쾌히 수락했고, 헤라클레스는 무사히 황금 사과를 가져올 수 있었다.

그리스 신화에 등장하는 황금 사과의 정체에 대한 여러 주장이 있는데,

원래 황금색이던 고대의 사과 혹은 마르멜로나 오렌지, 레몬이었다고 한다.

다음으로 북유럽 신화의 황금 사과는 젊음의 여신 이둔이 바구니에 넣고 다니는 보물이다. 이 황금 사과를 먹으면 젊어지는데, 북유럽의 신들은 불로도 불사도 아니기에 황금 사과가 반드시 필요하다. 황금 사과는 신들의 적인 거인들도 알고 있기에, 그들도 기회만 생기면 황금 사과를 빼앗으려 한다. 다만 황금 사과의 효능은 영원히 지속되지 않고, 일정 시간이 지나면 사라지기에 꾸준히 먹어야 한다.

마지막으로 켈트 신화의 황금 사과는 앞서 두 신화보다 그 효능이 구체적이다. 이 황금 사과는 세상의 동쪽에 있는 헤스페리데스(Hesperides)의 정원에서 자라는 과일인데, 태어난 지 한 달이 된 아기의 머리와 같은 크기에 맛은 꿀과도 같으며, 계속 먹어도 그 양이 줄어들지 않고, 만약 적을 상대로 던지면 맞추고 나서 다시 주인의 손으로 돌아온다.

이 황금 사과는 세상의 서쪽에서 온 세 명의 청년이 빼앗아가리라는 예언 때문에 그 나라의 왕이 항상 세 명의 딸들로 하여금 지키게 하고 있다. 마침 태양신 루는 아버지 키안이 힘과 시의 신인 오그마의 세 손자 브리안(Brian), 이우하르(Iuchar), 이우하르바(Iucharba)에게 죽임을 당했기에 세 형제로 하여금 자신의 아버지를 죽인 죄에 대한 보상으로 황금 사과를 가져오라고 명령했다.

배를 타고 헤스페리데스에 도착한 세 형제는 독수리로 변신해서 황금 사과를 낚아챈 다음 재빨리 날아갔다. 이 사실을 알아챈 왕의 세 딸이 매로 변신해서 쫓아왔지만, 세 형제가 더 빨리 날아갔고, 다시 사람의 모습으로 돌아온 다음 배를 타고 달아나버려서 잡지 못했다.

105 《칼레발라》의
보물들

핀란드의 신화를 기록한 문헌인 《칼레발라》에는 뛰어난 대장장이 일마리넨(Ilmarinen)이 신비한 마법의 힘을 가진 솥 삼포(Sampo)를 만들었다는 이야기가 언급된다. 그 내용은 이렇다.

《칼레발라》의 주인공이자 일마리넨의 친구이기도 한 베이네뫼이넨(Vainamoinen)은 죽은 어머니 일마타르(Ilmatar)로부터 신붓감을 얻으려면 사악한 여신 로우히(Louhi)가 다스리는 북쪽의 포횰라(Pohjola) 왕국으로 가라는 조언을 들었다. 포횰라 왕국으로 떠난 베이네뫼이넨은 그곳의 주인 로우히에게 붙잡혀 감금당했다. 로우히는 "너의 고향으로 안전하게 돌아가고 싶으면, 그 대가로 나한테 신비한 마법의 힘을 가진 보물인 삼포를 만들어서 바쳐라"라고 요구했다.

로우히의 요구에 베이네뫼이넨은 "나는 삼포를 만들 수 없으나, 내 친구 일마리넨은 만들 수 있소"라고 대답했다. 그러자 로우히는 "만일 네 친구가 나한테 삼포를 만들어준다면, 나는 그 상으로 내 막내딸을 그와 결혼시키겠다"라고 제안했다.

일단 친구 일마리넨한테 삼포를 만들도록 하겠다고 약속한 덕분에 풀려난 베이네뫼이넨은 고향으로 돌아갔고, 일마리넨한테 자초지종을 설명했다. 일마리넨은 춥고 어두운 포횰라로 가서 힘든 대장장이 일을 해야 한다는 것이 마음에 들지 않아 거부했지만, 베이네뫼이넨은 폭풍을 부르는 마법의 노래를 불러서 일마리넨을 포횰라로 날려버렸다.

포횰라에 도착한 일마리넨은 처음에는 이빨이 없는 늙은 노파 로우히를 위해 일해야 한다는 사실이 불쾌했다. 그러나 로우히의 막내딸을 보고 그녀의 젊고 아름다운 모습이 마음에 들어서 기꺼이 삼포를 만들겠다고 다짐했다. 그렇게 해서 일마리넨은 사흘 동안 대장간에서 로우히가 보내준 노예들의 도움을 받아 마법의 불을 지피면서 보물들을 만들기 시작했다.

첫째 날, 일마리넨은 황금 활몸에 축과 끝부분이 각각 구리와 은으로 된 석궁을 만들어냈다. 그러나 이 석궁에는 매일 사람을 한 명씩 죽이기를 원하는 사악한 정신이 깃들어 있었고, 그래서 일마리넨은 석궁을 부숴버리고 조각들을 불속에 던져넣어 녹여버렸다.

둘째 날, 일마리넨은 황금 몸체에 구리 노를 가진 마법의 배 한 척을 만들었다. 하지만 이 배에는 항상 전쟁을 일으키려는 사악한 정신이 깃들어 있었기에 일마리넨은 첫 번째 보물처럼 부숴버린 다음 불속에 던져 녹여 없앴다.

셋째 날, 일마리넨은 황금 뿔이 머리에 달리고 태양과 별들이 이마에 붙어 있는 금속 암소를 만들어냈다. 그러나 이 암소는 습지와 초원을 망치면서 우유를 없애는 나쁜 습성이 있었기에, 일마리넨은 역시 부숴버리고 불속에 던져버렸다.

그다음에는 황금과 구리와 은이 들어간 쟁기를 만들었는데, 이 쟁기는 오만하여 곡식밭을 파헤치며 금속 암소처럼 초원을 망쳤다. 이 쟁기도 일마리넨의 다른 보물들처럼 주인의 손에 의해 파괴되었다.

잇따른 실패에 화가 난 일마리넨은 최후의 수단으로 4가지 바람을 불러서 불길을 더욱 크게 달구었다. 4가지 바람은 사흘 동안 계속 불어왔고, 일마리넨은 마지막으로 정성을 다해서 담금질을 한 끝에 마침내 스스로의 힘으로 끝없이 밀가루와 소금, 황금(혹은 돈)을 만들어내는 신비한 솥 삼포를 만들어내었다. 성공에 기뻐한 일마리넨은 삼포를 로우히한테 갖다 바쳤고, 로우히는 즐거워하며 자신의 막내딸을 일마리넨의 신부로 주었다. 젊고 아름다운 아내를 얻은 일마리넨은 들뜬 마음으로 그녀를 데리고서 고향으로 돌아왔다.

일마리넨이 삼포를 만드는 《칼레발라》의 장면은 이웃인 북유럽 신화의 장면과 비슷하나 그 주제는 전혀 다르다. 북유럽 신화에서는 대장장이들이 만든 보물 묠니르(천둥 망치)와 궁니르(던지는 창), 스키드블라니르(모든 신이 탈 수 있는 강력한 전함) 같이 전쟁에 쓰이는 무기들이 크게 대접을 받았다.

그러나 핀란드 신화에서는 정반대로 폭력적인 군사 무기들이 배척받고, 풍요를 주는 도구인 솥이 더 존중받은 것이다. 핀란드 신화 속에 담긴 평화의 철학이 《칼레발라》에 잘 표현되어 있다고 볼 수 있다. 실제로 역사 속에서 핀란드인들은 바이킹이나 러시아인 같은 주변 민족들과 달리 식민지를 만들기 위해 외국과 전쟁을 벌인 역사가 없으니 말이다.

106 롱기누스의 창

　중세 유럽에서는 롱기누스(Longinus)의 창(Lance)에 관한 전설이 매우 널리 퍼졌다. 이 전설을 요약하자면 이렇다.

　인간의 모습으로 태어난 구세주이자 신의 아들이면서 장차 세상을 다스릴 예수 그리스도가 로마군에게 체포되어 십자가에 못 박혀 죽어갈 때, 그의 옆구리를 롱기누스라는 병사가 창으로 찔렀다. 이 창에는 예수의 피가 묻었고, 그로 인해 훗날 롱기누스의 창을 갖는 사람은 세계를 정복할 힘을 얻지만, 반대로 잃어버리면 곧바로 죽어버린다는 내용이다.

　롱기누스의 창 전설은 신약성경 〈요한복음〉 19장 34절에서 생겨났다. 로마군 병사 한 명이 예수의 옆구리를 창으로 찌르자 피와 물이 솟아났다는 것이다. 하지만 막상 성경에는 예수를 창으로 찌른 로마군 병사의 이름이 롱기누스라는 언급은 없다. 예수가 죽은 지 200년이 지난 4세기 무렵, 기독교도들 사이에 나돌던 전설은 니코데무스(Nicodemus)라는 로마 군인이 예수의 옆구리를 창으로 찔렀다는 내용이었다. 그리고 586년에야 비로소 롱기누스라는 로마군 병사가 예수의 옆구리를 창으로 찔렀다는 형태의 전설이 등장했다. 그러니까 롱기누스의 창은 예수가 죽고 나서 약 550년이 지나서야 나온, 그것도 누가 처음 만들었는지 알 수 없는 민간 전설인 것이다.

롱기누스의 창에 관한 의문은 이 밖에도 여러 가지가 있다. 우선 중세 시대나 현재까지 남아 있는 롱기누스의 창은 1개가 아니라 최소한 3개 이상이었다. 그것도 각각 로마와 빈과 안티오크라는 전혀 다른 곳에서 발견된 것들이다. 만약 롱기누스의 창이 진짜라면 오직 1개만 나와야 할 텐데, 어째서 3개나 나왔을까? 설마하니 롱기누스라는 로마군 병사가 한 명이 아니라 세 명이었단 말인가?

또한 예수가 처형당했을 무렵, 로마군 병사들은 필룸(Pilum)이라 불리는 던지는 창을 사용했다. 필룸은 요즘 사람들이 창으로 떠올리는 긴 창이 아니라 2미터 내외의 비교적 짧은 창이며, 창의 중간 부분이 가늘다. 그래서 롱기누스의 창이라고 하면 필룸의 모습이어야 하는데, 어찌된 일인지 롱기누스의 창이라고 전해지는 유물들의 그림이나 사진들은 전부 중세 시대에 쓰인 창들이다. 실제로 지금 남아 있는 오스트리아 빈의 박물관에 보관된 롱기누스의 창을 빈 고고학 연구소의 연구자들이 X-레이 및 기타 기술을 사용하여 조사해본 결과, 서기 8~9세기 사이에 만들어진 것으로 판명되었다. 그러니까 빈에 보관된 롱기누스의 창은 진짜로 예수를 찌른 창이 아니라, 예수가 죽은 지 거의 700년이 지난 중세 시대에 누군가가 만든 가짜 유물이다.

이러한 사실은 롱기누스의 창이라고 돌아다니던 유물들이 사실 중세 시대에 만들어진 가짜라는 것을 보여주는 증거가 아닐까? 실제로 중세 유럽에서는 돼지 뼈나 쇠스랑 같은 물건으로 가짜 유물들을 만들어 팔아서 돈을 챙기는 사기극이 굉장히 많았다.

다만 중세 시대에는 롱기누스의 창에 관한 전설이 진지하게 받아들여졌고, 창의 진위에 대해 대부분 심각하게 믿었다. 한 예로 이슬람교의 지배로부터 예수가 묻힌 성스러운 땅인 예루살렘을 되찾겠다는 명분을 내걸고 일어난 십자군전쟁 무렵인 1098년 6월, 현재 터키 남부의 도시 안티오크에서 롱기누스의 창과 관련되어 생겨난 일화가 있다. 당시 십자군은 안티오크를 막 함락시켰으나, 곧바로 이슬람교를 믿는 투르크족 군대가 몰려와 도시를 포위하여 큰 위기에 처한 상황이었다.

그런데 십자군에 참가한 피에르 바르텔레미(Pierre Barthélemy)라는 수도사가 안티오크의 성 베드로 교회에 롱기누스의 창이 묻혀 있다고 주장하면서 그것을 파내어 들고 와서 보여주자, 십자군 병사들의 사기가 크게 올라갔다. 피에르 바르텔레미가 십자군 병사들을 상대로 롱기누스의 창을 보여주면서 "주 예수 그리스도께서 우리를 돕고 계신다! 우리는 신의 뜻에 따르고 있으니, 반드시 이교도와 싸워 이길 것이다!" 하고 설교하자, 그들은 진실로 신이 자신들의 편에 있다고 믿었다. 굶주림에 시달리며 지쳐 있던 십자군은 그들보다 훨씬 많았던 투르크족 군대를 공격하여 물리쳤다(1098년 6월 28일). 그뿐만 아니라 십자군은 여세를 몰아 마침내 그들의 목표였던 예루살렘 탈환에 성공했으니, 이것이야말로 롱기누스의 창이 만들어낸 기적 같은 일이었다.

이후에 롱기누스의 창은 신성로마제국의 황제 오토 1세(912~973)가 갖게 되어 후세 황제들한테 물려주면서 지금까지 빈에 보관되었고, 1492년 오스만제국(터키)의 술탄(이슬람교 국가의 군주)인 바예지드 2세(Bayezid II)가 로마 교황 이노센트 8세에게 선물로 보내어 지금까지 로마에 보관 중이다. 흥미롭게도 나폴레옹과 히틀러가 이 창을 가지려고 했다가 잃어버리고 몰락했다는 민담도 있다.

107　세상에서 가장 큰 배, 만니그푸알

　독일 북부 슐레스비히와 네덜란드에는 공통된 전설이 하나 전해지고 있다. 그것은 만니그푸알(Mannigfual)이라는 세상에서 가장 큰 배에 관한 것이다. 그 내용을 요약하면 이렇다.

　만니그푸알은 북해와 발트해를 떠돌아다니는 거대한 배다. 만니그푸알이 얼마나 크냐 하면 배에 달린 돛대는 모든 교회의 탑보다 높은데, 젊은 청년 선원이 돛대를 타고 올라갔다가 다시 배의 갑판으로 내려오면 나이를 먹어 머리카락이 하얗게 새어버린 노인이 될 정도였다. 그리고 만니그푸알의 돛대는 날씨가 좋은 날에도 그 끝은 구름을 뚫고 올라가 하늘에 닿을 지경이었다.

　또한 만니그푸알에서 사용하는 로프(밧줄)는 큰 전나무만큼 굵고 두꺼우며, 선장은 갑판 위를 걸어서 다니지 않고 말을 타고 달렸다. 갑판이 너무 크고 넓어서 두 발로 걸어 다니면 도저히 갑판을 다 다녀볼 수가 없었기 때문이다.

　만니그푸알은 그 엄청난 덩치 때문에 항해 도중 어려운 상황을 만나는 일도 많았다. 한때 만니그푸알은 대서양에 있다가 영국과 프랑스를 나누는 도버해협 사이로 들어갔다. 그런데 만니그푸알이 지나기에는 그 해협의 폭이 너무나 좁아서 통과하지 못하고 끼어버리고 말았다.

그러자 만니그푸알의 선장은 고심 끝에 해결책을 내놓았다. 그것은 만니그푸알의 측면에 비누를 잔뜩 발라 배와 해협 사이의 마찰을 줄여서 통과하는 것이었다. 선원들은 배에 보관된 비누를 모두 꺼내서 만니그푸알의 측면에 발랐고, 그러자 잠시 후에 놀랍게도 만니그푸알은 해협을 조금씩 통과하여 마침내 드넓은 바다로 빠져나올 수 있었다. 이때 만니그푸알의 측면에 발랐던 비누가 영국의 도버 절벽에 잔뜩 묻어서 오늘날까지 도버 절벽은 하얀색을 띠고 있다고 전해진다.

도버해협을 떠난 만니그푸알은 항해 도중 발트해에 들어갔다. 하지만 발트해는 바닷물의 깊이가 너무 얕았기 때문에 크고 무거운 만니그푸알이 항해하기가 어려웠다. 선장은 배에 실은 무거운 짐들을 발트해에 던져 무게를 줄이려 했다. 그때 만니그푸알에서 내던진 짐들이 발트해의 보른홀름섬과 크리스티안쇠섬이 되었다고 한다.

그런가 하면 만니그푸알을 직접 타고 항해에 참가한 소년 욥켄(Jobken)에 대한 전설도 네덜란드에 전해져온다. 욥켄은 여덟 살 소년이었는데, 집이 무척이나 가난해서 그의 어머니는 식사로 언제나 완두콩만 잔뜩 든 수프를 끓여주었다. 욥켄은 그토록 가난한 삶이 싫었고, 만니그푸알을 타고 세상을 돌아다니며 많은 돈을 벌어 풍족하게 살고 싶어 집을 떠났다.

만니그푸알은 네덜란드의 항구도시 암스테르담에 가끔씩 정박했다. 그래서 욥켄은 암스테르담으로 향해서, 만니그푸알이 오기를 기다렸다. 그리고 얼마 후 정말로 만니그푸알이 암스테르담에 도착하자 욥켄은 기뻐하며 배에 올라타려 했다. 그런데 만니그푸알의 선장은 욥켄이 너무 어려서 만니그푸알의 힘든 뱃일을 하기에 부적합하다며 그를 받아들이려 하지 않았다. 욥켄은 자신이 열 살이라고 거짓말을 하며 충분히 뱃일을 할 수 있다고 우겼다. 그 말을 믿고 선장은 욥켄이 만니그푸알에 타도록 허락했다.

만니그푸알에 오른 욥켄은 항상 신선한 건빵과 럼주, 소시지가 가득 든 수프를 먹을 수 있어서 기뻤다. 만니그푸알의 선장은 엄격하지만 공평한 성격을 지녔고, 선원들의 항해 솜씨도 우수하여 항해는 순조로웠다. 하지만 항해가 점차 길어지자 욥켄은 우울해졌다. 그는 난생처음 보는 망망대해에 두려움과 지루함을 느꼈고, 다른 선원들한테 "한 번 만니그푸알에 타면 언제 육지에 내릴지 모른다"라는 말을 듣고는 집에 두고 온 어머니, 고향에서 보던 푸른 초원과 소들이 점차 그리워졌다.

결국 욥켄은 선장한테 "집으로 돌아가고 싶습니다"라고 부탁했다. 선장과 선원들은 어린 욥켄의 처지를 불쌍히 여겨 그가 돌아가는 것을 허락했고, 욥켄은 어머니가 있는 집으로 무사히 돌아갈 수 있었다.

이 이야기는 일확천금의 꿈보다 가난하지만 가족과 함께하는 소박한 삶이 더 낫다는 교훈을 심어주기 위해 만들어진 것으로 보인다.

10

세상의 끝

108 로키의 골탕으로 죽은 빛의 신, 발데르

　북유럽 신화의 종말은 신들과 거인들이 싸워 세상이 멸망하는 전쟁인 라그나뢰크이다. 우선 그전에 빛의 신 발데르가 죽임을 당하고, 거짓과 재앙의 신인 로키가 모든 신을 모욕했다가 붙잡혀 라그나뢰크 때까지 붙잡히는 두 사건이 있었다. 이번 항목에서는 발데르의 죽음부터 소개한다.

　어느 날 발데르는 자신의 죽음을 예견하는 불길한 악몽을 꾸고 그 사실을 어머니 프리그한테 말했다. 프리그는 아들의 목숨이 걱정되어 세상 곳곳을 돌아다니면서 모든 사물한테 발데르를 해치지 않겠다는 맹세를 받아냈다. 아스가르드로 돌아온 프리그는 이 사실을 신들한테 말했다. 그들은 세상의 사물들이 발데르를 해치지 않겠다는 맹세가 정말인지 확인해보기 위해서 자신들이 가진 도끼나 창 같은 무기를 발데르한테 던져보았다.

　그런데 놀랍게도 어떠한 무기도 발데르한테 아무런 상처를 내지 못했다. 신들은 발데르가 불멸의 존재가 되었다고 여겨 기뻐했고, 그때부터 신들은 발데르를 향해 돌과 창 등을 던지면서 일종의 놀잇감으로 삼았다.

　다만 두 명의 신은 그 놀이에 참가하지 못했다. 한 명은 발데르의 동생이자 태어날 때부터 앞을 못 보는 장님인 호두르였고, 다른 한 명은 신들이 기뻐하는 모습에 질투가 생겨서 화가 난 로키였다. 로키는 발데르가 불사신이 되었다고 환호하는 신들이 정말이지 보기 싫었다. 그래서 신들을 골탕 먹이기 위해 궁리하다가 노파로 변신하여 프리그한테 다가가 "당신이 세상의 모든 사물한테 발데르를 해치지 않겠다고 맹세를 받아낸 것이 사실입니까?" 하고 물어보았다.

프리그는 그렇다고 대답하면서 "발할라의 서쪽에 사는 작은 겨우살이 나무인 미스틸테인 하나만은 예외로 했어요. 그건 너무 나약해보여서 맹세를 받아낼 필요도 없었거든요"라고 알려주었다.

그 말을 듣고 로키는 기뻐서 얼른 자리를 뜬 뒤 본래의 모습으로 돌아와서는 발할라의 서쪽으로 재빨리 달려가서 미스틸테인을 베어왔다. 그러고는 그 나무를 깎아서 작은 창으로 만든 다음, 호두르를 찾아가서 "왜 당신은 발데르한테 아무것도 던지지 않고 가만히 있습니까?" 하고 물었다.

호두르는 "눈이 안 보여서 그렇소"라고 대답했고, 이에 로키는 "그러면 내가 당신한테 이 겨우살이 가지인 미스틸테인을 손에 쥐여줄 테니, 내가 가리키는 쪽으로 그냥 던지기만 하면 됩니다"라고 가르쳐주었다. 로키의 본심을 몰랐던 호두르는 그대로 따라했다. 그러자 믿을 수 없는 광경이 벌어졌다. 어떠한 무기에도 전혀 다치지 않던 발데르가 호두르가 던진 작고 가느다란 나뭇가지 미스틸테인에 심장이 꿰뚫려 죽고 말았던 것이다.

발데르의 죽음에 신들은 모두 슬퍼했고, 그의 시체를 배에 태워 바다로 떠밀어 장례식을 치렀다. 그 과정에서 발데르의 아내 난나는 슬픔을 이기지 못하고 심장이 터져 죽고 말았다.

하지만 프리그는 "내 아들 발데르를 저승에서 데려올 신은 없습니까?" 하고 간절히 호소했고, 결국 발데르의 동생 헤르모드가 아버지 오딘의 말 슬레이프니르를 빌려 타고 저승으로 가서 발데르를 데려오기로 결심했다. 헤르모드는 9일 동안 슬레이프니르를 타고 달린 끝에, 저승의 여신 헬이 사는 헬헤임에 도착했다. 그곳에는 발데르와 난나가 있었는데, 둘은 살아 있을 때처럼 환하게 빛나는 얼굴을 하면서 높은 자리에 앉아 융숭한 대접을 받고 있었다.

헬을 만난 헤르모드는 "이승의 모든 생명이 발데르의 죽음을 슬퍼하고 있으니, 그를 돌려주십시오"라고 호소했다. 그 말을 듣고 헬은 "만약 이승의 모든 생명이 발데르의 죽음을 슬퍼하고 그를 위해 눈물을 흘린다면, 발데르를 이승으로 돌려보내겠다"라고 말했다.

아스가르드로 돌아온 헤르모드는 헬의 말을 다른 신들한테 전했고, 신들은 세상 곳곳에 전령을 보내서 발데르가 다시 돌아오도록 슬퍼하며 눈물을 흘려달라고 부탁했다. 그래서 세상의 모든 생명이 울기 시작했다. 하늘과 땅과 바다의 모든 생명체, 그리고 쇠와 돌, 불과 물 같은 존재는 물론 심지어 신들의 적인 거인들마저 눈물을 흘렸다.

그러다가 신들이 보낸 전령은 어느 동굴 속에 틀어박힌 거인족 여자 토크를 발견하고, 그녀한테도 발데르의 죽음을 슬퍼하며 눈물을 흘려달라고 부탁했다. 그러나 토크는 발데르의 죽음이 전혀 슬프지 않다면서 부탁을 냉혹하게 뿌리쳤다. 이로 인해 발데르는 이승으로 돌아오지 못했는데, 신들은 그 늙은 여자 거인 토크의 정체가 로키였음을 깨닫고는 충격과 분노에 사로잡혔다.

이 이야기는 로키가 모든 신에게 욕설을 퍼붓다가 신들의 미움을 사서 동굴에 갇히고, 라그나뢰크가 시작되는 날까지 고통을 받는 내용으로 이어진다.

109 로키에게 내린 형벌로 발생하는 지진

호두르를 꼬드겨 발데르를 죽게 만든 이후에도 신들을 향한 로키의 저주와 훼방은 그치지 않았다. 로키는 신들이 바다의 거인 에기르의 집에 모여 잔치를 벌인 자리에 불쑥 나타나서는 신들을 향해 온갖 모욕을 퍼부었다.

우선 로키는 브라기를 향해 "너는 화살이 날아오기만 하면, 무서워서 방패 뒤에 숨는 겁쟁이야!" 하고 욕설을 꺼냈다.

로키의 모욕에 화가 난 브라기는 반박하려고 했으나, 그의 아내 이둔이 로키를 상대로 화를 내지 말고 참으라고 말렸다. 하지만 로키는 그런 이둔한테 "너는 네 오빠를 죽인 브라기와 같이 사니, 참으로 추악한 여자야!" 하고 모욕했다.

곧이어 로키는 여신 게피온을 향해서 "너는 목걸이를 준 소년과 음란한 짓을 벌였지!" 하고 헐뜯었으며, 그 말에 놀란 최고신 오딘이 끼어들어 말리자 오히려 오딘한테 "너는 인간들한테 불공정한 판결을 내렸고, 언젠가는 삼세이섬에서 마녀처럼 꾸미고 다니면서 마법을 썼지?" 하고 조롱했다.

오딘의 아내 프리그가 "지난 잘못을 들추지 마라"라고 로키를 말렸으나, 로키는 프리그한테 "너는 예전에 오딘의 동생들인 빌리와 베를 상대로 잠자리를 함께했지. 네 아들 발데르는 내가 죽였다!" 하고 비웃었다.

그 말에 충격을 받은 프레이야가 "자신이 저지른 잘못을 자랑스럽게 내세우다니, 제정신인가요?" 하고 묻자 로키는 "너는 여기 모인 모든 신이나 요정 중에서 잠자리를 같이하지 않은 남자가 없지?" 하고 몰아붙였다.

프레이야의 아버지 뇨르드가 "여자가 남자와 잠을 자는 것이 뭐가 나쁜가?" 하고 나서자, 로키는 "너는 동쪽에서 온 인질이니까 입을 다물어. 그리고 너는 네 누이와 근친상간을 해서 프레이야와 프레이를 낳았지?" 하고 모욕했다.

그런 로키를 향해 티르가 나서서 "프레이는 도덕적으로 잘못된 일을 한 적이 없고, 인간들한테 자유를 주는 훌륭한 신이네"라고 반박하자, 로키는 티르한테 "너는 내 아들인 늑대 펜리르한테 한쪽 손을 잡아먹혔고, 네 아내는 내 아들을 낳았지"라고 조롱했다.

프레이가 "네 아들 펜리르는 최후의 전쟁인 라그나뢰크 때까지 묶여 있을 운명인데, 뭐가 대단한가?" 하고 반박하자, 로키는 "너는 기미르의 딸인 거인 여자 게르드를 돈을 주고 사와서 결혼했지. 그리고 그 대가로 네 칼을 하인한테 줘버렸으니, 라그나뢰크 때 무스펠헤임의 불의 거인들이 쳐들어오면 뭘 가지고 싸울 텐가?" 하고 비웃었다.

로키가 신들을 모욕하는 장면을 보고 있던 경비의 신 헤임달은 "이제 그만 이곳에서 떠나라"라고 권고했으나, 로키는 오히려 그런 헤임달한테 "너는 낮이고 밤이고 잠도 못 자고 쉬지도 못 하고 항상 쳐들어오는 거인들이 있는지 파수만 봐야 하는 불쌍한 운명이지"라고 헐뜯었다.

신들의 일원으로 대접받고 있던 여자 거인 스카디가 "로키, 당신은 이제 신들한테 붙잡혀서 벌을 받아야 할 차례입니다"라고 쏘아붙이자, 로키는 "네 아버지 티아지를 죽일 때 앞장선 것은 바로 나였고, 너는 나와 침대에서 간통을 했지"라고 모욕했다.

천둥 신 토르의 아내 시프가 로키의 잔에 맥주를 채워주면서 이제 그만 진정하라고 말렸으나, 로키는 "시프, 너는 남편을 버리고 나와 불륜을 저질렀지"라고 조롱했다.

보다 못한 토르가 나타나서 떠나지 않으면 죽이겠다고 위협하자, 로키는 "너는 예전에 거인 스크리미르가 끈으로 묶은 자루를 열지 못해서 굶어 죽을 뻔했지?" 하고 비웃고 에기르한테는 "너는 장차 라그나뢰크가 일어나면 이 집과 함께 산 채로 불에 타서 죽을 거야"라고 저주를 퍼붓고는 그 자리를 떠났다.

신들한테 너무 많은 모욕을 한 터라, 로키 스스로도 이제 더 이상 그들과 어울릴 수 없다는 사실을 깨닫고 있었다. 결국 로키는 인간 세상인 미드가르드로 도망쳐 연어로 변해 프라낭 폭포 속으로 숨었으나, 신들이 그물을 만들어 폭포와 강물 속을 다 헤집는 통에 그만 잡히고 말았다.

신들은 로키를 동굴 속으로 끌고 갔고 그의 두 아들 발리와 나르비도 데려왔다. 신들은 발리한테 저주를 걸어 늑대로 변하게 했는데, 발리는 동생 나르비를 물어 죽이고는 요툰헤임으로 달아났다. 신들은 죽은 나르비의 몸에서 꺼낸 창자로 로키를 바위에 묶었고, 스카디가 독사 한 마리를 가지고 들어와 로키의 머리 위에다 묶었다. 독사가 독을 한 방울씩 떨어뜨리면 로키의 아내 시긴이 그릇으로 그것을 받아냈으나, 그릇이 다 차면 독을 비우러 동굴 밖으로 나가야 했다. 바로 그때 머리 위로 독이 떨어지면 로키는 고통을 견디지 못하고 몸부림을 쳤는데, 그것이 바로 지진이다. 로키는 라그나뢰크 때까지 그런 형벌을 받아야만 했다.

110 최후의 대전쟁, 라그나뢰크

이제 마지막으로 북유럽 신화의 종말인 라그나뢰크를 소개할 차례다. 북유럽 신화의 원전인 《에다》에 의하면 세계에 종말이 오기 전 4개의 시대인 도끼의 시대, 칼의 시대, 바람의 시대, 늑대의 시대가 차례대로 온다고 한다. 이 시대에는 미드가르드(인간 세상)가 3년 동안 전쟁에 휩쓸리는데, 아버지와 아들과 형제 들이 서로를 죽이고 어머니와 아들과 친남매끼리 간통을 하는 등 도덕이 완전히 무너진다.

그리고 핌불베트르(Fimbulbetr)라고 불리는 가혹한 겨울이 3년 동안 미드가르드를 휩쓴다. 눈과 서리가 땅을 뒤덮고, 거센 바람이 불어닥치며, 여름이 완전히 사라져버려 사람들은 추위에 온몸을 떨며 고통스럽게 지낸다.

그 후 하늘의 해와 달을 쫓아가던 늑대 형제 스콜(Skoll)과 하티(Hati)는 각각 해와 달을 집어삼킨다. 그렇게 세상에 어둠이 가득 차고, 하늘에는 별들도 사라진다.

다음으로 미드가르드는 거대한 지진에 흔들리며, 바위가 무너져내리고, 신들이 묶어놓은 늑대이자 로키의 아들인 펜리르가 속박에서 벗어난다. 거인들의 수문장 에그테르(Eggther)는 미리 만들어놓은 자신의 무덤 위에서 하프를 연주하고, 요툰헤임에 사는 붉은색 수탉 피알라르(Fjalar)는 숲에서 큰 소리로 울부짖으며 거인들한테 신들과의 대결전인 라그나뢰크가 왔다고 알린다. 같은 시각, 발할라에서는 황금 수탉 굴린캄비(Gullinkambi)가 울부짖어 라그나뢰크가 왔다고 알린다.

바다에서는 로키의 아들이자 거대한 뱀인 요르문간드가 몸을 이리저리 비트는 바람에 커다란 파도가 일어나 땅을 점점 집어삼키고, 그렇게 해서 높아진 바다 위에 죽은 사람들의 손톱으로 만들어진 커다란 배 나글파르(Naglfar)가 뜨는데, 그 배에는 모든 거인이 올라타서 흐림(Hrym)이라는 거인의 지휘 아래 라그나뢰크가 일어날 비그리드 평원을 향해 간다.

한편 로키 역시 아들 나르비의 창자로 만든 사슬에서 풀려난다. 그는 일단 자신의 딸 헬이 다스리고 있는 저승으로 가서 그녀가 거느린 죽은 사람들을 군사로 삼아 모두 데리고 나와 비그리드 평원으로 달려간다. 로키의 아들들, 펜리르와 요르문간드도 아버지를 따른다.

그 밖에도 남쪽 끝의 불타는 세계인 무스펠헤임에서 온 불의 거인들은 그들의 왕 수르트를 따라서 비그리드 평원으로 간다.

아스가르드의 신들과 죽은 인간 전사들인 에인헤랴르들은 오딘을 중심으로 모두 완전무장을 하고 비그리드 평원에서 거인들의 군대와 싸울 준비를 한다. 단 뇨르드는 딸 프레이야를 데리고 고향인 바나헤임으로 돌아간다.

오딘이 8개의 다리가 달린 말 슬레이프니르를 탄 채로 펜리르한테 창 궁니르를 던지는 것으로 세계 최후의 대전쟁 라그나뢰크가 시작된다. 오딘 옆의 토르는 묠니르를 움켜쥔 채로 요르문간드와 싸운다. 프레이는 사슴뿔을 쥐고서 불칼을 휘두르는 수르트한테 달려든다. 티르는 저승의 개 가름에게 덤벼들고, 헤임달은 로키에 맞서 싸우며, 그 밖의 다른 신들과 에인헤랴르들은 거인들과 죽은 자들의 군대를 상대로 전투를 벌인다.

오딘은 펜리르한테 잡아먹히지만, 그의 아들 비다르가 사람들이 버린 가죽을 모아 만든 질긴 구두를 신은 발로 펜리르의 아래턱을 짓밟고 한 손으로 위턱을 들어 올린 채로 다른 손에 쥔 칼로 펜리르의 목구멍 안을 찔러 원수를 갚는다.

토르는 묠니르로 요르문간드를 힘껏 내리쳐 죽이지만, 요르문간드가 토해낸 독을 마시고 아홉 걸음을 걷고는 쓰러져 죽는다. 프레이는 수르트에 맞섰으나 스스로 날아다니는 마법의 칼이 없어서 결국 패배하고 죽임을 당한다. 티르와 헤임달은 각각 가룸과 로키를 상대로 서로 죽고 죽이는 무승부를 거둔다. 그 외에 나머지 신들과 에인헤랴르들은 거인들과 죽은 자들의 군대를 상대로 서로 죽고 죽인다.

라그나뢰크가 막바지에 이르면 수르트는 자신이 들고 있던 불칼을 휘둘러 아스가르드, 미드가르드, 요툰헤임, 니플헤임에 불을 질러 모조리 태워 없애버리고는 그 자신도 사라진다. 신들과 거인들, 인간들과 요정들은 그렇게 모두 불에 타 죽고, 땅은 바다에 잠겨버린다.

하지만 라그나뢰크가 끝나자 새로운 세상이 시작된다. 땅이 바다에서 솟아올라오고, 거기에 저절로 각종 식물과 곡식이 자란다. 라그나뢰크에서 오딘의 아들 비다르, 토르의 아들 마그니와 모디는 살아남는다. 묠니르는 마그니와 모디가 찾아서 함께 갖는다. 또한 저승에서 죽었던 발데르와 호두르가 살아서 돌아온다. 특히 발데르는 새로운 세상을 다스리는 최고의 신이 된다. 아울러 바나헤임으로 가 있던 회니르와 이름이 알려지지 않은 빌리와 베(오딘의 동생들)의 아들들도 살아서 돌아와 다른 신들과 함께 살아간다.

세계를 떠받치던 커다란 나무 이그드라실 속으로 숨은 여자와 남자, 리프와 리프트라시르는 무사히 살아남아 새로운 인류의 시조가 된다.

책을 닫으며

대학생이던 시절, 통학을 위해 다니던 영등포역의 서점에 들렀다가 판타지 세계를 다룬 《판타지의 주인공들》이란 책을 보고 흥미를 느껴 시간 가는 줄 모르고 선 채로 읽고 또 읽은 기억이 생생하다. 책을 다 읽고 났을 때 언젠가 이 책보다 더 훌륭한 판타지 세계를 다룬 책을 쓰겠다는 다짐을 했다.

그로부터 20년이 지난 지금, 나는 생각비행 출판사와 함께 판타지를 다룬 도서 시리즈인 '판타지 백과사전'을 네 편이나 완성했다. 첫 작품인 한국편을 쓸 때만 해도 난생 처음 판타지 장르를 시도하는 것이라 잘 쓸 수 있을지 걱정이 들었는데, 놀랍게도 초판 4쇄까지 출간하고 내용을 보완하여 완전판 2쇄까지 펴내는 성과를 거두었다. 두 번째 작품인 중국편과 세 번째 작품인 중동편에 이어 네 번째 작품인 유럽편을 마무리하고 나니, 앞으로 남은 기획인 인도, 일본, 제3세계의 판타지 세계도 독자들께 재미있게 소개할 수 있겠다는 자신감이 생긴다.

이 작품, 《유럽의 판타지 백과사전》은 총 7권으로 기획된 '판타지 백과사전 시리즈'의 한가운데에 자리한다. 유럽 쪽 신화나 전설 같은 판타지 세계를 다룬 책이 국내에 이미 많이 나와 있어서, 원고를 쓸 때 큰 어려움을 겪지는 않았다. 하지만 국내 인문학계의 현실에서 유럽 판타지 세계를 다룬 책 대부분이 그리스 로마 신화에 한정되어 있고 북유럽, 켈트, 동유럽, 핀란드, 유럽 민담을 다룬 책은 그리 많지 않았다. 결국 사람들이 잘 모르는 생소한 이야기를 소개하기 위해 자료 수집에 상당한 품을 들여야 했다.

총 7권으로 완결될 판타지 백과사전 시리즈에서 이제 인도편, 일본편, 제3세계편이 남았다. 무사히 끝낼 수 있도록 전심전력으로 집필할 계획이다. 독자 여러분 앞에 자랑스럽게 내놓을 작품이 되도록 힘을 다하겠다.

여기까지 오는 데 결정적인 도움을 주신 독자 여러분과 출판 관계자들께 이 자리를 빌려 진심으로 감사드린다.

도서 자료

H. R. 엘리스 데이비슨 지음, 심재훈 옮김, 《스칸디나비아 신화》, 범우사, 2004.

J. R. R. 톨킨 지음, 한기찬 옮김, 《반지의 제왕 1~6》, 황금가지, 2001.

강응천 지음, 《북유럽 신화여행》, 마루(금호문화), 1998.

그림 형제 지음, 김열규 옮김, 《어른을 위한 그림형제 동화전집》, 현대지성사, 2004.

노마 로어 굿리치, 윤후남 지음, 《중세의 신화》, CH북스(크리스천다이제스트), 2002.

다케루베 노부아키 외 지음, 임희선 옮김, 《판타지의 마족들》, 들녘, 2000.

데이비드 사우스웰 지음, 안소연 옮김, 《세계를 속인 200가지 비밀과 거짓말》, 이마고, 2007.

도현신 지음, 《어메이징 세계사》, 서해문집, 2012.

_____, 《지도에서 사라진 종교들》, 서해문집, 2016.

라이너 테츠너 지음, 성금숙 옮김, 《게르만 신화와 전설》, 범우사, 2002.

마거릿 심슨 지음, 이경덕 옮김, 《아른아른 아일랜드 전설》, 주니어김영사, 2001.

_____, 《아찔아찔 아서왕 전설》, 주니어김영사, 2000.

마이클 조던 지음, 강창헌 옮김, 《신 백과사전》, 보누스, 2014.

_____, 이경덕 옮김, 《부들부들 바이킹 신화》, 주니어김영사, 2002.

변영우 지음, 《만화 그리스 로마 신화 1~3》, 두산동아, 1997.

세이바인 베어링 구드 지음, 이길상 옮김, 《중세의 전설》, CH북스(크리스천다이제스트), 2002.

스노리 스툴루손 지음, 이민용 옮김, 《에다 이야기》, 을유문화사, 2013.

아민 말루프 지음, 김미선 옮김, 《아랍인의 눈으로 본 십자군 전쟁》, 아침이슬, 2002.

아폴로도로스 지음, 천병희 옮김, 《원전으로 읽는 그리스 신화》, 도서출판 숲, 2004.

알렉산드르 니콜라예비치 아파나세프 엮음, 서미석 옮김, 《러시아 민화집》, 현대지성사, 2000.

엘라르트 후고 마이어 지음, 송전 옮김, 《게르만 신화 연구 1, 2》, 나남, 2017.

엘리아스 뢴로트 지음, 서미석 옮김, 《칼레발라》, 물레, 2011.

오비디우스 지음, 천병희 옮김, 《변신이야기》, 도서출판 숲, 2005.

유재원 지음, 《그리스 신화의 세계 1》, 현대문학북스, 1998.

_____, 《그리스 신화의 세계 2》, 현대문학북스, 1999.

유흥태 지음, 《페르시아의 종교》, 살림출판사, 2010.

재클린 심슨 지음, 이석연 옮김, 《유럽 신화》, 범우사, 2003.

조르주 타트 지음, 안정미 옮김, 《십자군 전쟁: 성전탈환의 시나리오》, 시공사, 1998.

조주관 지음, 《고대 러시아 문학의 시학》, 아카넷, 2009.

조지프 제이콥스 지음, 존 D. 바튼 그림, 서미석 옮김, 《켈트족 옛 이야기》, 현대지성사, 2003.

존 줄리어스 노리치 지음, 남경태 옮김, 《비잔티움 연대기 6》, 바다출판사, 2008.

찰스 스콰이어 지음, 나영균·전수용 옮김, 《켈트 신화와 전설》, 황소자리, 2009.

카를로 진즈부르그 지음, 김정하·유제분 옮김, 《치즈와 구더기》, 문학과지성사, 2001.

케빈 크로슬리-홀런드 지음, 서미석 옮김, 《북유럽 신화》, 현대지성, 2016.

크리스티안 엘뤼에르 지음, 박상률 옮김, 《켈트족》, 시공사, 1998.

타임라이프 지음, 권민정 옮김, 《거인》, 분홍개구리, 2004.

_____, 김기영 옮김, 《난쟁이》, 분홍개구리, 2005.

_____, 김기영 옮김, 《유령》, 분홍개구리, 2005.

_____, 김명주 옮김, 《용》, 분홍개구리, 2004.

_____ 박종윤 옮김, 《요정》, 분홍개구리, 2005.

타임라이프북스 지음, 전일휘 옮김, 《유럽의 정복자 켈트 족》, 가람기획, 2004.

토마스 불핀치 지음, 서미석 옮김, 《아서 왕과 원탁의 기사들》, 현대지성사, 1998.

토머스 F. 매든 지음, 권영주 옮김, 《십자군》, 루비박스, 2005.

플라톤 지음, 천병희 옮김, 《플라톤 신화집》, 도서출판 숲, 2014.

플루타르크 지음, 이성규 옮김, 《플루타르크 영웅전 전집 1, 2》, 현대지성, 2016.

피에르 그리말 지음, 최애리·이성엽·이창실·백영숙 옮김, 강대진 감수,《그리스 로마 신화 사전》, 열린책들, 2003.

하선미 엮음,《세계의 신화 전설》, 혜원출판사, 1994.

한건산 지음,《환생 신드롬, 그러나 환생은 없다》, 예진원, 1997.

헤로도토스 지음, 박광순 옮김,《헤로도토스 역사 상》, 범우사, 2001.

_____,《헤로도토스 역사 하》, 범우사, 2001.

헤시오도스 지음, 천병희 옮김,《신들의 계보》, 도서출판 숲, 2009.

헬렌 A. 거버 지음, 김혜연 옮김,《북유럽 신화, 재밌고도 멋진 이야기》, 책읽는 귀족, 2015.

호메로스 지음, 천병희 옮김,《오뒷세이아》, 도서출판 숲, 2015.

_____,《일리아스》, 도서출판 숲, 2015.

인터넷 사이트 자료

독일어 위키피디아, https://de.wikipedia.org/wiki/Wikipedia:Hauptseite

영어 위키피디아, https://en.wikipedia.org/wiki/Main_Page

유럽 민족학 데이터베이스, http://www.sagen.at

유럽의 판타지 백과사전

초판 1쇄 발행 | 2020년 3월 25일
초판 2쇄 발행 | 2022년 4월 28일

지은이 도현신
책임편집 손성실
편집 조성우
디자인 권월화
일러스트 신병근
펴낸곳 생각비행
등록일 2010년 3월 29일 | 등록번호 제2010-000092호
주소 서울시 마포구 월드컵북로 132, 402호
전화 02) 3141-0485
팩스 02) 3141-0486
이메일 ideas0419@hanmail.net
블로그 www.ideas0419.com